国家哲学社会科学规划项目
国家社科基金项目（16CYY004）最终成果

● 付岩 著

基于语料库的英汉中动结构对比研究

A Corpus-based Contrastive Study of
English and Chinese Middle Constructions

上海外语教育出版社
外教社 SHANGHAI FOREIGN LANGUAGE EDUCATION PRESS

图书在版编目(CIP)数据

基于语料库的英汉中动结构对比研究 / 付岩著. -- 上海：上海外语教育出版社, 2024 (2025重印)
国家哲学社会科学规划项目
ISBN 978-7-5446-8235-0

Ⅰ.①基… Ⅱ.①付… Ⅲ.①英语—语法—对比研究—汉语 Ⅳ.①H314②H146

中国国家版本馆CIP数据核字(2024)第110967号

出版发行：**上海外语教育出版社**
（上海外国语大学内）邮编：200083
电　　话：021-65425300 (总机)
电子邮箱：bookinfo@sflep.com.cn
网　　址：http://www.sflep.com
责任编辑：苗　杨

印　　刷：上海新华印刷有限公司
开　　本：635×965　1/16　印张 19　字数 309千字
版　　次：2024年9月第1版　2025年7月第2次印刷

书　　号：ISBN 978-7-5446-8235-0
定　　价：60.00元

本版图书如有印装质量问题，可向本社调换
质量服务热线：4008-213-263

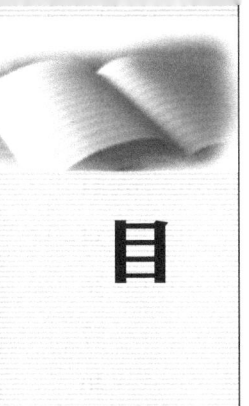

目 录

前　言 ·· V

第一章　绪　论 ··· 1
1.1　研究背景 ··· 1
1.2　研究对象 ··· 4
1.3　研究目标 ··· 8
1.4　研究方法 ··· 8
1.4.1　语料搜集 ··· 11
1.4.2　语料标注 ··· 11
1.5　理论基础 ··· 16
1.5.1　构式语法 ··· 16
1.5.2　原型范畴理论 ·· 20
1.6　本书主要内容 ··· 23

第二章　文献综述 ··· 25
2.1　英汉中动结构的生成与动因 ·· 25
2.1.1　生成语法研究 ·· 26
2.1.2　认知研究 ··· 31

2.2 英汉中动结构的构句条件 ……………………………… 33
2.2.1 影响效应 ……………………………………… 34
2.2.2 施事限制 ……………………………………… 36
2.2.3 责任条件 ……………………………………… 37
2.2.4 联合构句条件 …………………………………… 40
2.3 英汉中动结构对其组成成分的限制 ……………………… 41
2.3.1 主语 …………………………………………… 41
2.3.2 动词 …………………………………………… 45
2.3.3 附加语 ………………………………………… 47
2.4 英汉中动结构的句法语义特征 ………………………… 52
2.4.1 语义特征 ……………………………………… 52
2.4.2 句法特征 ……………………………………… 54
2.5 以往研究的成果与不足 ………………………………… 55

第三章 中动结构的语义基础 …………………………………… 58
3.1 中动语义的特征 ……………………………………… 59
3.1.1 属性义 ………………………………………… 59
3.1.2 情态性 ………………………………………… 60
3.1.3 非施事主语的责任性 …………………………… 62
3.1.4 施事性 ………………………………………… 63
3.1.5 类指性 ………………………………………… 64
3.2 中动语义的核心：中动属性义 ………………………… 65
3.3 本章小结 ……………………………………………… 69

第四章 英汉中动结构的隐性施事与主语 ……………………… 71
4.1 英汉中动结构的隐性施事 ……………………………… 71
4.2 英汉中动结构的非施事主语 …………………………… 78
4.2.1 英汉中动结构主语的形式特征 …………………… 79
4.2.2 英汉中动结构主语的语义类型 …………………… 85

  4.2.3 英汉中动结构主语的指称特点 ················· 97
  4.2.4 英汉中动结构主语的施受特征 ················· 118
 4.3 本章小结 ·· 125

第五章 英汉中动结构的动词 ······································ 128
 5.1 英汉中动结构对其动词的形式限制 ······················· 129
  5.1.1 动词的时体特征 ································· 129
  5.1.2 动词的复杂程度 ································· 140
 5.2 英汉中动结构对其动词的意义限制 ······················· 144
  5.2.1 自主性 ··· 144
  5.2.2 及物性 ··· 149
  5.2.3 体类型 ··· 154
  5.2.4 物性角色类型 ···································· 170
 5.3 本章小结 ·· 178

第六章 英汉中动结构的附加语 ···································· 181
 6.1 英汉中动结构对其附加语的形式限制 ···················· 182
  6.1.1 汉语中动结构附加语的形式特征 ············ 182
  6.1.2 英语中动结构附加语的形式特征 ············ 188
 6.2 英汉中动结构对其附加语的意义限制 ···················· 197
  6.2.1 难易类附加语 ···································· 200
  6.2.2 适意类附加语 ···································· 201
  6.2.3 性质类附加语 ···································· 202
  6.2.4 时空类附加语 ···································· 205
  6.2.5 结果类附加语 ···································· 206
  6.2.6 方向类附加语 ···································· 207
  6.2.7 复杂类型附加语 ································· 207
 6.3 本章小结 ·· 217

第七章　英汉中动结构范畴：典型与非典型 …… 222
7.1　汉语中动结构范畴 …… 223
7.1.1　原型性汉语中动句 …… 223
7.1.2　非典型性汉语中动句 …… 226
7.2　英语中动结构范畴 …… 228
7.2.1　原型性英语中动句 …… 228
7.2.2　非典型性英语中动句 …… 229
7.3　英汉中动结构范畴的异同 …… 232
7.4　本章小结 …… 234

第八章　英汉中动结构的"中动"本质 …… 239
8.1　英汉中动结构的"中动"解读 …… 240
8.1.1　以往文献分析 …… 240
8.1.2　"中动"的本质特征 …… 244
8.2　英汉中动结构的构式本质分析 …… 253
8.2.1　英汉中动结构的构式地位 …… 253
8.2.2　英汉中动结构的构式属性 …… 265
8.2.3　英汉中动结构的构式特点 …… 268
8.3　本章小结 …… 273

第九章　结　语 …… 275
9.1　本书的主要内容与观点 …… 275
9.2　本书的主要创新点与学术贡献 …… 279
9.3　本书的不足之处 …… 280
9.4　对未来研究的建议 …… 280

参考文献 …… 282

前言

　　中动结构具有独特的句法结构和语义特点，一直是语言学研究的热点话题，最早提到中动结构的是 Sweet（1891: 90）。早期研究对中动结构的界定没有统一的标准，它可以指动词的某种用法，也可以指自发的动作。随后的研究主要在形式语言学的框架下进行，对中动结构的句法和语义表现进行了充分的描写和解释。近期的文献对印欧语言里中动结构的生成、认知动因、构句条件、句法语义特征等方面进行了大量研究。

　　文献分析表明，学界对英汉中动结构的研究较多、成果颇丰，涉及的内容也较为丰富，但还有很多方面值得进一步研究：第一，以往研究多误以为中动结构是"主动形式表达被动意义"，因此中动结构的语义特征及其核心需要进一步地加以研究；第二，文献中对英汉中动结构的语料库研究较少，且所涉及的范围较窄，而语料库的数据最能揭示中动结构的原貌，因此基于语料库的研究需要加强。

　　鉴于此，本书借助语料库对英汉中动结构进行系统研究，重在挖掘英汉中动结构作为同类构式在句法和语义上的表现，探索其相同和相异之处。主要研究问题包括：

1）中动语义有哪些特征？其核心是什么？

2）英汉中动结构对其组成成分（论元、动词、附加语）有何选择限制？在语料库中的分布情况如何？
3）英汉中动结构有哪些类型？各类型在语料库中出现的频率有何异同？
4）中动结构的"中动"本质是什么？

为回答上述问题，本书以语料库为依托，以构式语法和原型范畴理论为指导探讨了中动语义及其在英汉两种语言中的实现。主要内容包括中动结构的语义基础、英汉中动结构对其组成成分的限制、英汉中动结构范畴的原型性，以及中动结构的"中动"本质四大方面的内容。

根据构式语法的观点，句法表现是由语义决定的，即英汉中动结构是中动语义在英语和汉语两种语言里的实现。因此，本书从中动语义出发，重新解读了中动语义的各项特征，并指出其核心是中动属性义。

在此基础上，本书以语料库为依托细致讨论了英汉中动结构对其组成成分的选择限制。就其论元实现而言，英汉中动结构只有一个论元（非施事）有句法实现，充当句法主语，另一个论元则以隐性论元（隐性施事）的形式出现。隐性施事一般不出现在语篇中，且具有相对任指性。

英汉中动结构对其主语的选择限制表现在形式、语义类型、指称、人称、施受关系等方面。从形式来看，英语中动句的主语多为名词短语，其次为代词；汉语中动句的主语一般是有复杂修饰语的名词短语，此外，汉语中动句的主语经常可以省略。

就语义类型而言，以经受者（包括受事和对象）为主语的英语中动句占绝对优势，其次为工具和处所，其他语义角色较少见。与此类似，绝大多数的汉语中动句也以动词的内论元为主语，包括受事、对象和成事，其次为处所和工具。总体而言，汉语中动句主语的语义类型较英语更加丰富。

从指称上来看，英语中动句的主语一般指向具体物体，其次为指人主语，再次为抽象主语。汉语中动句的主语也多指向具体物体，但也有不少汉语中动句的主语指向抽象事物。除此之外，本书指出汉语中动句的主语还可以指向事件或人，而英语中动句的主语一般不指向事件。从人称上来看，英汉中动句都倾向于选择第三人称做主语，以第二人称和第一人称为主语的中动句极少见。

在是否有确定的指称方面，英汉中动句的主语一般是定指的，其中类指性主语占绝大多数，其次为特指性主语。就施受关系而言，英汉中动句都倾向于选择受事性较强的语义角色充当主语，但该主语不是完全被动的角色，其属性是导致事件发生的主要原因，因此它也具有一定的施事性。

英汉中动结构对其动词的选择限制表现在形式、意义和及物性上。本书在形式方面的研究包括其时体特征和复杂程度。就时间特征而言，英汉中动结构都倾向于用一般现在时。就体特征而言，汉语中动结构不能带任何体标记，英语中动结构的动词也一般以简单体的形式出现，尽管进行体、完成体，甚至进行体和完成体的复合形式都可以和英语中动结构共现，但其出现频率较低。就动词的复杂程度而言，绝大多数英语和汉语中动句的动词都是光杆形式。

意义方面的研究包括英汉中动句的动词在自主性、及物性、体类型（过程结构）和物性结构类型等四个方面的特点。就自主性而言，只有自主动词才能进入英汉中动结构。就及物性而言，英汉中动句的动词在进入中动结构之前一般为及物动词，进入中动结构之后受到中动构式义的压制，变成了派生的不及物动词。就动词的体类型（过程结构）而言，Vendler（1967）所提到的四类动词都可以进入英汉中动结构，其中活动词项所占比例最大。就其表达的物性结构而言，英汉中动句都倾向于表达其主语的处置角色和功用角色，其他角色较少见。

英汉中动结构一般需要某种形式的附加语。在汉语中动结构各种形式的附加语中，形容词占比最大，其次为动词短语和主谓短语，其他类型占比较低。英语中动结构的附加语以副词为主，其次为介词短语，其他类型所占比例较低。此外，英语中动结构的附加语还有其他实现形式，如情态词、否定词、对比、强势动词 do、重音等。汉语中动结构的附加语也有替代形式，具体表现为"能/可"句。

英汉中动结构的附加语可以表达丰富的意义，除了文献中提到较多的难易意义之外，还有适意性、性质、时间、结果等其他意义，有的附加语还能表达两种或多种意义，形成复杂的意义类型。汉语中动句的附加语包括难易类、适意类、性质类、时间类、结果类和复杂类型六大类，其中难易类、适意类和性质类附加语占比最大。英语中动句的附加语在意义上包括七种类型，即性质类、难易类、适意类、时空类（时间类和空间类合并为一个类型）、结果类、方向类以及复杂类型，其中性质类和难易类是英语中动句中最常见的附加语形式，其他五类附加语所占比例较低。可见，英语中动句的附加语比汉语中动句多空间类和方向类两种类型。

在了解英汉中动结构对其组成成分的限制之后，本书系统讨论了英汉中动结构范畴的原型性及其类别，指出英汉中动结构范畴都属于原型范畴，提炼出其四个典型性特征，并以此为依据可将汉语中动结构和英语中动结构分成原型性中动句和非典型性中动句。

根据不同的语义类型，汉语中的原型性中动句可以分成难易中动句、性质中动句、适意性中动句、时间中动句、结果中动句，以及"能/可"句六种类型。汉语中的非典型性中动句包括"非内论元主语中动句""施事不隐含的中动句"和"已然事件中动句"四种类型。原型性英语中动句包括"过程中动句""难易中动句""性质中动句""时间中动句""处所中动句""结果中动句"和"方向中动句"七种类型；非典型的英语中动句则包含"非内论元主语中动句""含有施事的中动句""设计特征中动句"和"已然事件中动句"四种类型。英汉中动结构作为原型范畴，其界限并不分明，即中动结构和其他结构可能会有重叠，表现出构式之间的多重性链接。

最后，本书对中动结构的"中动"本质进行了探讨，研究发现，中动结构的"中动性"本质主要表现在以下几个方面：就语态而言，中动结构介于主动语态和被动语态之间；就及物性而言，中动结构介于及物结构和不及物结构之间；就参与者的数量而言，中动结构介于一个参与者事件和两个参与者事件之间；就主语的语义角色而言，中动结构的主语介于施事和受事之间。可见，中动结构表现出较强的"中间性"，因此被称为"中动"结构。

就其构式性本质而言，本书指出英汉中动结构是独立的构式，属于论元结构构式中的减价构式。就构式的维度而言，中动结构是一个图式性、复杂性的语法单位。就影响构式架构的要素而言，中动结构表现出高图式性、中度能产性、低组构性的特点。可见，英汉中动结构一方面表现出构式义对动词义的压制，另一方面也表现出和其他构式之间的承继关系，各种相互关联的构式共同构成英汉语言中的构式系统。

本书的出版受到了鲁东大学国家语言文字推广基地"声速输入法"基金资助，特此致谢！

# 第一章

绪　论

1.1　研究背景

中动结构是跨语言存在的一种构式，具有独特的句法结构和语义特点，因此一直是语言学研究的热点论题。"中动"二字最初指的是古希腊语里动词的一种屈折形式，用于标识一种介于"主动"与"被动"之间的语态，表达动作由主语而发，却又影响到主语本身，或动作出于主语本身的利益，一般具有反身意义。后来中动语态发展到用于指其他印欧语言中的这类意义。它既可以指保持了其最初用法的形式范畴，即动词的一种屈折形式（Valfells 1970），也可以表示一种纯语义的范畴，如 Lyons（1968: 373）将其定义为"动作或状态影响动词的主语或其利益"。

跨语言来看，中动语态没有一致的语义内容，也没有统一的形式标记，它是一个广义的语义-语用范畴，不仅和传统的语态系统（主动语态和被动语态）有关，也和语义范畴（及物事件和不及物事件）有关（Kemmer 1988: 4）。

最早提到中动结构的是Sweet（1891：90）。他指出，中动结构以动词的逻辑宾语为主语，其动词具有被动意义。在早期研究中该结构有各种不同的定义，如Jespersen（1924：347-355）将其描述为"某些动词的主被动用法"（active-passive use of some verbs）；Curme（1931：44）称之为"用不及物形式的被动结构"（the passive with intransitive form），用于表达自发的或者近乎自发的动作。Erades（1950: 36-37）认为中动结构表达的是主语对事件的促进或者阻碍作用。可见，早期对中动结构的定义没有一个统一的标准，它可以指动词的某种用法，也可以指自发的动作，中动结构的范围还没有确立。

随后的研究主要在形式语言学的框架下进行，对中动结构的句法和语义表现进行了充分的描写和解释。不同的学者用不同的名称来称呼这个结构，如Lyons（1968: 363）称之为"假不及物结构"（pseudo-intransitives），指出该结构不是真正的不及物结构，而是隐含了一个施事成分。van Oosten（1977）称之为"受事主语结构"（patient subject construction），并提出了"受事主语的责任性"，认为主语对动作的发生负有首要责任。Dixon（1982: 153）则认为中动结构是一种话题化结构，可以称为"话题-方式结构"（topic-manner constructions）。可见，这个时期的研究虽然没有统一用"中动结构"这个术语，但各种术语之间已有较大共通性，且学者们已开始关注该结构的句法和语义特征。

近期的文献对印欧语言里中动结构的生成、认知动因、构句条件、句法语义特征等方面进行了大量研究。到了这个阶段，中动语义在不同语言中的实现方式成为研究的重点，同时中动结构与其他结构之间的区别也得到了关注。很多学者认为中动结构作为一种构式不具有跨语言的同一性，唯一具有跨语言一致性的是中动语义，因此，最好把中动结构看成一种语义范畴（Condoravdi 1989；Lekakou 2005）。根据其在句法和语义上的不同表现，中动结构可以分为Ⅰ型和Ⅱ型中动结构两种类型（Ackema & Schoorlemmer 2007），其中Ⅰ型中动结构（Type I middles）以英语、荷兰语和德语为代表，具有以下特点：

1）动词的施事不能以普通DP（determiner phrase）的形式出现在句

中，如英语中动句的施事不能用"by"引出。
2）若与中动句相对应的主动句有内论元（internal argument），那么这个内论元应充当中动句的主语。
3）中动句具有状态性、非事件性、类指性、情态性的语义特点。表达的是 B 中提到的论元具有某种内在属性，或动词和论元的组合具有某种特殊性质。

而 II 型中动结构（Type II middles）不完全具备以上特征，这类结构中动词的施事可以像被动句一样以普通 DP 的形式在句中出现。其次，它不一定具备情态性和非事件性。此外，这类结构对动词的选择限制较为宽松，很多不能进入 I 型中动结构的动词可以进入 II 型中动结构。事实上，II 型中动结构和被动结构有一定的类似之处，代表语言有意大利语、西班牙语、法语、希腊语、挪威语、俄语等。Ackema & Schoorlemmer（2007）认为 I 型为典型中动结构，II 型为非典型中动结构。两种类型之间的区别如表1.1所示，其中"+"指具备该特征，"−"指不具备该特征，"+/−"指该特征可有可无。

表1.1 I 型和 II 型中动结构的不同

类型	施事的句法地位	对动词的限制	附加语	类指性与非事件性	主语责任性	情态性
I 型	−	严格	+	+	+	+
II 型	+	宽松	+/−	+/−	+/−	+/−

以上研究多集中于印欧语言，对汉语中动结构的研究开始得较晚。第一次提到汉语中动范畴的是 Chao（1968: 704），他认为汉语中存在中动语态动词，该类动词为动作行为指向目标的词，如"门开了"中的"开"的行为方向不是指向行为者，而是指向行为目标，他把这类动词称为"中动语态动词"。显然，它和本书所研究的中动结构有较大差别。一般认为，真正意义上的英语中动结构研究始于 Keyser & Roeper（1984），而对汉语中动结构的系统研究始于 Sung（1994），此后对该结构的研究较多，本书将在第二章对这些研究进行评述。

1.2 研究对象

本书所研究的中动结构与传统语法和系统功能语言中所讨论的中动语态不同。传统意义上的中动语态是用反身代词来标记的,指既不是反身态,又不是被动态的一种结构,例如:

(1) eklegomai
choose-REFL
"为自己选择"

例(1)是古希腊语里用反身标记来标识的一种动词形式,表达的意义不是"choose oneself",也不是"be chosen",而是"choose for oneself",该句主语属于受益格(beneficiary)。在系统功能语言学中,语态被认为是表达参与者(participant)与过程(process)之间关系的一种语言形式(Halliday 1985)。如果某个过程只与一个参与者有关,不涉及其他参与者,那么表示这个过程的小句就处于中动语态(胡壮麟等 2005),例如:

(2) a. The window broke.
b. The baby rolled down.

本书所研究的中动结构也称为中动构式、中动结构式、中动句[1]等,它不是动词的某种形式,而是一种构式,即形式和意义的配对。中动结构是"非施事主语和无被动标记的动词短语的组合"(Davidse & Olivier 2008: 170),多表达倾向性意义(dispositional meaning)(Alexiadou 2014),以及言者对主语属性的评价(张晓 2015)。本书将这种具有跨语言一致性的意义称为"中动语义"。中动结构是中动语义在某语言中的一种实现形式,在不同语言里寄生在不同的形式中,因此,中动结构因语

---

[1] 严格地说,中动句指的是中动结构的一个实例,但文献中一般不区分"中动句"和"中动结构",因而本书一般不做区分,有时用"中动句"表达语言中的实例,用"中动结构"表达这个抽象的构式。

言而不同（胡旭辉 2019b）。

从跨语言来看，有些语言用反身语素来标记中动结构，有些语言不用任何标记；有些语言的中动结构能将施事以论元的形式在句中表达出来，有些语言则不能。此外，有些语言的中动结构还可以由不及物动词派生而来，且其主语为形式主语，相当于"it"，如例（3）里的荷兰语中动句[1]：

（3）Het zit lekker in deze stoel.
　　　it sits comfortably in this chair
　　　"This chair is comfortable to sit in."
　　　"这把椅子坐起来很舒服。"

例（3）虽然在形式上和典型中动句不同，但它符合上文所提到的中动结构的主要特征。首先，它具有非事件性，如例（4）所示：

（4）a. *Ik voelde het lekker zitten op deze stoel.
　　　　I felt it comfortably sit on this chair
　　　　"I could feel it was comfortable to sit in this chair."
　　　　"我感觉坐在这把椅子上很舒服。"
　　　b. Wat gebeurt er?
　　　　what happens?
　　　　"发生了什么事？"
　　　c. ? Het zit lekker op deze stoel.
　　　　it sits comfortably on this chair
　　　　"这把椅子坐起来很舒服。"

由例（4）可见，带形式主语的荷兰语中动句不汇报事件。此外，该类句子也不允许动词的施事以论元的形式出现在句中，如例（5）所示：

（5）*Door ouden van dagen zit het lekker op deze stoel.

---

[1] 本章所用荷兰语的例子均来自于 Ackema & Schoorlemmer（2007：132-137）。

by old-of-days sits it comfortably on this chair
"This chair is comfortable for the elderly."
"这把椅子对于老年人来说很舒服。"

可见，这类中动句和普通中动句类似，也应包含在中动结构的范畴内。这种形式的中动句因其主语为形式主语而被称为"无人称中动句"（impersonal middles）。

荷兰语中还有一种类似于无人称中动句的形式，如例（6）所示：

(6) a. Deze tafel eet prettig.
   this table eats pleasantly
   "This table is pleasant to eat at."
   "这张桌子吃起饭来很愉快。"
   b. Deze naalden breien lekker.
   these knitting-needles knit nicely
   "These knitting-needles are nice to knit with."
   "用这些针缝起来很舒服。"

例（6）中句子的主语在主动句中不是动词的直接论元，一般以附加语（adjunct）的形式出现在句中，因此被称为"附加语中动句"（adjunct middles）。这类中动句和无人称中动句相似，都是由不及物动词派生而来，在句法和语义方面也具备相似的特征。事实上，汉语和英语中也存在附加语中动句，例如：

(7) a. 这样的小区，住起来真是舒服！
   b. 观念较接近的合作对象，沟通起来较容易。
   c. 这双高跟鞋，走起来相当不便。
   d. 这样出水大的莲蓬头，洗起来很舒服，像住五星酒店一样。
   e. This hour drives more easily than rush hours.
   f. This cart loads easily.

例（7）中各句的主语都不是动词的内论元，分别为处所、与事、工具、方式、时间、目标，其动词也都是不及物动词，因此它们属于附加语中动句。

可见,中动结构在不同语言中会有不同的表现。本书所研究的英语中动结构和汉语中动结构都与前文提到的Ⅰ型中动结构有较多的共通之处,如英汉中动句的主语一般为动词的内论元,施事没有句法地位,具有非事件性、类指性、情态性、主语责任性等语义特征。因此,在类型学上,英语中动结构和汉语中动结构均属于Ⅰ型中动结构。

就英语中动结构而言,本书所关注的结构一般具有"NP+VP+Adv"的形式,表达"主语NP的内在属性可以促使V所表达的动作以Adv所规定的方式或结果发生"的意义。其中,主语NP不是动作发出者,多是受动作影响的对象;VP一般是动词的简单形式,即不带宾语或修饰语,且多用一般现在时的主动形式;此外,一般认为英语中动结构还需要一个附加成分(adjunct),多由副词或介词短语来表达。虽然英语中动句只有一个论元获得句法位置,但从语义上来讲,它隐含了一个施事角色,即动作的发出者。典型的英语中动句如例(8)所示:

(8) a. Well, they do sell well, these books.
　　b. Oak splits much easier than other woods.
　　c. Small, individual tamales cook in about 50 minutes.

就汉语中动结构而言,本书按照付岩、陈宗利(2017)的界定,将"NP_{非施事}+V起来+AP"结构的一部分和"NP+能/可以VP"结构认定为汉语中动结构。鉴于后者是前者的变体,在语料库中出现的频率较低,因而本书将主要关注属于中动结构的那部分"NP+V起来+AP"句。和英语中动结构一样,该结构也表达主语NP对动作的发生所起的作用,具有较强的评价性。在该结构中,主语NP不是动作的施事;动词V一般是光杆形式的动词,少数带有简单的状语;和英语中动句一样,汉语中动句也需要附加成分,一般表现为形容词的复杂形式,典型例句如例(9)所示:

(9) a. 深入生活,进行创作教学,说说容易,认真做起来不容易。
　　b. 气动快门的皮线牵制手脚,操作起来不方便。
　　c. 这种实验做起来比较简单,可以结合经常性的业务活动进行。

1.3 研究目标

本书的主要目的是借助语料库对英汉中动结构进行系统研究，重在挖掘英汉中动结构作为同类构式在句法和语义上的表现，探索其相同和相异之处。主要研究问题包括：

1）中动语义有哪些特征？其核心是什么？
2）英汉中动结构对其组成成分（论元、动词、附加语）有何选择限制？在语料库中的分布如何？
3）英汉中动结构有哪些类型？各类型在语料库中出现的频率有何异同？
4）中动结构的"中动"本质是什么？

1.4 研究方法

本书采取定量和定性研究相结合的研究方法。书中所用例句均为真实语料，若无特殊说明，均来源于语料库。英语例句来源于美国当代英语语料库（COCA）或英国国家语料库（BNC），汉语例句来源于北京大学现代汉语语料库（CCL）或国家语委现代汉语语料库（SLC），部分例句是直接引用先前研究者所用的例句，引用之处均标明其出处。

定量研究部分主要包括对英语和汉语中动句里不同类型的主语、动词、附加语在语料库中出现的频率所做的定量分析，也包括对不同类型的英汉中动句在语料库中的分布所做的定量研究。本书所用语料库主要包括 COCA、BNC、CCL 和 SLC，均属大规模平衡语料库。除此之外，在说明某些具体问题时，本书还用了中国传媒大学的有声媒体语言语料库（MLC）和美国西尔斯罗巴克百货（Sears & Roebuck）1986 年的产品目录中的数据。下面对本书所用的主要语料库进行简介。

美国当代英语语料库的全称为 Corpus of Contemporary American English，下文简称为 COCA。该语料库是唯一包含不同题材和体裁的大型美国英语语料库，也是当今世界上最大的英语平衡语料库，包含 10 亿多词（从 1990 年到 2020 年每年增加 2 500 多万词），分布于八种体裁：口语、小说、杂志、报纸、学术语篇、电视电影字幕、博客与其他网页（后三种为 2020 年 3 月加入）。网站首页如图 1.1 所示：

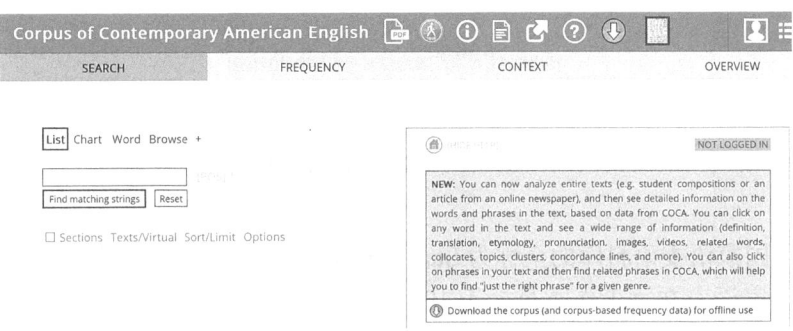

图 1.1　COCA 网站首页

英国国家语料库全称为 British National Corpus，下文简称为 BNC，最初由牛津大学出版社于 20 世纪 80 年代到 90 年代初创建。该语料库包含 1 亿多词，涵盖多种体裁，如口语、小说、杂志、报纸、学术语篇等，是目前可以在网络上使用的最大的英语语言语料库之一，也是现有的较有代表性的现代英语语料库之一。其网站入口如图 1.2 所示：

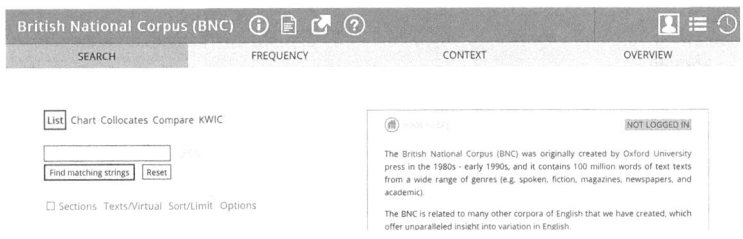

图 1.2　BNC 网站检索页入口

北京大学现代汉语语料库的全称为 Corpus of Chinese Language，下文简称为 CCL，由北京大学中国语言学研究中心开发。该语料库的现代汉语部分包含 581 794 456 字符,其检索以汉字为基本单位。部分语料进行了标注,包括词语切分和词性标注,同时还标注了专有名词、语素子类,以及动词和形容词的特殊用法。其检索页入口如图 1.3 所示:

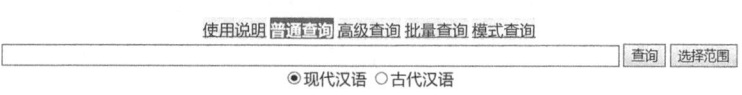

图 1.3　CCL 检索页入口

国家语委语料库的全称为 State Language Corpus,下文简称为 SLC,由国家语言文字工作委员会于 1990 年开始主持创建,是一个大规模的汉语平衡语料库,所选语篇体裁广泛,涵盖的时间跨度大(1919—2002 年)。其现代汉语语料库拥有语篇字数高达 1 亿字,已对其中 5 000 万字进行了词性切分及标注处理。其语料涵盖人文社科和自然科学等各种题材大类 13 个,小类 40 多个,详细分类 100 多个。其网站首页如图 1.4 所示:

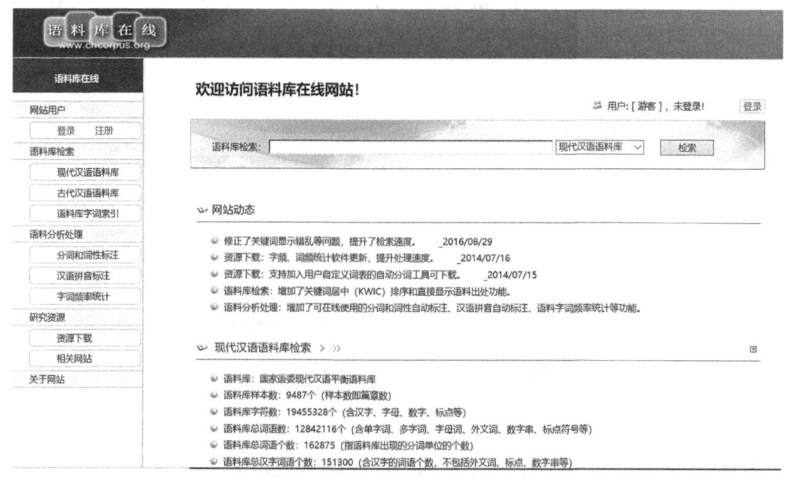

图 1.4　SLC 首页

1.4.1 语料搜集

鉴于本书所关注的汉语中动结构多为"NP+V 起来 +AP"结构,笔者用"起来"作为关键词在 CCL 和 SLC 中分别搜索到 168 191 条和 10 196 条语料,然后经过人工挑选,分别筛选出 2 178 条和 335 条中动句,建成汉语中动句语料库。

英语中动结构没有中动标记词,且一般语料库多按词性对单词进行标注,对其句法范畴(如及物性)并没有进行标注。因此,任何语料库都无法自动检索出所有中动句,该过程需要多重条件,多次检索。第一步,用 [nn*][vv*]easily 和 [nn*][vv*]well 在 COCA 和 BNC 中得到用于中动句的动词 319 个。

第二步,从中挑选出现频率超过 100 例(基于 COCA 和 BNC 中的合并频率 [pooled frequency])的 32 个动词,包括 adapt、adjust、blend、break、build、burn、close、cook、cut、drive、establish、freeze、fold、handle、install、keep、melt、mix、mount、open、play、read、reverse、ride、roll、sell、sleep、slip、split、start、translate、wash。

第三步,基于上述 32 个动词,在 COCA 和 BNC 中进行穷尽式搜索,找出所有中动句。以 cook 为例,在语料库中的搜索方式如下:[cook] _r*、[cook] _i*、[cook] _mc*、_xx* [cook]、_vd* [cook]、_vm*[cook]、[cook !]、[do cook]。每个动词分别进行八次检索,找出带附加语、情态动词、否定词、强势动词的形式,以及不带任何附加语的光杆形式,在 COCA 和 BNC 中分别得到例句 805 712 条和 200 481 条。

第四步,在上述 805 712 条和 200 481 条语料中,筛选出符合条件的英语中动句 5 390 条和 1 521 条,和上文提到的汉语中动句合并,初步建成英汉中动句语料库(生语料)。然后对该语料库进行标注,标注的内容和方式在下文详述。

1.4.2 语料标注

根据研究需要,我们对上述例句的各个组成成分进行了标注,包括其主语、动词、附加语的形式和意义类别,对其隐性施事是特指还是泛指、是否在句中出现也进行了标注。具体标注方式如下文所述。

1.4.2.1 主语的标注

笔者对中动句主语的形式、语义角色、单复数、指称、人称进行了标注。其中，主语的形式指其词性或短语类型，一般包括名词短语、数词、疑问词等。语义角色指主语与动词的语义关系，主要有经受者（undergoer）、成事、与事、处所、时间、工具、方式、当事、目标等类型。鉴于很多时候不容易区分受事（patient）和对象（theme），且其区别对本书研究内容没有意义，因此本书用"经受者"对它们进行统一标注，不关注其是否受到动作的影响，如例（10a）和（10b）的主语没有因动作而改变性质或内部结构，而例（10c）和（10d）是受动作影响的对象，其主语的性质因动作而改变，但例（10）中各句的主语都是动词的直接内论元，因此将它们统一标注为"经受者"。

（10）a. The Land Rover drives more like a European sports sedan than an SUV.
b. 如今，平跟鞋底已摒弃 70 年代华而不实的设计，穿起来更为舒服。
c. These spars cut like butter.
d. 鱼、虾、贝、蟹等，虽说是餐桌上的美味佳肴，却又脏又腥，拾掇起来颇为麻烦。

笔者用"成事"来标注由动作创造的主语，这类主语是动作的结果，其存在以动作的发生为前提，例如：

（11）a. Sweaters like this do not knit easily.
b. 这种茅舍体积很轻，移动方便，转位自由，编起来并不费力。

用"与事"标注暗含了"与/和+NP+VP"意义的主语，该意义在主动句中多用介词短语来表达，这类主语在英语中不存在，只存在于汉语中，例如：

（12）a. 观念较接近的合作对象沟通起来较容易。
　　　b. 在这儿就是这样，只要你是搞音乐的，相处起来就特别容易。

用"处所"标注动作发生的典型场所，用"时间"标注事件发生的时间。二者可以看作环境成分，或外围场景，以处所和时间为主语的中动句分别如（13a）—（13b）和（13c）—（13d）所示：

（13）a. The boat sleeps four adults, and offers handmade teak cabinetry.
　　　b. 真没想到，在兰州还有这样正规的小高尔夫球场，打起来很顺手。
　　　c. I thought this hour might drive a little more easily ...
　　　d. 虽然夏天跑起来很难受，但正是由于天气热，才可以出更多的汗，燃烧更多的脂肪。

用"工具"和"方式"标注事件赖以发生的凭借，也称为"凭事"。其中，"工具"指具体物品，如（14a）—（14b）；"方式"指抽象事物，如（14c）—（14d）：

（14）a. White and tall, its edges sharply defined as it cut like a knife through the fabric of the sky.
　　　b. 这种长矛非常锋利坚硬，能刺穿最坚固的盾牌，刺杀起来像剃刀一样便利。
　　　c. Cursive proponents say this is because cursives write faster, allowing them to write longer essays.
　　　d. 由于电视声画并茂，学习起来很方便。

笔者用"当事"标注表示身份或地位的主语，这类主语只在汉语中动句里存在，英语中没有对应形式，如例（15）所示；用"目标"来标注动作的意向结果，语料库中没有发现以"目标"为主语的英语中动句，汉语例句如例（16）所示：

（15）这种记者恐怕当起来是很乏味的……

（16）做优秀棋手的目标实现起来并不容易，因为它不仅要求棋手在大喜大悲的结局面前保持平常心……

除了标注了主语的语义类型，笔者还对其单复数、指称和人称也进行了标记，以方便从形式和意义两个方面来描述不同类型的主语在语料库中出现的频率。此处的"指称"指的是主语所指是类指、特指还是泛指，分别如（17）—（19）所示：

（17）a. Orange, a relaxing scent, blends nicely with the sleep-inducing properties of chamomile.
b. 当作背景用的机雷收拾起来不容易。

（18）a. This car handles very well, and feels smaller than it is from the driver's seat.
b. 这首诗的意象固然新奇，细读起来却很有味。

（19）a. Everything in this store sells incredibly well.
b. 一件在开始时几乎无法解释的事情，后来解释起来却是那么简单。

1.4.2.2 动词的标注

笔者对英汉中动结构的动词从形式和意义两个方面进行了标注，包括时与体（tense and aspect）、复杂度（complexity）、及物性、体特征四个方面。复杂度指的是动词是以光杆的形式出现，还是伴有其他修饰语或补语，分别用"光杆动词"和"非光杆动词"进行标注，如例（20）和（21）所示，其中例（20）中句子的动词为光杆形式，例（21）中句子的动词为非光杆形式。

（20）a. Small, individual tamales cook in about 50 minutes.
b. 这种车状如自行车拉一辆拖车，踏起来比人拉轻快一些。

（21）a. Carvings made from forest elephant ivory sell out so quickly that customers have been commissioning them.
b. 该技术真正应用起来也有相当大难度。

体特征是指动词在体方面属于 Vendler（1967）所说的活动词

项（activity verbs）、目标词项（accomplishment verbs）、达成词项（achievement verbs）还是状态词项（state verbs）。

1.4.2.3　附加语的标注

笔者从句法形式和语义类型两个方面来标注英汉中动句的附加语。英语中动句附加语的句法形式包括副词、介词短语、名词短语[1]、形容词短语、光杆形式以及其他形式[2]，分别如例（22a）—（22f)所示：

（22）a. Oil pastels blend <u>easily</u> for soft, smoky effects.
　　　b. A piece of fish like this will cook <u>in about four and a half minutes</u>.
　　　c. But the paper's circulation has fallen sharply in recent years. Today it sells only <u>about 50 000 copies</u> daily, half what it sold two years ago.
　　　d. I always hate telling my jokes in print because I always feel like it reads <u>so not funny</u>.
　　　e. If there is one thing advertisers think they know, it is that sex and violence <u>sell</u>.
　　　f. History has said that African American movies <u>don't</u> translate.

汉语中动句附加语的句法形式包括形容词短语、动词短语、主谓短语、介词短语、熟语等类型，分别如（23a）—（23e）所示：

（23）a. 这种鞋肥且大，穿起来既不方便又不雅观。
　　　b. [申诉]解决起来耗费时间较长。
　　　c. 这些通过中间商转口来的收音机，使用起来灵敏度高，选择性强。
　　　d. 这种面料的长裤透气性能好，穿起来比短裤还舒服。
　　　e. [花茶]品尝起来沁人肺腑，余味悠长。

---

[1] 此处"名词"指广义上的指物词，包括数词。
[2] "其他形式"指附加语的其他实现形式，如否定、强势动词 *do*、情态词等。

附加语的意义类型主要分为难易度、性质、适意性、结果、时间等，分别如（24）—（28）所示：

（24）a. Over the years, Abbott has developed a special knack for imagery that includes many details yet reads easily.
b. 他反复惋惜一些很好的综合性大学被肢解，恢复起来可不容易。

（25）a. It's like the filet mignon of lamb, so it's going to cook very quickly.
b. 长达20米的龙身舞起来特别威风。

（26）a. We're still searching for that perfect bed that sleeps comfortably.
b. 布鞋更趋柔软，因而穿起来舒服。

（27）a. These complex chemicals do not burn completely and leave residues or deposits on engine parts.
b. ……这种当地羊肉炒起来很嫩。

（28）a. Pizza cooks in about five minutes!
b. 那批订单数量太大了，周转起来非常缓慢。

1.5 理论基础

1.5.1 构式语法

构式语法有多种派别，其中在学界较有影响力的学派包括以下四种：

1）格语法学派，以Fillmore、Kay和O'Connor为代表。Fillmore（1968）的格语法（case grammar）和框架语义学（frame semantics）奠定了构式语法研究的基础。该学派不仅对认知语言学中常规的句法现象进行研究（Fillmore & Kay 1993），也关注语言中的习语结构，如"let alone"（Fillmore, Kay & O'Connor 1988）、"What's X doing Y"（Kay & Fillmore 1999）。因此构式语法"不仅能用来分析常规结构也能用来分析异常结构"（Fillmore 2013: 112）。

2）基于符号的（sign-based）构式语法学派，以 Boas & Sag（2012）为代表。该学派以 Saussure 的语言符号观为出发点，主要目的是用形式化的框架来描述语言各个层面的内容。该理论的"符号"不同于 Saussure 的"符号"，如 Sag（2012：71）指出符号至少包含音系结构、形态表现、句法范畴、语义、语境因素、信息结构等内容。如"laughed"所包含的符号内容可用图 1.5 来表示：

$$\begin{bmatrix} \text{PHONOLOGY} & \text{/læf–d/} \\ \text{SYNTAX} & \text{V[fin]} \\ \text{SEMANTICS} & \text{a laughing event situated prior to the time of utterance} \end{bmatrix}$$

图 1.5　laughed 的符号信息（Sag 2012：75）

3）认知构式语法学派，以 Lakoff 和 Goldberg 为代表人物。Goldberg（1995）关注的主要是论元结构构式，如英语双及物构式、致使移动构式、*way* 构式、动结构式等。她把构式定义为"形式和意义的结合体，且其形式或意义的某些方面不能从其组成成分或其他已经存在的构式中预测出来"（Goldberg 1995: 4），在后来的定义中，她摒弃了"构式的不可预测性"，认为只要有一定的出现频率，即使是可以预测的结构也可以称为构式（Goldberg 2006, 2019），从而扩大了构式的范围。可见，Goldberg（2006, 2019）的构式定义关注到了某种结构在语言中的出现频率，其构式语法理论是一种基于语言使用的语法语义研究模式。

该学派认为构式可以指任意大小的语言单位，大到复合句，小到屈折词缀都可以称为构式（Goldberg 1995, 2006）。语言习得是以语块为单位的，因此，构式可以定义为"学来的（learned）形式和语义、语用功能的配对"（Goldberg 2006: 5）。构式可以有不同的组构形式（如有些构式是高度图式化的，有些构式是半图式化的，而有些是具体的表达式），此外，构式在大小（size）、形状（shape）和复杂度上也可能有所不同。

Goldberg 关于构式的表达式至少包含语义（SEM）和句法（SYN）两个方面的内容。如"Go VP"结构（如"Go tell Linda to come here"）的句法语义匹配信息可用图 1.6 来表达：

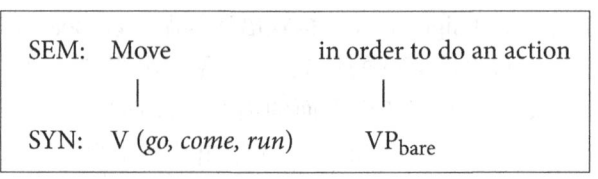

图 1.6 "Go VP"结构（Goldberg 2006: 54）

4）激进构式语法学派，以 Croft（2001, 2013）为代表，主要关注语法描写和语言类型的关系。Croft（2013）认为构式和特定语言相关，即没有跨语言存在的构式，例如"intransitive verbs"（不及物动词）是英语不及物结构（intransitive construction）的一个范畴，不是普遍语法（UG）的范畴。

激进构式语法表达构式语法和语义关系的方式如图 1.7 所示：

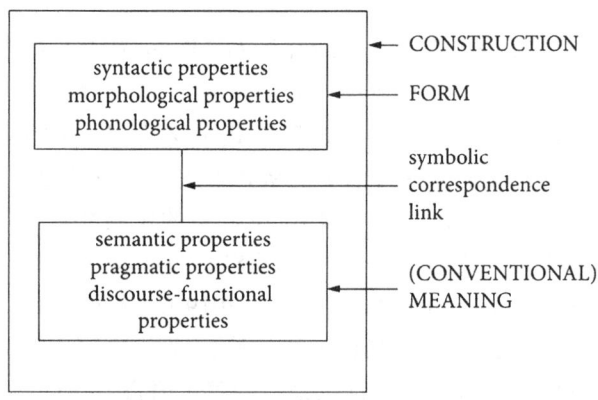

图 1.7 激进构式语法构式表达模式（Croft 2001: 18）

尽管构式语法有上述不同学派之分，但各学派之间有诸多共同观点，总结起来，构式语法的核心观点有以下六条：

① 语法的基本单位是构式，构式是形式和意义的配对。

② 语义结构直接映射到表层句法结构，不存在转换过程。

③ 和其他认知系统一样，语言也是一个由节点（node）和节点之间的链接（links）组成的网络系统，节点之间的链接可以呈现为承继梯度关系（inheritance hierarchies），可以说明下层构式的特点在多大程度上可以由上层更抽象的构式推测出来（文旭、姜灿中 2019）。

④ 跨语言的差异有多种解释，包括一般的认知过程和语言中特有的

构式。

⑤ 语法是一个整体，其任何层面都不具有自治性，且任何层面都不能称为"核心"（core）。语义、语用、形态句法和音系在构式中共同起作用。

⑥ 语言结构是由语言使用所塑造的。

中动结构作为一种构式，也是形义结合体。构式语法比生成语法对具体中动语言现象有更强的解释力，主要表现在：首先，构式语法以意义为驱动，能更好地解释英汉中动结构的区别与联系。正如Goldberg（1995）所言，不同语言中只有同类构式，没有同一构式。英汉中动结构也是同类构式，不是同一构式，因此二者在句法表现上既有共同点，也有不同点。

其次，构式语法理论与其他语言学模式（如生成语言学）相比，能更好地解释中动结构的生成动因，及其句法和语义的不匹配现象，如中动结构不表动作，却为何倾向于选择及物性较高的动词做谓语？动词进入中动结构之后在语法和语义上有何变化？这些问题涉及中动结构的构句本质，其过程如图1.8所示：

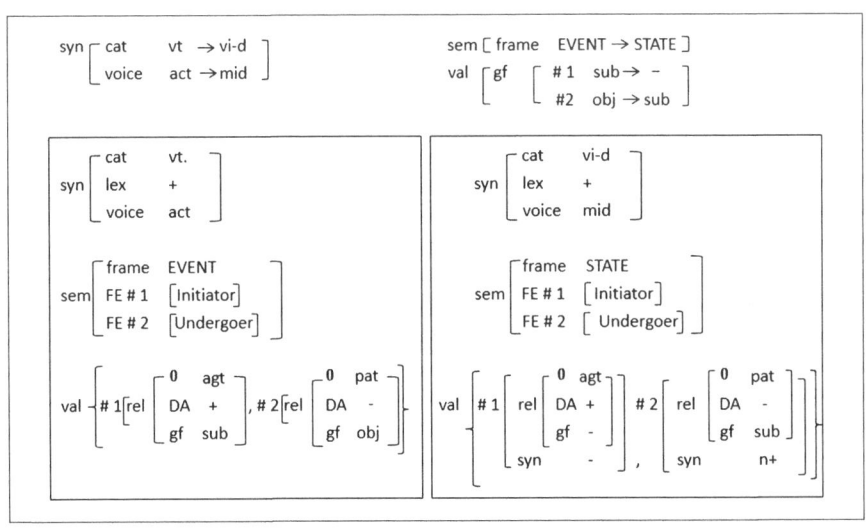

图1.8　动词进入中动结构之后的变化

由图1.8可见，动词在进入中动结构之后，在句法、语义和价位上都发生了变化。就句法而言，动词由及物动词变成了派生的不及物动词（derived intransitives），由主动态变成了中动态；就语义而言，动词由表事件变成了表状态；就价位而言，动词由二价动词变成了一价动词。

再次，构式语法，尤其是 Goldberg（1995, 2006, 2019）的论元结构构式语法，可以揭示中动结构构式义和动词义的互动。中动结构只有一个论元有句法地位，而其动词所表达的动作却有两个参与者，即其构式义和动词义有一定的冲突。根据 Goldberg（1995）的观点，若动词的意义与构式的整体意义相冲突，动词需要临时改变其意义来迎合构式的整体意义，以实现论元角色和参与者角色的融合，这个过程通常被称为"构式义对动词义的压制（coercion）"，属于"构式压制"的一种类型（吴可、王文斌 2020: 80）。该过程如图 1.9 所示：

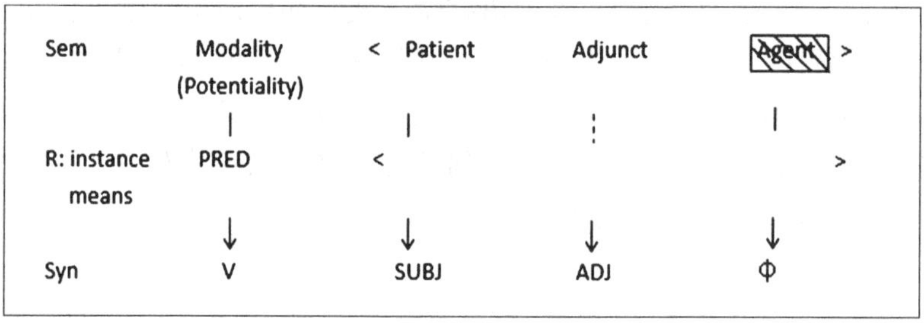

```
Sem         Modality        < Patient        Adjunct        Agent  >
            (Potentiality)
              |                |               :              |
R: instance   PRED        <                                      >
means
              ↓                ↓               ↓              ↓
Syn           V              SUBJ             ADJ             Φ
```

图 1.9 中动结构论元角色与参与者角色的融合

最后，构式语法理论可以为中动语义的多种实现方式及其构式链接提供解释。中动语义是一种跨语言存在的普遍性现象，在具体语言中有不同的实现方式，即中动结构不是中动语义唯一的实现形式。如中动语义在英语中可以实现为中动结构、难易结构、get- 被动句等结构，在汉语中可以实现为"起来"句、"能/可"句、难易句等结构。构式语法理论可以借助承继链接（inheritance links）来解释上述各种结构之间的承继关系。

1.5.2 原型范畴理论

如前文所述，构式语法接纳了认知语言学的基本观点，其中包括原型范畴理论（the prototype theory）。该理论是认知语言学的基础理论之一（杨梅 2007）。对原型的研究始于 Berlin & Kay（1969）对颜色的研究，他们发现颜色的切分不是任意的，各种颜色的地位也是不平等的，有些颜色（如黑、白、红、蓝、绿等）比其他颜色在认知上更具显要性，因此被称为"焦点色"。

在此基础上，Rosch（1973）认为原型效应不只体现在颜色范畴中，其他范畴也有原型效应。她以 Wittgenstein 的家族相似性理论为基础正式提出了"原型"这个术语，并将其定义为"范畴中最典型、最具代表性的成员"（Rosch 1973: 135）。围绕原型而形成的范畴称为"原型范畴"。

Taylor（1995）认为语法范畴是原型范畴，如在"名词"这个范畴中，"桌子"比"方法"更具典型性，而"方法"的典型性又比"游泳"高。此外，名词范畴和其他范畴（如动词）之间不是界限分明的，如"游泳"既可以用作名词又可以用作动词。

上述观点和构式语法"多重继承"（multiple inheritance）的观点如出一辙。Hilpert（2014：63-64）在讨论构式之间的关系时，曾指出一个构式的特征可能来源于多个上层构式，如：

（29）The Smiths felt it was an important enough song to put on their last single.

例（29）可以看作定语形容词（attributive adjective）结构（实现为名词短语 an important song），也可以看作"enough to 不定式"（enough to-infinitive）结构。换句话说，例（29）既属于定语形容词构式，也属于"enough to do"构式。可见，各构式范畴之间的界限不是分明的，可以把它们看作一个相互交叉的网络系统。相对立的（distinctive）构式之间也可能有交汇之处，如"及物构式"和"不及物构式"也不是二分的范畴，最好将其看作一个连续统，如"He has eaten"既可以看成及物构式，也可以看成不及物构式。

事实上，对语法范畴原型效应的研究不仅限于认知语言学。传统语法就有用"类比"来说明语法规则可以扩展到非典型情况（atypical cases）的做法。Quirk et al.（1995）曾提出"序列关系"（serial relationship）的概念用于解释系统性的不规则现象、语法范畴边界的模糊性以及处在过渡阶段的结构。生成语言学也有把语法范畴处理为原型范畴的先例，如 Fellbaum & Zribi-Hertz（1989）和 Fagan（1992）都认为中动结构是靠原型组织起来的范畴。

以原型范畴理论为基本理论依据来探讨英汉中动结构有着重要的意义。首先，该理论能更好地解释语言事实：英汉中动结构有处于核心位置的原型性中动句，也有处于边缘位置的非典型性中动句，如由不及物动词构成的中动句、不具有类指义或情态性的中动句等（详见本书第七章）。

其次，原型范畴理论可以为非典型中动句的产生提供依据。中动结构有其核心构式义，即表达主语的属性对动词所表达的动作所起的促进或者阻碍作用。该核心构式义可以通过隐喻扩展连接由原型结构扩展到非原型结构。因此，在解释由不及物动词构成的中动句时，原型范畴理论比转换生成语言学表现出明显的优势，因为这些句子没有相应的主动结构，无法用转换的思想来描述其生成过程。原型范畴理论不预设每个中动句都对应着主动句，认为含有不及物动词的中动句是由中动结构核心构式义扩展而来，因此，避免了生成句法理论所面临的难题。

再次，原型范畴理论可以更好地处理中动结构和其他结构之间的关系。生成语言学将中动结构看成界限分明的范畴，和其他结构有截然的区别，不存在介于两种结构之间的现象。事实上，中动结构范畴和某些类似结构（如作格结构）有重叠之处，即有些动词既可以用于中动结构也可以用于作格结构，如图1.10所示：

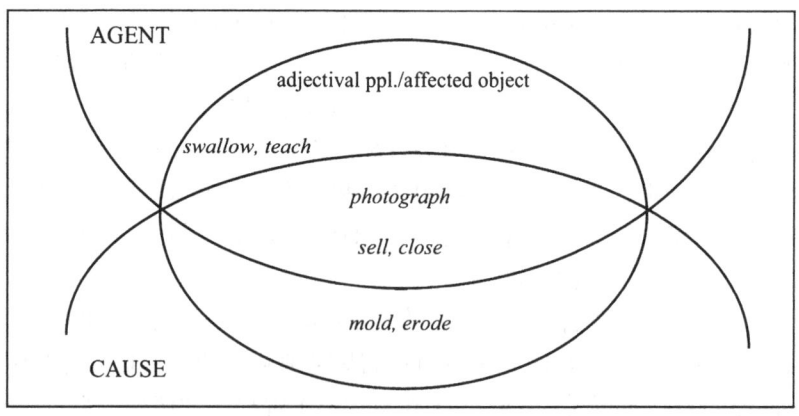

图 1.10　中动结构和作格结构的交叉（Fellbaum & Zribi-Hertz 1989: 48）

最后，原型范畴理论也为本书第四章到第七章的语料库研究提供了依据。原型性中动句在语料库中所出现的频率一般大于非典型性中动句，这是原型范畴理论在实际语言使用中的反映。同时语料库的数据也为原型性中动句的界定提供一定的实证依据。由此可见，原型范畴理论在英汉中动结构研究中具有明显的理论优势，反过来讲，中动结构也是原型范畴理论在语法研究中的试金石。

1.6 本书主要内容

本书按照以下基本思路展开：确定研究对象（讨论中动语义的特征，提供英汉中动结构界定依据）⇒描写、解释语言事实（利用语料库描述英汉中动结构的主语、动词、附加语的类型及所占比例）⇒揭示事物本质（探讨英汉中动结构的意义类型，中动结构的本质及其构式属性）。基本研究路线如图1.11所示：

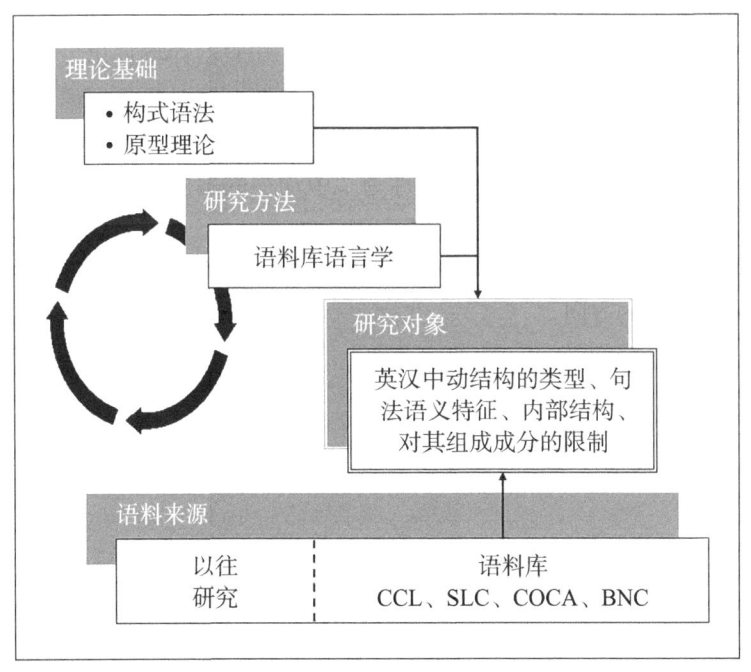

图 1.11　本书研究路线

本书共分九章。第一章为绪论，介绍本课题的研究背景、研究对象、研究目标、研究方法、理论基础，以及主要内容。

第二章为文献综述，对文献中有关英汉中动结构的研究进行评述，包括其生成与动因、构句条件、对其组成成分的限制、句法语义特征等方面，并对上述研究的成果和不足进行评述，指出本研究的必要性和研究价值。

第三章探讨中动语义的特征，并指出其核心。鉴于本研究主要在认知构式语法的框架下开展，因此，本书坚持以语义为先，句法形式为后的思路。

第四章到第六章为基于语料库的实证研究，主要讨论英汉中动结构对其组成成分的限制，并统计各种形式和意义类型在语料库中所出现的频率。其中，第四章从隐性施事和句法主语两个方面讨论英汉中动结构的论元实现，包括隐性施事的地位和特征，以及句法主语的形式和意义类型。第五章从形式和意义两个方面讨论英汉中动结构对其动词的选择限制。动词的形式特点包括其时体特征和复杂程度，意义特点包括自主性、及物性、体类型和物性角色类型。第六章讨论英汉中动结构的附加语，包括其形式和意义类型。

第七章探讨英汉中动结构的原型性。从其原型性特征出发讨论英汉原型性中动结构和非典型中动结构的意义类型，并对比其在语料库中出现的频率及其意义的异同。

第八章探讨中动结构之所以称为"中动"的本质特征，并在构式语法的框架下讨论其构式特征及属性。

第九章为结语，总结本研究的主要观点、主要贡献与不足之处，并指出未来研究的方向。

第二章

文献综述

以往文献中对英汉中动结构的研究主要集中在以下四大方面：英汉中动结构的生成与动因、英汉中动结构的构句条件、英汉中动结构对其组成成分的限制、英汉中动结构的句法语义特征。现分别进行简要评述。

2.1 英汉中动结构的生成与动因

对英汉中动结构的生成与动因的研究主要在生成语法和认知语言学两种框架下进行。下面对上述两种模型下的研究分别加以简介。

2.1.1 生成语法研究

对中动结构生成的研究反映了生成语法理论的发展。研究者根据理论的不同发展阶段采取了不同的研究方案，前期主要用格理论和管辖约束理论来讨论论元角色的指派与施事的句法地位等问题，而近期研究则主要在最简方案的框架下进行。对该话题的研究主要围绕以下两个问题而展开：一是隐性施事有无句法地位；二是中动句的生成过程是否涉及句法移位。因此，可以分为两派：一派认为中动句是基础生成的，不涉及移位，以Fagan（1988，1992）、Massam（1992）、Zribi-Hertz（1993）、Ackema & Schoorlemmer（1994，1995，2007）等为代表，称为"词汇观"；另一派认为中动句包含句法操作，是靠移位生成的，以Keyser & Roeper（1984），Stroik（1992，1995，1999），Sung（1994），周晓岩、高腾（2007），何晓炜、钟蓝梅（2012），王和玉（2014），胡旭辉（2019a）等为代表，称为"句法观"。下面来分别评述。

词汇观认为中动结构是在词库里基础生成的，是在句法之前的操作。中动句的外论元在句法上没有得到投射，内论元移位到外论元的位置上，成为句子主语（司惠文、余光武 2005）。Fagan（1992）指出中动构句过程涉及两个步骤：

1）将 arb[1] 指派给外论元。
2）将内论元外化。

简而言之，外论元通过步骤 A 获得任意性解读，内论元通过步骤 B 移位到主语位置。可见，Fagan（1992）认为中动句的施事在句法层不存在，中动构句的本质是其任指性意义。Ackema & Schoorlemmer（1994）也持类似的观点，认为中动构句的本质就是将任意性意义指派给施事，因为有"任意性"意义的论元在句法上不必投射，因此，内论元外移为句子的主语。

可见，持词汇观的学者一般认为中动句的施事在句中不存在，但该观点有些解决不了的问题，如 Stroik（1995）曾提到施事的照应语可以

---

[1] arb 即 "arbitrary"，此处指 "任意性解读"。

出现在中动句中,如例(1)。此外,中动句的施事不能由 by- 短语引出,如例(2)不合语法。

(1) a. Stories about oneself tell easily.
    b. 自己的故事讲起来很容易。
(2) *The magazine sells easily by a good seller.

鉴于此,部分学者认为句法观更有解释力,如 Keyser & Roeper(1984)指出中动句是靠句法移位生成的。中动句来源于相应的主动句,由主动句的及物动词变成过去分词。在此过程中,该动词的外论元被抑制,同时失去了给宾语派格[1]的能力。因此,主语被从句中删除,宾语为了获得格而前移到主语的位置上。

和 Keyser & Roeper(1984)类似,Stroik(1992,1999)和 Hoekstra & Roberts(1993)也认为中动结构的生成和句法移位有关,在此过程中,动词将其完整的论元结构(包括外论元)全部投射至中动句句法结构中。该过程是通过移位来完成的,具体而言,是通过外论元降级(demotion)和内论元升级(promotion)实现的。Stroik(1992)认为中动句的动词是隐性论元,可看作空语类 PRO。由此可见,Stroik 认为该外论元在句法层并未被删除。与 Stroik 不同的是,Hoekstra & Roberts(1993)认为被降级的外论元不是 PRO,而是位于主语位置上的 pro,如例(3a)的生成方式可用例(3b)来表示:

(3) a. The new footballs kick well.
    b. [IP The new footballs i [I' I [VP pro [V' kick t i well]]]]

周晓岩、高腾(2007)在最简方案的框架下探讨了汉语中动结构的生成,指出汉语中动句的生成和"起来"的插入有关。"NP+V 起来 +AP"结构中的"起来"是一种状态动词,表示事件发生的能力,它的插入使得施事所在位置的论元缺失,同时使动词失去对受事指派格的能力,宾语为了得到格移位到句首,做形式主语(周晓岩、高腾 2007:54)。以"这辆车开起来挺容易"为例,汉语中动句的生成过程如图 2.1 所示:

---

[1] 此处"格"指 Fillmore 所讨论的 case,也即论元角色。

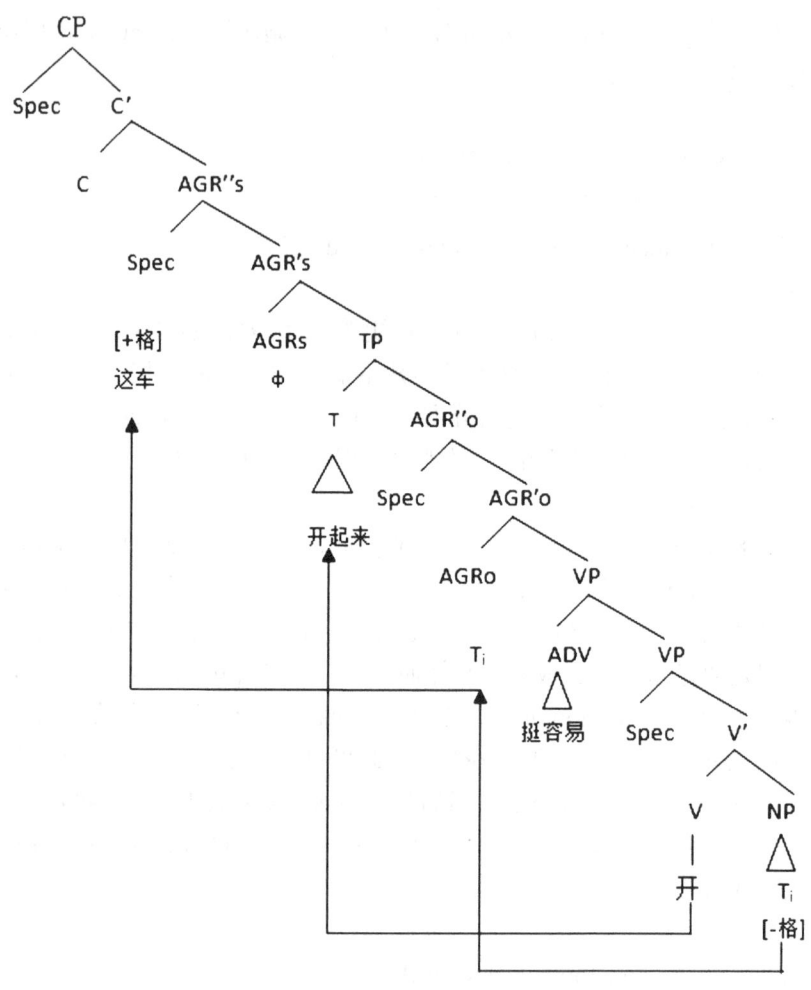

图 2.1 "这辆车开起来挺容易"生成过程（周晓岩、高腾 2007：54）

和周晓岩、高腾（2007）一样，何晓炜、钟蓝梅（2012）也以最简方案为理论框架来研究中动句的生成，但他们是借助语段理论和增元结构假说进行分析的，认为"NP+V 起来 +AP"的附加语 AP 和中动语素"起来"在该结构的生成中起到至关重要的作用，AP 参与主语 NP 论元角色的赋予，因"起来"的插入，轻动词短语（vP）不能构成语段，因而失去赋格的能力，从而使移位成为可能。这种处理方法也可以解释非受事（如工具、方式、处所等）为主语的情况。以"这块黑板写起来很流畅"为例，非受事为主语的中动句的生成过程如图 2.2 所示：

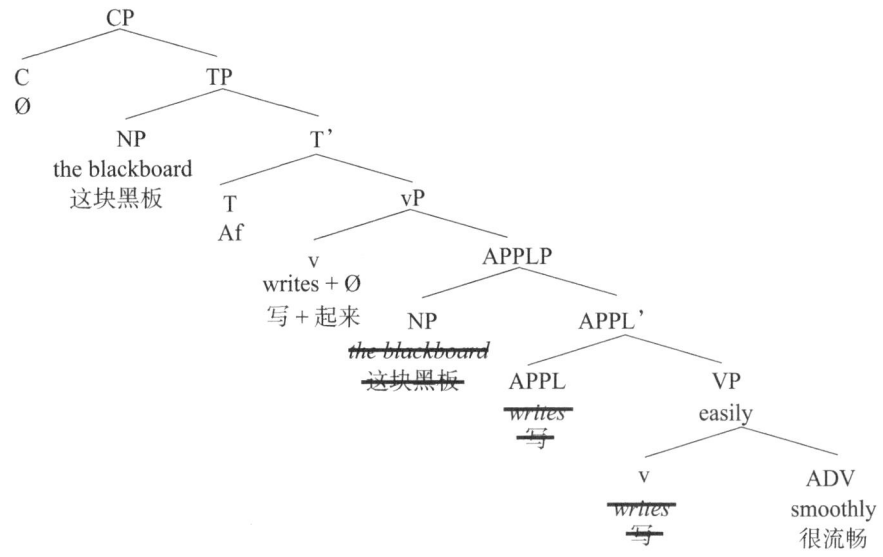

图 2.2 "这块黑板写起来很流畅"生成过程(何晓炜、钟蓝梅 2012:20)

王和玉(2014)和胡旭辉(2019a)用最简方案探讨了中动结构的生成。王和玉(2014)认为中动句的主语虽是动词的受事、工具或其他非施事论元,但在句法上都是合并在 spec-vP 位置上的致事(cause),为致使轻动词的无解特征 [uC] 赋值(王和玉、温宾利 2014)。中动句的结构如图 2.3 所示:

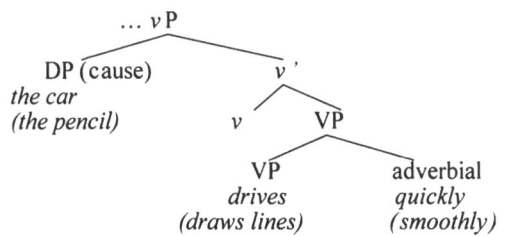

图 2.3 中动句谓语部分结构(王和玉 2014:55)

中动句的生成过程如图 2.4 所示:

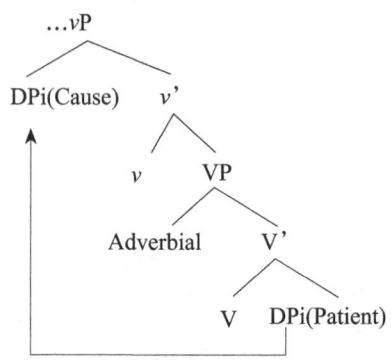

图 2.4 中动句生成过程（王和玉 2014：55）

胡旭辉（2019a）用 Borer（2013）所提出的外骨架模型（exo-skeletal model）分析了英语中动结构的生成过程。他认为中动句的生成涉及两个事件结构：EP_1 和 EP_2，其中 EP_1 充当 EP_2 的谓语，即 F_1 的补足语。[SPEC FP_2] 位置上的 PRO_{arb} 本应充当 DP，但没有合并到此处，因此，变量 x 因为无法受到约束而成为谓语的一部分，并移至 EP_1 的 E 处，如中动句"This shirt washes."的生成过程可用图 2.5 来表示：

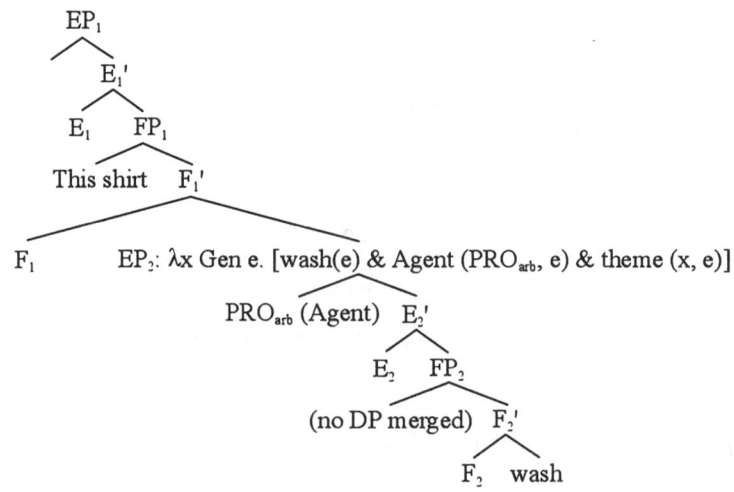

图 2.5 "This shirt washes"的生成过程（胡旭辉 2019a：9）

综上可见，持句法观的学者都认为中动句有相应的主动句，是由主动句通过移位生成的。事实上，并不是所有的中动句都有相应的主动形式，如：

（4）a. Those economy bedrooms sleep one or two people.
　　b. 还是这个旧球场打起来舒心啊！

例（4）中两句都没有相应的主动句，其主语都不是谓语动词的内论元，因此，不是由主动句移位生成的。

可见，无论是词汇观还是句法观都有无法解决的问题，因此部分学者转向了认知语言学，从认知动因的角度来解释中动构句过程。

2.1.2 认知研究

对英汉中动结构认知动因和机制的研究主要有何文忠（2007a），刘晓海、石晨（2013），吴炳章、牛雅禾（2017）等。Langacker（1991）认为言者可以根据对事件的判断和理解来选择射体，而是否能做射体取决于该参与者的认知凸显度。以此为理念，何文忠（2007a）指出，中动结构之所以用非施事论元做主语，是为了凸显该参与者的地位，同时弱化动作发出者的作用。中动结构主要表达非施事主语对事件发生的促进或阻碍作用，其事件模型可以用图2.6来表示：

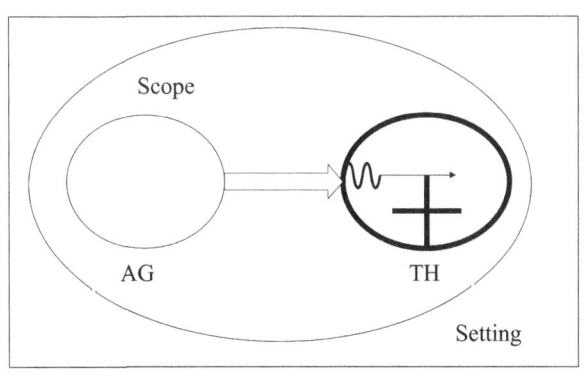

图2.6　中动句的事件模型（何文忠2007a：164）

如图 2.6 所示，在中动事件模型中，施事（AG）没有受到凸显，不能进入侧面（profile），只在基体（base）中存在，这就解释了为什么中动句的施事好像存在，却不能用"被"或"by"引出，同时也解释了中动句为什么不允许在语义上强调施事能力或行为的附加语。在抑制施事的同时，使发生状态变化（图中用曲线箭头表示）的动作对象（TH）得到了凸显。图中的"+"表示言者对事件的评价，不仅包括难易度，也包括特性、结果等意义，因此，可以为中动句提供统一的解释。

刘晓海、石晨（2013）从生态心理学的角度研究了中动句的认知动因。他们指出，中动句的施事没有句法地位且具有任指性是由知觉点（或称观察点）的公共性导致的；中动句的动词只能作为自主动词，因为中动句主语的属性是通过人有意识的探索活动来展现的，而只有自主动词才能体现这种意向性和主动性的活动。此外，中动句的附加语可以为指向动词的形容词或指向隐性施事的非自主形容词是因为人类在探索事物时可以获取两种不同类型的体验：第一，体验到事物本身的性质，这种性质独立于人的活动，因此既可以用自主形容词也可以用非自主形容词来表达；第二，体验到探索活动本身使人产生的感受，此类感受完全由探索过程赋予，参与活动的人对此没有控制力，因此不能用自主形容词来表达。可见，刘晓海、石晨（2013）为中动结构对其组成成分的限制提供了一个认知解释。

吴炳章、牛雅禾（2017）则对中动结构的概念化机制进行了研究。他们指出，事件的基本认知结构是包含因果关系的致使结构，在语言中则表现为施受结构，即"施事+动作+受事"结构，这是语言编码的无标记形式。但是语言使用者并不总是按照以上模式编码事件，事实上，事件结构中的任何链条都可以受到凸显，从而用有标记的形式来进行编码。中动结构所表达的概念意义和主动结构一样，是主动结构的有标记的编码方式，如例（5）中两个句子的事件模型可分别用图 2.7 和 2.8 来表示：

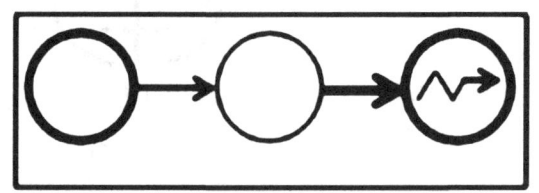

图 2.7　主动句能量传递图（吴炳章、牛雅禾 2017：56）

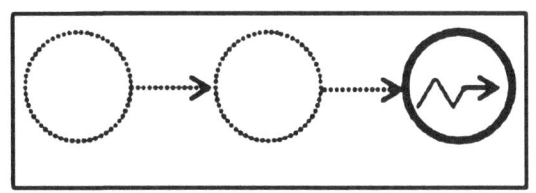

图 2.8　中动句能量传递图（吴炳章、牛雅禾 2017：56）

（5）a. 他们用刀切黄油。
　　b. 黄油切起来很容易。

如图 2.7 所示，例（5a）中的施事"他们"到受事"黄油"的能量传导是由工具"刀"为中介的。施事是能量的发出者，在事件中处于主焦点的地位，投射为句子的主语；在能量的传递过程中，受事的内部结构受到了改变（图中用曲线箭头表示），因而是事件的次焦点。图 2.8 表示的是诸如例（5b）中句子的概念结构，可见其与例（5a）的概念结构类似，不同的是在事件中受到凸显的只有受事，施事和工具在句法中无表征。

吴炳章、牛雅禾（2017）对中动句认知机制的解释和何文忠（2007a）类似，二者都认为非施事成分之所以能够占据中动结构主语的位置，是因为它是事件中唯一得到凸显的参与者，而施事之所以被隐含，是因为它虽然在事件模型中存在，却没有得到凸显。即中动句之所以呈现出其句法表现形式是由其认知动因决定的，不是通过语言操作（包括词库生成和句法生成）实现的。

2.2　英汉中动结构的构句条件

正如 Condoravdi（1989）和 Lekakou（2005）所指出，中动结构在不同语言中有不同的表现形式，而中动语义却具有跨语言的一致性。因此，以往对中动句构句条件的研究多从语义方面进行，总结起来，主要有以下三种观点：影响效应、施事限制以及责任条件。何文忠（2007b）则综合了上述观点，提出了中动结构的联合构句条件。

2.2.1 影响效应

不少学者认为中动结构的主语（动词内论元）在语义上必须受到动词的直接影响，如 Roberts（1987）、Hale & Keyser（1987）、Hoekstra & Roberts（1993）、Fagan（1992）、Sung（1992，1994）、Cornips & Hulk（1998）、Hundt（2007）等，即所谓的"影响效应"。Jaeggli（1986：608）指出，"影响"这个概念和论元的题元意义（thematic interpretation）相关，而这个题元意义也只有在含有受影响宾语（affected objects）的情况下才有明确的定义（well defined），因为这种宾语一般是动作的结果（outcome or result）。

中动结构的"影响效应"是指动词必须对其语法主语有较大影响，使之或发生状态变化或发生位置改变。换句话说，不能对其语法主语（逻辑宾语）造成影响的动词无法进入中动结构，试比较：

(6) a. 土豆皮削起来很容易。
　　b.*土豆触摸起来很容易。

例（6a）中的动词"削"对其语法主语"土豆皮"产生了影响，因而可以构成合格的中动句，而例（6b）的动词"触摸"无法对其对象"土豆"产生明显的影响，因此不能构成合格的中动句。

"影响效应"虽然较普遍地体现在中动语义中，它却不能解释所有的现象。如例（7）中的句子虽然没有体现"影响效应"，却是合格的中动句：

(7) a. Hemingway's novels always read well.
　　b. 他跑得极快，追起来没那么容易。

例（7a）中的"read"不会对"Hemingway's novels"造成直接影响，例（7b）中的"他"也不会受到"追"的任何影响。鉴于此，Tenny（1987）认为受影响的论元不能仅仅理解成发生状态变化的成分。她将"影响"理解为"划界"（delimitedness），而"受影响论元"指"划界论元"（delimiting argument）。

Condoravdi（1989）同意 Tenny 的看法，并在此基础上对"影响效应"进行了改进。他把受影响的对象解释为"增量对象"(incremental theme),从而把"影响效应"重新阐释为"增量对象限制"。其实Condoravdi(1989)所说的"增量对象"和Tenny(1987)的"划界论元"都是指可以测量动作进程的对象或论元,即对象(逻辑宾语)的状况可以反映动作执行的状况。例如,在"修剪花草"这个事件中,人们可以通过观察花草的状况来判断该动作进行的程度:旁枝被去掉的花草代表动作已经执行的部分,当所有花草的旁枝都被剪掉的时候,该事件就完成了。

增量对象不限于上述情况,Ramchand(1997)提到过如下三种增量对象角色(incremental theme roles):1)受事划界角色,相当于前文所讨论的增量对象;2)受事移动角色,表示位移或者位置变化的动词,如"开(车)";3)受事变化角色,表示状态变化的动词,如"纠正(问题)"。

Condoravdi(1989)认为只有增量对象才能被提升到句首做中动结构的主语,即中动结构的主语必须能反映动作的进程,如"修剪花草"这个事件中,花草的状况可以反映"修剪"的进程,属于Ramchand(1997)所说的第一类增量对象角色,因此,它可以构成如(8a)所示的中动句。而"开车"这个事件反映了车的位置变化,属于Ramchand所说的受事移动角色,因而可以构成中动句(8b)。"纠正问题"这个事件则表达了"问题"的状态变化,属于受事变化角色,所以可以构成中动句(8c)。

(8)a. 这些花草修剪起来很麻烦。
　　b. The new Roadster drives so much better!
　　c. 市场经济中出现的问题纠正起来没那么容易。

但是,增量对象限制也没能弥补"影响效应"的缺陷,有些没有"增量效应"的论元也能用作中动结构的主语,如例(9)中两个句子的主语"I"和"Mary"并不是所谓的增量对象。

(9)a. I never photograph well.
　　b. Mary seduces more easily than Susanne.

2.2.2 施事限制

Ackema & Schoorlemmer（1994，2002）认为中动构句的限制和动词的外论元有关，中动句必须以施事为逻辑主语。他们所讨论的"施事"是广义的施事，相当于动作发出者（actor）。Ackema & Schoorlemmer（2002）指出判断一个论元是否为施事，只需看它能否做"what X did was *verb* Y"中的"X"。施事需要具备 [+volition] 的语义特征，而 [+volition] 则蕴含了 [+human] 的语义特征。可见，Ackema & Schoorlemmer 的施事必须是有自主性的使动者（人），从另一个侧面讲，表达动作的动词也必须具有 [+causative] 的语义特征。因此可以用 [+volition] 和 [+causative] 来概括上述施事的特征。

"施事限制"可以解释为什么例（10）和（11）中的句子不是合格的中动句：

（10）a. *这种谎言相信起来很容易。
　　　b. *Lies like this believe easily.
（11）a. 秋风一来，*树叶落起来很容易。
　　　b. *Leaves fall easily.

例（10）虽然含有一个隐性论元，但这个隐性论元不是施事，而是感事，因此该句不符合"施事限制"；例（11）中的"树叶落"是个自发动作，导致该事件发生的因素既有内因（树叶已失去了生命力），也有外因（秋风），该动作不需要人的参与，这个外部使动者只有使动性，没有自主性，即其语义特征表现为 [+causative] 和 [-volition]。可见，事件缺乏施事的参与是例（11）不合格的主要原因。

其实不仅是例（10）中的"相信"不能用在中动句中，表示感知、理解、怀疑等意义的情感动词都不能进入中动结构（Fellbaum 1986），因为上述动词的逻辑主语都是感事（experiencer），不是施事。它们具备 [+mental] 的语义特征，却不具备 [+causative] 的语义特征。这些动词的限制也从另一个侧面反映了"施事限制"。

"施事限制"可以解决"影响制约"所不能解决的问题，上文提到的例（7）和（9）都可以通过施事限制来解释。这些句子的主语（内论元）

虽然没有受到动作影响,但它们的逻辑主语都是施事,因此可以构成合格的中动句。

2.2.3 责任条件

最早提出中动构句必须符合责任条件的是 van Oosten(1977),即中动句的主语(逻辑宾语)必须有某种内在属性,使之能够为动词所表达的动作负责任(Ackema & Schoorlemmer 2002)。Chung(1995)也指出,要构成合格的中动句,其主语必须具备如下特征:(The properties of) X cause the V-ing (of X) to be ADj。

该特征意为:中动句主语的特定属性能够致使事件按照附加语所规定的方式发生,其中起到致使作用的是主语的属性,即中动句的合格性依赖于主语的内在属性,如例(12)所示:

(12) a. 这些稻田耕作起来省时、省力、省工。
➡ 这些稻田的某些内在属性(如渠通路顺,排灌自如等)使得耕作稻田省时、省力、省工。
b. Hemingway's novels sell well.
➡ The properties of Hemingway's novels (such as the writing style, fame of the author, etc.) make it easy to sell.

在中动事件中,主语的属性比施事起到更重要的作用,试比较:

(13) 这些衣服洗起来很容易,因为……
a. ……它们可以机洗。
b. ……? 我有大量的时间。

Davidse & Heyvaert(2007)把"责任条件"解释成主语"让"(letting)的意义。这种"让"的情态意义是在力动态(force dynamics)中产生的。力动态指的是扮演两种不同角色的力之间的对抗关系。Davidse & Heyvaert 把事件中两种力的对抗分别看作"主角"(agonist,指力的发出者)和"对抗者"(antagonist)。语言表达关注的是主角能否执行动作，对抗者能否对主角的动作起作用，即能否战胜（overcome）它（Talmy 2000），例如：

（14）a. John won't tell the truth.
　　　b. The key wouldn't turn.
　　　c. This drawing by my three-year-old son sells!

例（14a）暗含的两种力分别为作为主角的"John"和作为对抗者的"tell the truth"的心理压力，该句意为，"John"拒绝向"说真话的心理压力"屈服。而在含有否定意义的中动句中，力的发出者是隐性施事，句子主语是对抗力量，主语和谓语之间的关系可以看作对力的"妨碍"（hindering）或"阻止"（blocking），如例（14b）意为"钥匙对力的发出者试图转动它做出抵抗"。而在肯定句中，中动句的主语（对抗者）和动作的关系不是"妨碍"，而是"让"（letting），即不再发出妨碍动作的力，如例（14c）意为"这幅画让卖这个动作发生"，即"这幅画的内在属性促使它能卖出去"。

因此，中动结构是一种"主角地位降低"（agonist demotion）的构式，同时对抗者得到强调，能够出现在句首或格等级体系（case hierarchy）的高处（Talmy 2000）。中动句的主语在格等级体系中所处的位置低于隐性施事，因此是一种有标记的投射（marked mapping）。

吴炳章（2019）沿用 Talmy（2012）所讨论的示能性（affordance）研究了中动构句限制。他指出中动句之所以成立，关键在于其语法主语具有致使事件发生（V-able）的示能性。因此，要成为合格的中动句，必须表达一种"让"的情态，强调逻辑宾语是致使事件发生的主因（吴炳章 2019：42）。下面来看一组例句：

（15）a. 小型车停起来很容易。
　　　b.？车停起来很容易。

例（15a）是合格的中动句，因为其主语"小型车"可以致使"停车容易"这件事发生。而例（15b）的主语"车"的属性无法致使"停车容易"的发生，即违反了"责任条件"，因此在语用上较为怪异。

虽然责任条件在学界被广泛接受，但是合适的语境或语用因素也很重要。例如 van Oosten（1977）曾提到过如下一对句子：

（16）a. The book sells easily.
　　　b. *The book buys easily.

她指出，例（16a）和（16b）的区别在于书的内在特征可以为"卖书"负责任，不能为"买书"负责任。但若有合适语境，例（16b）是可以接受的，如：

（17）Prospects that come from referrals are shown to <u>buy more easily and quickly</u> with fewer objections. (Ackema & Schoorlemmer 2002: 171)

值得注意的是，上述所有条件都是中动构句的必要条件，不是充分条件，即任何条件单独使用都不能确保中动句的合格性。除了上述条件之外，文献中还有中动构句的其他限制，如 Fagan（1992）所提出的体式条件（aspectual condition），即能进入中动句的动词必须是 Vendler（1967）所说的活动词项（activity verbs）和目标词项（accomplishment verbs）；Fellbaum（1986）所提出的反成事条件[1]（anti-effectedness condition），即中动句的主语不能是由动作创造的物体；Fagan（1992）提出的反双宾语条件（anti-double-object condition），即双及物动词不能进入中动句；Fellbaum（1986）提出的"非人类受事主语条件"（anti-human subject condition），即中动句的主语不能是人类受事。上述条件对中动句主语、动词或附加语的限制如表 2.1 所示，其中"√"指该条件限制该成分，"×"指该条件不限制该成分，"√/×"表示该条件部分限制该成分。

---

[1] 汉语中动句不受此条件限制，如"这件毛衣织起来很容易"是合格的中动句。此外，以类指性名词为主语的中动句也可以用成事做主语，例如"Sweaters knit easily"是合格的中动句。

表 2.1　各构句条件所限制的成分（何文忠 2007b：24）

	主　语	动　词	附加语
影响限制	√	√/×	×
责任条件	√	×	×
体式条件	×	√	×
施事性条件	×	√	×
反结果宾语限制	√	√/×	×
论元敏感度条件	√	√/×	×
有界事件限制	√	√/×	×
反双宾语结构限制	√	√/×	×
非人主语限制	√	√/×	×

表 2.1 中的"有界事件条件"就是上文所讨论的"增量对象限制"。可见，中动构句的各项条件彼此重叠，有必要对其进行重新思考。在此基础上，何文忠（2007b）提出了下文要介绍的中动构句的联合条件。

2.2.4　联合构句条件

何文忠（2007b）指出了中动构句的两个关键：一是事件，二是非施事参与者的积极作用。因此，他认为中动构句只需要两个条件：第一个条件用来限定事件类型，即动词必须为 Langacker（2001）所说的完成类事件动词；第二个条件用于保障非施事参与者的认知凸显性，即事件的某一被动参与者必须能够对事件的发生负责任。除此之外，何文忠还提出了作为保障条件的语义和语用过滤，即句子的谓语部分必须表述主语的典型属性。该联合条件如图 2.9 所示：

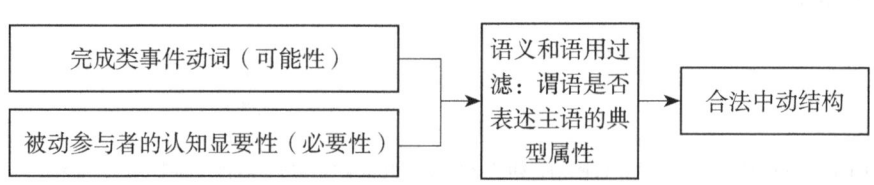

图 2.9　中动构句的联合构句条件（何文忠 2007b：27）

联合条件在解释力上比上述各条件更强。但是，它也不能保障合法中动结构的构成。例如，它不能解释为何例（18）中的句子不是合格的中动句：

（18）a. *Essays about pragmatics write easily.
　　　b. *Photos of the Eiffel Tower take easily.
　　　c. *Russell's books don't sell to semioticians easily. (Greenspon 1996)

例（18）中各句的动词"write""take"和"sell"都是完成类事件动词，且其被动参与者都有较高的认知显要性，也能够通过上述语义和语用的过滤，但它们都不符合语法。

更重要的是，上述联合条件没有提到施事的地位。虽然施事在句法中没有得到投射，但它在语义上的存在是中动结构区别于作格结构的重要标准。例如作格句（19a）和中动句（19b）的唯一区别就是前者没有隐性施事，后者有。

（19）a. The door doesn't open in wet weather; it remains closed.
　　　b. The door dosen't open in wet weather; you have to push it very hard. (Hundt 2007: 28)

2.3　英汉中动结构对其组成成分的限制

如前文所述，英语中动句由 NP（主语）+VP（动词短语）+Adv.（附加语）构成，汉语中动句由 NP（主语）+V 起来（动词短语）和 AP（附加语）构成。因此，对英汉中动结构的组成成分的研究可以分为对主语的研究、对动词的研究和对附加语的研究。

2.3.1　主语

有关中动句对其主语限制的研究主要集中在主语的形式和语义类型上。就其形式而言，多数研究者认为中动句的主语应该是名词性成分（何文忠 2007a），也有研究者（如曹宏 2004c）认为动词性成分也可以充当汉语中动句的主语，例如：

（20）于是农村农忙季节请帮工困难，即便请得上，报酬也很高，算起来很不合算。

虽然例（20）以动词性成分为主语，但表达"XX 这件事"，因此具有名词性的特征，其主语部分可用"什么"来进行提问，不能用"怎么样"。此外，曹宏还认为介词短语也能做汉语中动句的主语，如：

（21）关于这件事，说起来可就没完没了了。

虽然曹宏（2004c）对中动句的定义不严格，例（20）和（21）中的句子是否为中动句也值得商榷，但她对这些主语形式的研究可为其他研究者提供参考。

就主语的语义类型而言，以往研究存在一定的争议。Hale & Keyser（1987）、Kemmer（1993）、Sung（1994）、曹宏（2004c，2005a）、宋红梅（2008）和刘正光（2008）认为英汉中动句的主语必须是受事。而其余大部分学者认为汉语中动句的主语除了受事之外，还可以是其他语义角色，如何文忠（2007a：78-79）指出，处所、工具、方式，甚至场景成分都可以做汉语中动句的主语，他称之为"附加语中动句"（adjunct middles），例如：

（22）a. 这支自来水笔写起来更流畅。
　　　b. 新开的员工餐厅吃起来很便宜。
　　　c. 多媒体演示起来更形象。
　　　d. 草坪上踢起球来很舒服。
　　　e. 夏天玩起水来比冬天开心。

（23）a. Does this new pen write well?
　　　b. Yet, the shops in central Johannesburg now sell more to blacks than to whites.
　　　c. This kind of wool makes great sweaters.

d. Tony scares even more easily than Ivana.
e. Generally speaking, weekends sell better than week days.

例（22）和（23）中各句的主语都不是受事，但都是中动句。例（22）各句主语分别为工具、处所、方式、环境成分（地点）、环境成分（时间）。例（23）中各句的主语分别是工具、处所、来源、感事、时间。

邓云华、尹灿（2014a）对比了英汉中动句主语的语义类型，并用语料库对各类型的出现频率进行了统计。英语的语料来自 BNC 和 COCA，英语中动句的主语在上述两个语料库中出现的情况分别如表 2.2 和表 2.3 所示：

表 2.2 BNC 中英语中动句主语的分布（邓云华、尹灿 2014a：85）

	数量（句）	所占比例（%）
受事主语	461	96.65
工具主语	12	2.51
处所主语	3	0.63
方式主语	1	0.21
合　计	477	100

表 2.3 COCA 中英语中动句主语的分布（邓云华、尹灿 2014a：86）

	数量（句）	所占比例（%）
受事主语	1 326	98.15
工具主语	15	1.11
处所主语	5	0.37
方式主语	5	0.37
合　计	1 351	100

基于英语中动句在上述两个语料库中的分布情况,邓云华、尹灿(2014a:86)指出英语中动句主语的频率梯度为:受事主语＞工具主语＞处所主语＞方式主语。

汉语中动句来源于 MLC 和 CCL。汉语中动句主语在上述语料库中的分布情况分别如表2.4 和表2.5 所示:

表2.4　MLC 中汉语中动句主语的分布(邓云华、尹灿 2014a:87)

	数量(句)	所占比例(％)
受事主语	637	95.07
处所主语	19	2.84
工具主语	6	0.89
方式主语	5	0.75
时空场景主语	3	0.45
合　计	670	100

表2.5　CCL 中汉语中动句主语的分布(邓云华、尹灿 2014a:88)

	数量(句)	所占比例(％)
受事主语	1 084	90.33
处所主语	38	3.17
工具主语	25	2.08
方式主语	17	1.42
时空场景主语	36	3.00
合　计	1 200	100

由表2.4 和2.5 可见,汉语中动句的主语呈以下梯度:受事主语＞处所主语＞工具主语/时空场景主语＞方式主语/时空场景主语(邓云华、尹灿 2014a:88)。

2.3.2 动词

Sung（1994：39）对比了能用于英汉中动句的动词，发现很多无法用于英语中动句的动词却能用在汉语中动句中，试比较：

（24）a. *Chinese does not learn easily.
　　　b. 汉语学起来不容易。

在此基础上，曹宏（2004a：14）对汉语中动句的类型进行了较为全面的描述，指出并不是所有的中动词都能对其宾语造成影响，例如：

（25）李丹丹看起来有点儿羞涩，脸蛋红红的，没有说话。

例（25）中的动词"看"没有对主语"李丹丹"造成影响。当然，该句是否为中动句还需要考虑。

此外，只有及物动词中的自主动词才能进入中动句，非自主动词或不及物动词不能进入中动句，如：

（26）虽然这些雕像搬起来不费劲，但太占地方，……
（27）I don't expect this show to sell.
（28）*放在出租车后备箱里的行李落起来很容易。
（29）*The waist hurts easily when doing sports.

例（26）中的动词"搬"和（27）中的"sell"是自主动词，而例（28）中的动词"落"和（29）中的"hurt"是非自主动词（自主动词和非自主动词的区别参见马庆株 1992：17）。

李晔（2015）也提到了中动词的自主性，并将其当作动词准入的必要条件，她指出动词的自主性不是一个二分概念，而和语境密切相关（李晔 2015：59）。有些自主动词在某些语境中可用作非自主动词，如表 2.6 所示：

表 2.6　自主动词的非自主用法（张伯江 2009：35）

动　词	自　主　用　法	非自主用法
听	仔细听	净听他说瞎话
说	说中国自己的故事	说梦话
找	去办公室找他	这人爱找麻烦
做	做了很多好事	做了自己不愿意做的事情
送	送了他一件毛衣	顺便送了他一个人情
带	带给我一台电脑	带来一股冷空气
适应	努力适应新环境	感到不太适应

因此，不能不加判断地说某个动词可否进入中动结构，而是需要看其搭配，如"找 u 盘"可以进入，而"找麻烦"不行，试比较：

(30) a. u 盘那么小，房间这么大，找起来太费劲了。
　　　b. *麻烦找起来很容易。

Ackema & Schoorlemmer（2007）与何文忠（2007a：186-188）则从体（aspect）的角度讨论中动句对其动词的限制，指出只有活动词项和目标词项才能进入中动结构，完成词项和状态词项不能进入中动结构，如：

(31) a. 利用外资审批，一开始全部项目须经省审，执行起来很不方便。
　　　b. 这些毛病改正起来非常困难。
　　　c. *这么高的目标达到起来很困难。
　　　d. *这些隐秘的事情知道起来有难度。
(32) a. The Four Wheelers drive well even in the snow.
　　　b. The flavors blend nicely with orange, a sleep-inducing scent.
　　　c. *The goals do not achieve easily.
　　　d. *Some folk stories know easily.

例（31a）和（32a）句中的动词"执行"和"drive"为活动词项，因此，可以进入中动句；例（31b）和（32b）中的动词"改正"和

"blend"为目标词项,也可以进入中动句;例(31c)和(32c)的动词"达到"和"achieve"为完成词项,因此不能进入中动句;例(31d)和(32d)的动词"知道"和"know"为状态词项,也无法用在中动句中。

上述观点有一定的道理,但也有例外,如例(33)的动词"保存"和"keep"是状态词项,但能构成合格的中动句。

(33) a. 电子资料保存起来比纸质文件更方便。
b. This fruit keeps better in the refrigerator.

此外,并不是所有的活动词项和目标词项都能构成合格的中动句,如例(34)中各句的动词都是活动词项,却无法构成合格的中动句:

(34) a. *这辆小车踢起来比大车容易。
b. *The small car kicks more easily than the big one.
c. ?苹果吞咽起来比橙子容易。
d. ?Apples swallow more easily than oranges.

由此可见,单靠动词无法保证中动句的合格性,需要考虑主语与动词的搭配,以及语境等其他语义、语用条件。

2.3.3 附加语[1]

有关英汉中动结构对其附加语的选择限制,以往研究主要关注附加语的形式和意义,下面分别加以评述:

2.3.3.1 附加语的形式

多数学者认为英语中动结构的附加语以副词为主(Keyser & Roeper 1984;何文忠 2007a;Calude 2017)。Ji(1995:65-74)认为汉语中动句需要一个副词性修饰语。由此可见,她认为汉语中动句的附加语是副

---

[1] 本书所说的附加语在大多数文献中一般被称为"修饰语",本书不采用这种说法,因为修饰语和中心语的关系是修饰关系,而附加语和中心语的关系是补充说明的关系。后者更符合中动句的现实。

词性的。这一点显然是比附了印欧语言的说法。汉语的副词主要表示程度、语气、范围等（李勉东 2003：61），即汉语中动句的附加语不是副词。事实上大多数研究者认为它是形容词，如曹宏（2004a）、何文忠（2007a）、许艾明（2011）等。

2.3.3.2 附加语的意义

Ji（1995：74）指出，在语义上指向施事的形容词不能进入英汉中动结构，如：

(35) a. *这本小说读起来很小心。
  b. *This novel reads carefully.

如例（35）所示，诸如"仔细"和"认真"等在语义上以施事为中心的词汇不能用在中动句中，但并不是所有指向施事的形容词都不能用于中动句，如例（36）所示：

(36) a. 这么小的孩子教起来很费劲。
  b. 这些洋货用起来真舒服！
  c. This tent sleeps more comfortably than a regular camp bed.

对比例（35）和（36）句中的形容词可以发现，前者可以受到施事的自主控制，而后者不能，袁毓林（1993：123-124）分别称之为自主形容词和非自主形容词。曹宏（2004a：23）指出，指向施事的自主形容词无法进入中动句，而指向受事的形容词则无此限制，如：

(37) a. 那种话听起来很可怕 / 动听 / 可笑 / 感人 / 好听 / 有趣 / 可怜 / 舒服 / 可信。
  b. 那种话听起来很诚恳 / 厉害 / 随便 / 亲切 / 谦虚 / 粗鲁 / 悲观 / 随和 / 啰嗦。

例（37）中两句的附加语在语义上都是指向受事的，其中（37a）中的附加语是非自主形容词，而（37b）句中的附加语是自主形容词，两组都可以用在中动句里，当然曹宏对中动句的理解有待斟酌。

邓云华、尹灿（2014b）对英汉中动句附加语的类型进行了语料库考察，其中英语语料来源于 BNC、COHA[1] 和 COCA 三个语料库；而汉语语料来源于 MLC、SLC 和 CCL 三个语料库。英语中动句附加语的分布情况如表 2.7—2.9 所示：

表 2.7　BNC 中英语中动句附加语的分布情况（邓云华、尹灿 2014b：80）

	中动句数量（句）	所占比例（%）
易性附加语	248	51.99
特性附加语	174	36.48
对比性附加语	34	7.13
定义特征附加语	21	4.40
合　计	477	100

由表 2.7 可见，各类型的附加语在 BNC 中呈如下梯度分布：易性附加语＞特性附加语＞对比性附加语＞定义特征附加语。

表 2.8　COHA 中英语中动句附加语的分布情况（邓云华、尹灿 2014b：80）

	中动句数量（句）	所占比例（%）
易性附加语	282	33.65
特性附加语	280	33.41
对比性附加语	270	32.22
定义特征附加语	6	0.72
合　计	838	100

可见，COHA 里英语中动句附加语的出现频率为：易性附加语＞特性附加语＞对比性附加语＞定义特征附加语。

---

[1] COHA 全名为 Corpus of Historical American English（美国英语历史语料库），是迄今为止最大的历史英语语料库，包含 19 世纪 20 年代至 21 世纪 10 年代的语料共计 4.75 亿词。

表 2.9 COCA 中英语中动句附加语的分布情况（邓云华、尹灿 2014b：80）

	中动句数量（句）	所占比例（%）
易性附加语	553	40.93
特性附加语	471	34.86
对比性附加语	295	21.84
定义特征附加语	32	2.37
合　计	1 351	100

表 2.9 中的数据显示，英语中动句的附加语在 COCA 中的梯度为：易性附加语＞特性附加语＞对比性附加语＞定义特征附加语。

可见，英语中动句的附加语在总体态势上的分布情况为：易性附加语＞特性附加语＞对比性附加语＞定义特征附加语。但对比性中动句在上述三个语料库中出现的频率差别较大。

汉语中动句附加语的分布情况如表 2.10—2.12 所示：

表 2.10 MLC 中汉语中动句附加语的分布（邓云华、尹灿 2014b：81）

	中动句数量（句）	所占比例（%）
易性附加语	354	52.83
特性附加语	204	30.45
对比性附加语	25	3.73
谓语结构附加语	87	12.99
合　计	670	100

由表 2.10 可见，在 MLC 中，汉语中动句的附加语呈如下态势分布：易性附加语＞特性附加语＞谓语结构附加语＞对比性附加语。

表 2.11　SLC 中汉语中动句附加语的分布（邓云华、尹灿 2014b：81）

	中动句数量（句）	所占比例（%）
易性附加语	152	44.06
特性附加语	125	36.23
对比性附加语	15	4.35
谓语结构附加语	53	15.36
合　计	345	100

如表 2.11 所示，汉语中动句附加语在 SLC 中的分布情况和 MLC 中类似，各类型的附加语呈如下梯度分布：易性附加语＞特性附加语＞谓语结构附加语＞对比性附加语。

表 2.12　CCL 中汉语中动句附加语的分布（邓云华、尹灿 2014b：81）

	中动句数量（句）	所占比例（%）
易性附加语	734	61.17
特性附加语	327	27.25
对比性附加语	56	4.67
谓语结构附加语	83	6.91
合　计	1 200	100

由表 2.12 可见，各类型附加语的汉语中动句在 CCL 中的梯度为：易性附加语＞特性附加语＞谓语结构附加语＞对比性附加语。

综合上述三个语料库的情况，邓云华、尹灿（2014b：81）指出汉语中动句修饰语的分布梯度为：易性附加语＞特性附加语＞谓语结构附加语＞对比性附加语。可见，和英语中动结构相比，汉语中动结构缺乏定义特征附加语，却比英语中动句多了一种谓语结构附加语。

邓云华、尹灿（2014b）的语料库研究能揭示出英汉中动句对附加语的选择倾向，但是她们对汉语中动句附加语类型的分类值得商榷。她们没有明示分类的标准，也没有界定各类中动句所包含的范围，如对比性中动句指的是难易或者性质的对比，不应该单列出来，应该将其分类归于易性中动句或特性中动句。此外，谓语结构中动句不是语义上的描述，而是一种形式类型，因此和前三种类型不属于同一个层面，不宜并列在一起讨论。

2.4 英汉中动结构的句法语义特征

2.4.1 语义特征

Fagan（1992），Lekakou（2005），曹宏（2005a），何文忠（2007a），王和玉、温宾利（2014），孟江虹（2019）等学者集中探讨了中动结构的语义特征。曹宏（2005a）总结了汉语中动结构如下的语义表达特点：1）隐性施事在指称上具有任意性；2）主语在指称上具有通指性；3）整个句子表达的情状类型为状态，命题具有通指性。在此基础上，她将中动句的句式义概括为：在 V NP 的时候，NP 通常 AP（曹宏 2005a：21），例如（38a）的句式义可以用（38b）来表示：

（38）a. 这些作品读起来相当吃力。
　　　b. 在读这些作品的时候，？这些作品通常相当吃力。

事实上，例（38b）的后半部分"作品吃力"这种搭配不符合汉语表达习惯，不能用"吃力"直接描述"作品"，它描述的应该是"读这些作品"。因此，曹宏对中动句式义的概括不够准确。

从上述特点可见，曹宏强调的主要是中动结构的通指性特点（genericity），或称类指性。

何文忠（2007a: 46-53）指出英汉中动结构一般具有以下几个语义特征，包括隐性施事的无关性、非事件性、情态性和主语责任性。何文忠指出，英汉中动句都有一个隐性施事，且这个隐性施事一般具有任指性的特征。试比较：

（39）a. 这种问题解决起来非常麻烦。
　　　b. *这种问题由张三解决起来非常麻烦。
（40）a. This book of memoirs reads like his valedictory.
　　　b. *This book of memoirs reads like his valedictory by John.

　　例（39b）和（40b）之所以不合格，是因为句中出现了施事。可见，中动句的施事虽然在语义层存在，但在句法上未得到投射，一般不指向某个人，在意义上大体相当于"人们"或"任何人"。
　　此外，中动句不叙述具体事件，具有非事件性和情态性，即中动句表达事件发生的潜力，如例（41a）不是要汇报"执行策略"这件事，而是要对这件事的难易进行评价，例（41b）是对卖书事件的评价，不表达"卖不卖书"这个事件。

（41）a. 这些策略虽说很明确，执行起来还是很艰难。
　　　b. His last book doesn't sell so well.

　　何文忠（2007a）还提到了中动句主语的责任性，即中动句的主语是导致事件按照附加语所规定的方式而发生的主要原因。这一点和前文所讨论的"责任条件"类似，该特征被李炎燕、白解红（2017：143）看作中动结构的核心语义特征，并用图 2.10 表示它的核心地位：

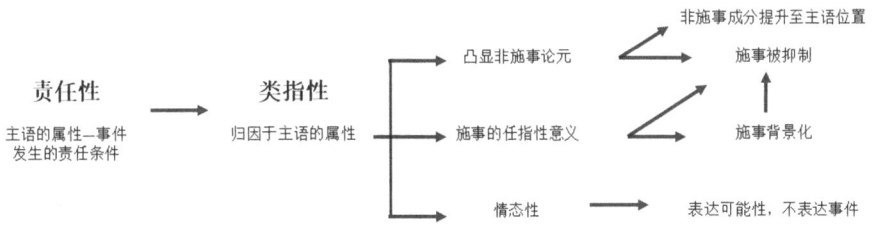

图 2.10　中动语义之间的关系（李炎燕、白解红 2017：144）

　　尽管她们的上述看法是否准确有待商榷，但鉴于以往对中动语义的研究多是孤立地描述其各种特征，很少涉及它们之间的关系，李炎燕、白解红（2017）试图揭示各种语义特征之间的关系的做法值得肯定。

孟江虹（2019）主要讨论了英语中动结构在语用方面的意义，指出了其五类语用意义，包括解释意义、人际意义、评价意义、视角意义和评价意义（孟江虹 2019：95）。

2.4.2 句法特征

中动结构的句法特征和语义特征紧密相关，上文提到的类指性、非事件性、情态性、主语责任性和隐性施事任指性决定了中动结构的以下三个句法特征（何文忠 2007a：47-56）：

1）英汉中动句通常只有一个论元有句法表现，即位于主语位置上的非施事论元，施事成为一个隐性论元，无法用"被"或"*by-* 短语"引出，上面的例（39）和（40）可以说明这个问题。这是因为中动句凸显主语（非施事论元）的属性，施事论元在认知中不够凸显。

2）英汉中动句多用一般现在时的形式，汉语中动句不能和体标记"着""了""过""正在"连用，如例（42）所示，英语中动句一般不和进行体和完成体共现，如例（43）所示。这是由中动语义的非事件性和情态性所决定的。

（42）a. *这些问题解决<u>着</u>起来很麻烦。
　　　b. *这些问题解决<u>了</u>起来很麻烦。
　　　c. *这些问题解决<u>过</u>起来很麻烦。
　　　d. *这些问题<u>在</u>解决起来很麻烦。

（43）a. ? Remarkable works are selling well this morning.
　　　b. ? Remarkable works have sold well since yesterday.

3）英汉中动句一般需要某种形式的附加语，其中汉语中动句的附加语以形容词形式为主，而英语中动句的附加语以副词为主，且这个附加语不能是指向施事的自主形容词，如例（44）和（45）所示。这是因为中动结构具有施事无关性，不能强调施事的作用。

（44）a. *这些问题解决。
　　　b. *这些问题解决起来很<u>马虎</u>。

(45) a. *The book reads.
　　　b. *The book reads carelessly.

2.5　以往研究的成果与不足

从以上内容来看，学界对英汉中动结构的研究颇多、成果颇丰，涉及的内容也较为丰富。但以往研究还存在以下问题：

1) 文献中有关中动句由主动句转换而来的观点存在问题。首先，并不是所有的中动句都有相对应的主动句，如例（46）和（47）所示：

(46) a. 这双皮鞋走起来声音很大。
　　　b. *任何人走这双皮鞋都声音很大。
(47) a. The pump disassembles for cleaning.
　　　b. *People in general disassemble the pump for cleaning.

其次，并不是所有的主动句都能转换为中动句，中动句由主动句转换而来的观点无法解释为什么例（48a）和（49a）不能分别转换成（48b）和（49b）：

(48) a. 该幼儿教师曾长期虐待儿童。
　　　b. *儿童虐待起来很容易。
(49) a. The kindergarten teacher has abused children for a long time.
　　　b. *Children abuse easily.

再次，中动句的移位生成观无法解释中动句对其组成成分的限制。这些限制在主动句中并不存在，在中动句中却表现出来，如主语的责任性、动词的自主性、附加语的非自主性等限制都无法通过移位生成说得到解释。

最后，中动句在意义上通常和相应的主动句有较大差别，试比较：

(50) a. 这块山地耕种起来十分困难。
　　 b. 这些农民耕种这块山地十分困难。
(51) a. Products with well-known trade names sell well.
　　 b. Experienced sellers sell products with well-known trade names well.

例（50a）和（51a）凸显受事主语的属性，可以分别解释为"这块山地的某些特点导致耕种它十分困难""名牌产品的某些特点使它们好卖"。而例（50b）和（51b）凸显的是施事，受事处于被动地位，试比较：

(52) a. ?因为缺乏经验，这块山地耕种起来十分困难。
　　 b. 因为缺乏经验，这些农民耕种这块山地十分困难。
(53) a. Products with well-known trade names sell well,? because experienced sellers are good at selling.
　　 b. Experienced sellers sell products with well-known trade names well, because they are good at selling.

例（52a）和（53a）可接受性差，因为其和中动句以受事主语为中心的特征相违背，例（52b）和（53b）可以接受，说明二者是以施事为中心的。可见，移位生成说不符合语言事实，认知语言学和构式语法理论能对中动句的构成做出更好的解释。

2）中动结构的语义特征需要进一步的研究。不少研究者把中动结构看成主动形式表达被动意义，而中动语义和被动意义并不同，如例（54a）和（55a）为中动句，强调主语的特征，意为"这扇门的某些特征使关门不容易"，具有情态性；而例（54b）和（55b）为被动句，汇报的是一件事，其主语完全处于被动地位。此外，中动结构的诸多语义特征中哪个是其核心特征也需要探讨。

(54) a. 这扇门关起来不容易。
　　 b. 这扇门被关上了。
(55) a. This door does not close easily.
　　 b. This door was closed.

3）英汉中动结构对其组成成分的选择限制需要进一步地加以研究。首先，有关其主语的研究需要加强。以往文献对英汉中动句主语的语义类型的研究只提到了受事、处所、工具、方式、时空场景等语义角色，而笔者在语料库中发现英汉中动结构的主语不限于以上语义类型，还包括目标、材料、成事等多种语义角色。此外，中动句主语的人称、指称、施受特征等特点也需要进一步地加以研究。

其次，对隐性施事的特征需要进一步地加以描述。多数研究者认为中动句的隐性施事具有任指性特征。也有学者认为汉语中动句的隐性施事可以在句中出现。事实上，上述两种观点都不太准确，如"这辆车开起来很容易"的隐性施事不应该是"任何人"，而是"会开车的人"。如果在上句中插入一个施事，如"这辆车他开起来容易"，其选择限制则有所改变，已不是中动句。

此外，以往文献中对动词和附加语的研究也有较大争议。何种类型的动词和附加语可以进入英汉中动句是一个悬而未决的问题。各种形式和意义类型的动词和附加语在语料库中出现的频率也需要进一步验证。

4）对英汉中动句的语料库研究有待加强。以往文献中有关中动结构的语料库研究主要有杨晓军（2006）和何文忠、王克非（2009）对英语中动结构附加语的研究，以及邓云华、尹灿（2014a，2014b）对英汉中动句主语和附加语的语法等级的比较研究。杨晓军（2006）和何文忠、王克非（2009）对附加语的研究主要是围绕动词 sell 进行的，几乎没有涉及其他动词。邓云华、尹灿（2014a）对比了易性中动句、特性中动句、对比性中动句和定义特征中动句在英汉两种语言中出现的频率，但英汉中动结构的其他类型及其附加语的类型需要用语料库进一步验证。就主语而言，邓云华、尹灿（2014b）对比了受事主语、工具主语、处所主语及方式主语在英汉语言中的分布情况，却没有研究其指称特点。

综上所述，英汉中动结构还有较大的研究空间，很多问题亟待解决。基于以上情况，本书将以语料库为依据，在认知构式语法的框架下对中动语义及其在英汉两种语言中的实现进行系统研究，主要内容涉及中动语义的特征及其核心、英汉中动结构对其组成成分的限制、英汉中动结构的原型性及其类型、中动结构的本质等四大方面的内容。

第三章

中动结构的语义基础

如Condoravdi（1989：24）所述，中动语义可以独立于其语法特征而存在，Lekakou（2005：53）也持类似观点，认为中动结构不是一个普遍存在的语法范畴，唯一具有跨语言一致性的是中动语义，也即中动结构可能因语言而异，而中动语义则表现出较大的一致性[1]。根据构式语法的观点，构式是形式和意义的结合体，意义在很大程度上影响或决定形式（Goldberg 1995，2019）。对中动结构的研究应以中动语义为出发点。但学界对中动语义的探讨不够。以往研究虽然指出了中动语义的情态性、非施事主语责任性、施事性、类指性等特征，但对上述特征的解释多有偏颇，甚至有不少学者误将被动义看作中动语义的主要特征（Fagan 1992；曹宏 2005a；宋红梅 2008；蔡淑美、张新华 2015；李强 2018）。

---

[1] 中动结构在不同语言中有不同表现，因此有英语中动结构、汉语中动结构、法语中动结构等语法范畴。而不同语言里的中动结构却表达类似的中动语义，这也是其能称为中动结构的主要原因。

此外，中动情态义也多被解释成存在情态量词（existential modality quantifier），如 Fagan（1992）。而且已有文献在非施事主语的责任性方面争议较大，主要有两派对立的观点：Roberts（1987）和 Sung（1994）等认为非施事主语是受动作影响的对象，处于被动地位；而 Kemmer（1993）和 Yoshimura & Taylor（2004）等则把非施事主语看作动作发出者。就施事性而言，学界也有两种截然不同的观点，其中 Rapoport（1999）认为中动语义里没有任何施事，而 Stroik（1992）、Hoekstra & Roberts（1993）、Sung（1994）、Fagan（1992）、Ackema & Schoorlemmer（2002，2007）则认为施事至少在语义层存在。对中动语义里类指性的看法也有较大分歧，Calude（2017）认为类指性是对事件而言，而 Fagan（1992）则认为是对实体而言。

学界对中动语义各项特征的解释不尽相同，且对其核心特征的探讨较少，已有文献也存在较大争议，主要有三种观点：大部分学者把隐性施事看作中动语义的核心（Roberts 1987；Fagan 1992；Iwata 1999；Ackema & Schoorlemmer 2007）；Massam（1992）认为中动语义的核心特征是类指性和情态性；而李炎燕、白解红（2017）则提出主语责任性是中动语义的核心特征。

总体来看，学界对中动语义的各项特征及其核心的看法有较大的争议。鉴于此，本章在已有成果的基础上对中动语义进行系统研究，并试图揭示出其核心特征。首先，本章将对"主动形式表达被动意义"的观点进行评论，指出中动结构表达属性义，而不是被动义；继而将细致讨论中动语义的各种特征，并对其进行全新的解读；最后，将探讨中动语义的核心特征及其与其他特征之间的关系。下文首先讨论中动语义的特征。

3.1 中动语义的特征

3.1.1 属性义

不少学者将中动结构定义为主动形式表达被动意义的结构（曹宏 2005a；殷树林 2006；周晓岩、高腾 2007；宋红梅 2008；杨晓军 2008；杨佑文 2011；蔡淑美 2013；李炎燕、白解红 2017；李强 2018；周启强、李妙 2019 等），如例（1）的主语"this poem"是谓语动词"reads"的宾语，这一点类似于被动句，然而，其谓语动词没有被动标记"be+V-ed"，在这一点上又类似于主动句，因而得出了"主动形式表达被动意义"的说法，认为例（1）的意义可以用例（2）来表达：

（1）This poem reads well.
（2）This poem is read well by anyone.

事实上，例（1）表达主语的属性，即"Some properties of this poem make the reading events good"，而例（2）则概述阅读事件，即"all reading events involving this poem are good"。可见，中动句和被动句表达的意义不同。再如：

（3）a. This poem won't translate.
　　 b. This poem is not translated.

例（3a）意为"这首诗的某些特点导致它无法翻译"，而例（3b）则表达"这首诗没有被翻译"的意义。可见，中动句表达的意义不是被动义，而是属性义。中动语义不同于被动语义：首先，中动句是描述句，描述主语属性，而被动句多为叙述句，汇报具体事件；其次，中动句的主语有较强的能动性，其属性可以促进或阻碍特定事件的发生，而被动句的主语完全处于被动地位，没有任何能动性。因此，中动句不是用主动形式来表达被动意义。

3.1.2 情态性

中动语义的情态性指中动结构多描述某件事发生的可能性。因此，很多学者将中动句释义为含有情态词的被动句，Fagan（1992）就指出中动句可以用含有"can"的被动句来释义，如例（4a）可以解释为例（4b）：

（4）a. The chicken-skin tacos sell easily.

b. The chicken-skin tacos can be sold easily.

事实上，例（4）中两个句子的意义并不完全相同，二者表达不同的情态。Kratzer（1981）指出"can"是一种"存在情态量词"（existential modal quantifier），因此，例（4b）意为"鸡皮玉米卷卖起来容易"这件事至少可以发生一次，假如卖了100次鸡皮玉米卷，其中有一次或两次卖起来容易，（4b）是成立的。但如果只有一两次卖起来容易，例（4a）是不成立的。例（4a）所暗含的意义是：卖100次鸡皮玉米卷，其中有98次或99次卖起来容易。可见，例（4a）和（4b）有不同的真值条件，这一点可以通过其否定形式来证明，如例（5）所示：

（5）a. It is not the case that the chicken-skin tacos sell easily.
b. It is not the case that the chicken-skin tacos can be sold easily.

例（5a）的否定义比例（5b）弱很多。若卖了100次鸡皮玉米卷，其中有三五次卖起来不容易，例（5a）就可以为真。而例（5b）的意义相当于"鸡皮玉米卷卖起来不可能容易"，即几乎不存在"鸡皮玉米卷卖起来容易"的情况。可见，中动语义的情态和"can"所表达的情态是不同的。中动语义表达的不是"存在情态"，而是类似于"全称情态"（universal modality）的意义。当然中动情态义也不完全等同于全称情态，前者允许有例外情况，如：

（6）a. Omelets cook very fast in a waffle maker.
b. All cooking events that involve omelets in a waffle maker are fast.
c. Generally speaking, cooking events that involve omelets in a waffle maker are fast.

若用华夫饼机做100次鸡蛋饼，其中有98次很快，例（6a）即为真，而含有全称量词"all"的例（6b）则不能成立。可见，例（6a）的意义更接近于（6c），也即中动语义里的情态性接近全称情态，但不等同于全称情态。

3.1.3 非施事主语的责任性

一般认为，中动句的主语是非施事论元的有标记投射，表现在其属性可以为事件的发生负责任，即中动句作为一个命题，其真假取决于主语的属性，如例（7a）是合理的，而（7b）则显得怪异。换句话说，事件能否发生和句子主语的属性有关，如例（8a）可以接受，例（8b）则可接受性较差。例（8a）之所以比（8b）更容易接受，是因为"停车是否容易"和车的大小有关，和其颜色无关。

（7）This bread cuts easily ...
  a. ... in virtue of its texture.
  b. ?... in virtue of the sharpness of the knife.　(Lekakou 2006)
（8）a. Small cars park easily.
  b. ? White cars park easily.

关于中动句主语责任性的另一重要问题是主语对事件所起的作用。Roberts（1987）、Hale & Keyser（1987）、Sung（1994）等认为中动句的主语是受影响的对象，在事件中处于被动地位，表现出"影响效应"。事实上，该观点忽视了主语在事件中的积极作用，无法解释中动结构和被动结构主语的不同，对中动现象的解释力不强。

与此相反，van Oosten（1986：155）则指出：受事可以独立执行动词所表达的动作，是动作的引发者。Kemmer（1993）也认为受事在事件中处于动作发出者（initiator）的地位。同样，Yoshimura & Taylor（2004）也指出中动结构的主语具有类施事的特征。这种观点指出了主语的能动性，但它夸大了主语的"使动者"地位。事实上，中动句的主语不是动作发出者，如中动句不能和"on its own"或"all by oneself"连用，如：

（9）The new ford drives easily.
  → *The new ford drives easily all by itself / on its own.

此外，中动句的主语也不具备施事的以下特征：意愿性、知觉性、使役性、运动性、独立性（Dowty 1991）。可见，中动句的主语不是动作发出者，在事件中不能充当使动者的角色。

因此，中动句的主语虽然对动作的发生起重要作用，但它不是动作的施事。其责任性在于对事件所起的促进或阻碍作用，不在于其使动者地位。动作的发生仍需外部使动者的参与，即下一节要讨论的"隐性施事"。

3.1.4 施事性

在句法表层来看，中动句只有一个论元得到投射，即位于主语位置上的非施事论元。那么施事是不是在整个事件过程中完全不起作用呢？这是一个颇具争议的问题。Rapoport（1999）认为中动结构在任何层面都不存在施事，因为并不是所有的中动句都不能和"all by oneself"连用，如：

(10) a. This glass breaks easily all by itself.
　　 b. Those windows open easily all by themselves.（Rapoport 1999）

事实上，大部分有关中动结构的研究都不包括像例（10）这样的句子，它们属于 Keyser & Roeper（1984）所讨论的作格结构。一般认为，中动结构和作格结构最大的区别在于前者有施事，后者为自发事件。但是，中动句的施事是否在句法层存在也是一个争议较大的问题，主要有以下两种观点：Stroik（1992，1995，1999）、Hoekstra & Roberts（1993）、Sung（1994）等认为中动句的施事在句法层是存在的；而 Hale & Keyser（1987）、Fagan（1992）、Ackema & Schoorlemmer（1994，2002，2007）等则认为该施事在句法层不存在。先来看第一种观点。

Stroik（1992）列举了可以证明施事在句法层得到投射的两个证据：一是照应语（anaphors），如：

(11) Stories about oneself read easily.

根据管约理论，照应语需要在其管辖范围内受到约束，因此，约束例（11）中照应语的是具有任指性特征的施事 PRO，而只有 PRO 在句法层存在才能保证该照应语在其管辖范围内受到约束。但是，这种观点存在一定的问题，正如 Ackema & Schoorlemmer（1995）所指出的那样，例（11）中的情况可以归结为豁免照应语（logophoric anaphora），再如：

（12）a. Students like yourself should lay more emphasis on foreign languages.
　　　b. Stories about oneself are ususally very easy to tell.

例（12）中两句没有隐性论元，但和例（11）一样，照应语也能出现在其主语位置上。可见，诸如例（11）的句子并不能证明中动句的施事在句法层存在。Stroik 所提出的另一个证据是"for"所引导的附加语，如例（13）所示：

（13）Books like this read quickly for Alice.

他认为 *for-* 短语引出的是施事，既然施事可以以附加语的形式出现在句中，那么它一定在句法层存在。事实上，这种观点值得商榷。首先，具有同样意义的 *for-* 短语也可以出现在没有任何隐性论元的非中动句中，如例（14）所示；其次，并不是所有中动句的施事都可以通过 *for-* 短语表达出来，如例（15）所示：

（14）Shakespear's plays are too difficult for Lucy.
（15）a. Rowling's books sell easily (* for an average seller).
　　　b. Those shelves slide out without tilting (* for experienced users).

例（14）和（15）说明两个问题：第一，具有同样意义的 *for-* 短语可以用在非中动句中；第二，它不能用在所有中动句里。可见，中动结构的隐性施事在句法层未得到投射。但是，如前文所述，若认为中动结构在任何层面都不存在施事，就无法将其和作格结构区别开来，也不符合大部分言者的语感。因此，中动结构的施事在语义层存在，在句法层不存在。

3.1.5 类指性

一般认为中动句具有类指性，属于类指句。类指句表达习惯或属性，分习惯性类指句（habituals）

和属性类指句（dispositionals）两种（Krifka 1995）。前者概括习惯性的事件，后者描述实体的属性，试比较例（16）中的两个句子：

（16）a. He goes to work by bus.
　　　b. This machine washes dishes.

例（16a）的真假由"他上班的习惯"来决定，即要使该句为真，需要"他坐公交车上班"这件事重复发生。而例（16b）的真假不取决于重复事件的发生，即使该机器还从未被用来洗碗，或将来也无人使用，例（16b）仍可为真。可见，属性类指句不同于习惯性类指句，属性类指句有情态意义，表示事件发生的可能性，描述主语的属性；而习惯性类指句则概括多次重复的事件。

中动语义的类指性属于哪种类型呢？Calude（2017）认为中动语义中的类指性是针对事件而言，概括了重复发生的事件；而 Fagan（1992）则认为它针对实体而言，体现在对隐性施事的概括上。事实上，中动语义的类指性不是对过去事件的概括，也不是对隐性施事的概括，而是对未来事件的预测，如"Hunter's *Biology* reads easily"不概括"过去的阅读经验"，也不表示"任何人都可以很容易地读这本书"，例如文盲或者对生物学一无所知的人可能读起来不容易。它表达的意义是：这部书有读起来容易的特点，因此，未来的阅读体验可能是容易的。可见，中动句是属性类指句。

3.2　中动语义的核心：中动属性义

从定义上看，中动结构是对主语属性的描述或评价，因此，中动结构表达的是属性，而不是动作，即从本质上讲中动语义是一种属性义。这种属性义才是中动语义的核心。值得注意的是，中动结构是通过人的意向性动作间接描述主语的属性。因此，中动事件必须有人的参与，不能是自发动作，笔者将这种属性义称为"中动属性义"。"中动"二字限定了"属性"的范围，即它不能是动作发出者的属性。此外，这种属性和人的意愿相关，即中动动作是人有意发出的，试比较：

(17) a. This glass breaks easily; handle it with care!
　　　b. This glass breaks easily; all you have to do is drop it on the floor.

例（17a）是作格句，表达"杯子易碎"的意义，而且这种"易碎"的特点并不是说话者所希望出现的，其中的"easily"意为"at the slightest provocation"，可以在不改变意义的前提下，放在动词前或直接删除。而（17b）是中动句，表达的是"杯子具备很容易就可以摔碎的属性"，这种属性是说话者希望出现的，句中的"easily"表达"without effort"。例如演话剧或电影时，演员要摔碎杯子，需要选择容易碎的类型，此时就可以用（17b）来表达。可见，中动动作表现了说话者的意愿性，不表达意外事件。

这种中动属性义是中动语义的核心是因为：首先，它是中动结构的定义性特征，即所有的中动句都是对其主语属性的描述或评价；其次，它可以引发中动语义的其他特征，即中动语义的其他特征都依赖于属性义。下面来剖析中动属性义和其他意义之间的关系。

如前文所述，具有属性义的句子是描写句，不汇报某事件或动作，如例（18）不是叙述"开车"这个事件，而是通过"开起来快"来描述"车"的属性。

(18) His new car drives fast.

可见，中动句是属性类指句，又称为"属性指派"类指句，它是以主语为中心的，即动作的发生依赖于主语的属性，这就是文献中所说的"主语责任性"。"责任性"和中动属性义有关。此外，以主语为中心也就意味着它不能描述其他位置上的成分，如：

(19) a. Betty speaks Italian.
　　　b. The new scissors cut easily.

例（19a）描述的是主语"Betty"的能力，即"她会说意大利语"，不能描述意大利语的特性；而（19b）强调的是主语"the new scissors"

的属性,即"这把新剪刀具有剪起来容易的特点",不描述"用剪刀的人"的能力。也就是说,属性类指句的主语不是施事时具有施事无关性,即不能强调施事的特征。如例(20b)不合语法,因为它含有一个特指的施事,这和属性类指句以主语为中心的语义特征相冲突。

(20) a. It handles more easily in smooth snow than in crud.
　　　b. *It handles more easily in smooth snow than in crud by Lily.

如前文所述,属性类指句对未来事件具有预测性,即中动情态性,如(21a)表达的动作可以重复,因此是合格的中动句。而(21b)中的动作没有重复性,因此不是合格的中动句。可见,情态性也是属性类指句的一个特征。

(21) a. This bread cuts smoothly.
　　　b. *This bread makes easily.

综上所述,表达中动属性义的句子多为属性类指句,有以下四个特征:
1)在语义上指向非施事主语,描述主语的属性,具有主语责任性。
2)不表达施事的能力,具有一定的施事无关性。
3)不叙述事件,具有非事件性。
4)所包含的动作具有再次发生的潜力,具有情态性。
由此可见,属性义统领中动语义的其他方面,是中动语义的核心。其语义关系可以用图 3.1 来表示:

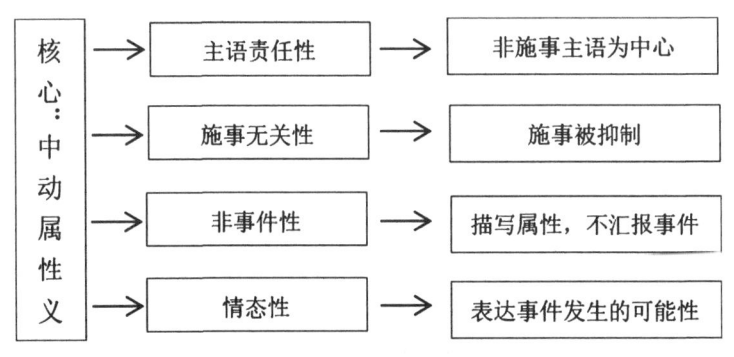

图 3.1　中动语义系统

事实上，中动属性义不仅统领中动语义的其他特征，而且可以将中动句和类指性被动句区别开来。一般来说，前者是属性类指句，而后者属于习惯性类指句，试比较例（22）中各句：

（22）a. This fiction translates easily.
　　　b. This fiction is translated easily.
　　　c. This fiction translates easily, but it isn't easily translated.

例（22a）是中动句，描述其主语"this fiction"的特征，而例（22b）是类指性被动句，是对"translate easily"这类事件的概括。二者所表达的类指义不同。因此，即使将（22a）和（22b）的否定形式放在同一句话中，该句也不会自相矛盾，如例（22c）所示。

此外，中动句的句法形式也和属性义有关。语料分析表明，动词在进入中动结构之前一般具有 [+自主]、[+及物]、[+动作] 的语义特征，而进入中动结构以后，该动词失去了上述语义特征，变成了派生的不及物动词（付岩、陈宗利 2017）。在中动句中，动词义（动作义）和中动结构的构式义（属性义）相冲突，因此，动词义在构式义的压制下改变了自身性质，实现了参与者角色和论元角色的融合，如图 3.2 所示：

Sem	Potentiality	<	Patient	Adjunct	Agent >
R: instance means	PRED	<			>
	↓		↓	↓	↓
Syn	V		SUBJ	ADJ	φ

图 3.2　中动结构参与者角色和论元角色的融合

可见，中动属性义不仅统领其他方面的意义，能够将中动句和其他类似结构区别开来，而且还可以解释中动构句的本质：中动构句是动词义和构式义的互动过程，动词的动作义屈从于构式的属性义，临时改变了其语法属性。因此，中动属性义是中动语义的核心。

3.3 本章小结

本章集中探讨了中动语义的主要特征,并指出了其核心特征,得出了如下结论:
1)中动的情态性和全称情态类似,但前者允许例外情况。
2)非施事主语的属性对事件具有一定的致使性,但这不意味着主语能够独立执行动作。一方面,它是受动作影响的对象,另一方面,它对事件的发生起积极作用,因此被称作"中动"。
3)中动句的施事和主语相比,处于背景地位,它只存在于语义层,在句法层没有得到投射,因而成为一个隐性论元。值得注意的是,这个隐性施事并不总是具备文献中所说的任指性,如例(23)中两句的施事都不具有任指性,(23a)是对会拉小提琴的人而言的;(23b)描述的是某品牌文胸的特征,只对某年龄阶段的女性适用。因此,隐性施事的任指性不是中动句的必要特征。

(23) a. This violin plays superbly!
   b. The wire-free bra fits well!

4)中动语义的类指性是属性类指性,即中动句通过施事的意向性动作间接描述主语属性,不概括过去发生的事件。因此,有些句子虽然在形式上类似于中动句,却不是真正的中动句,如例(24)所示,原因就是它们不是属性类指句。

(24) a. Nexus 5-32GB-Black Unlocked Smartphone-Ships Immediately.
   (李炎燕、白解红 2017:146)
   b. English tea is serving.
   c. The plane is boarding.

事实上,中动语义的以上特征并不是毫无关联、独立存在的。中动语义的核心是属性义,中动句是属性类指句,这是其他所有特征的基础。首先,属性类指句都是非事件句,不叙述事件或动作;其次,属性类指句以非施事主语为中心，具有主语责任性，即主语的属性是导致中动事件发生的主要原因；再次，以非施事为主语的属性类指句不强调施事的属性，因此，施事的地位被背景化；最后，属性类指句表达事件发生的可能性，因而具有情态性。

中动句是中动语义在某种语言中的实现。因此，在中动语义的驱动下，中动句表现出以下四个句法特征：第一，以非施事为主语；第二，施事成为隐性论元；第三，不能用表达具体时间点的成分；第四，多用一般现在时。中动句的语义、句法关系如图 3.3 所示：

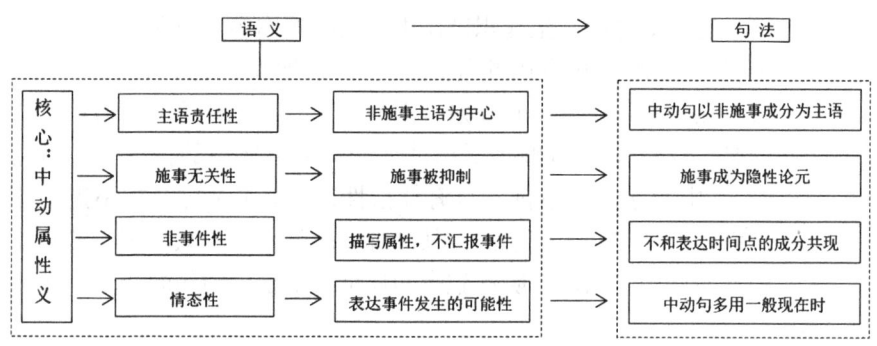

图 3.3　中动结构的语义、句法关系

由此可见，把属性义看作中动语义的核心具有重要意义。首先，能够厘清中动语义之间的内部联系；其次，能够将中动结构和其他类似结构区别开来；再次，能够解释中动句动词失去动作性的原因；最后，能够揭示中动结构句法、语义限制背后的动因。

第四章

英汉中动结构的隐性施事与主语

4.1 英汉中动结构的隐性施事

一般认为，中动结构的隐性施事具有任指性，可以将其解释为"任何人"（anybody）或"人们"（people in general）（曹宏 2005a，何文忠 2007a 等），如例（1a）可以用（1b）来进行解释，例（1c）可以解释为（1d）：

（1）a. 类似的设备共有约 30 个，安装起来比较复杂。
　　b. 任何人安装这些设备都比较复杂。
　　c. His autobiography does not read easily.
　　d. People in general cannot read his autobiography easily.

Ackema & Schoorlemmer（1994：69）甚至认为中动构句的本质就是隐性施事的任指性，因为该特征蕴含了中动句的类指性特征。事实上，如前文所述，中动结构的隐性施事在任指性上有一定的限制。最多只能说它在某种范围内具有任指性，而不能说它指向"任何人"，如上面例（1a）句中的隐性施事不应是泛指的"任何人"，而是"一般的安装人员"。例（2）中的一组例子也可以说明这个问题：

（2）a. 控制军备协议来之不易，落实起来更加困难。
b. 异形纤维有许多本领，可是制造起来并不复杂。
c. 由于不法书商流动作案、非法出版物散布很广，这类案件查处起来困难很大。
d. The Wimbolden lawn plays extremely well.
e. Most of them fish legally for sharks.
f. His poems translate easily into English.

在例（2a）中，"落实控制军备协议的人"不是"任何人"，而是各国军方领导人；例（2b）中动作的施事"制造异形纤维的人"也不可能是"任何人"，只能是该领域的专家；例（2c）中"查处这类案件的人"也不是泛指的"任何人"，而是警方或相关工商管理部门。同样，例（2d）—（2f）中动作的施事也不是"anybody"，例（2d）中动作的施事是"tennis players"，例（2e）的施事是"fishermen"，例（2f）的施事是"translators"或"poets who speak English"。可见，一般情况下，中动句的隐性施事不是没有任何限制的"任何人"，而是能够执行该动作的一类人。

在中动构句过程中，施事在认知中的地位下降，成为背景性参与者，因而没有投射为中动句的论元。这反映了中动结构构式义和动词义的互动。如前文所述，构式和动词的互动关系主要体现为动词的参与者角色（participant roles）和构式的论元角色（argument roles）的融合。其融合也不是无条件的，Goldberg（1995）提到过融合的两个条件：一是语义一致原则（Coherence Principle），即只有语义上相容的角色才能融合；二是对应原则（Correspondence Principle），即有词汇表现形式的参与者角色必须和构式中侧面化的（profiled）论元角色相融合。但是中动结构的动词义和构式义并不具有一致性（动词义强调动作性，而构式义强调状态性），因而不符合上述语义一致原则，动作的主动参与者，即动作发出者无法和构式的施事论元相融合。在此情况下，中动结构义较动词义更为强势，表现出构式义对动词义的压制，动词义在构式义的压制下临时改变了其意义和语法属性。典型中动结构的构式义对动词义的压制可用图4.1来表示：

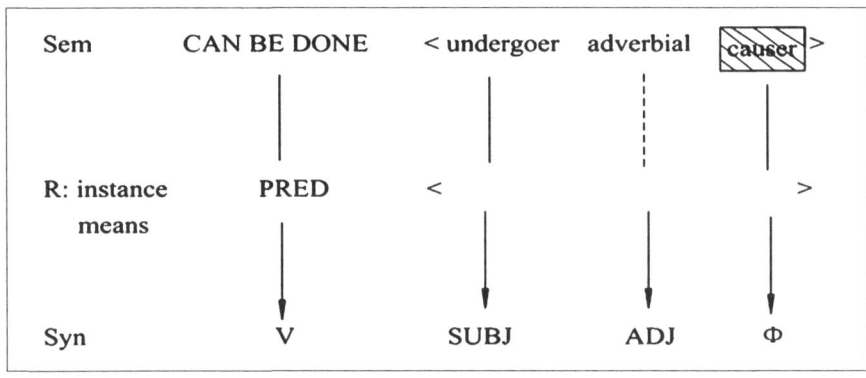

图4.1 中动结构构式义和动词义的互动

由图4.1可见，在动词义和构式义的互动过程中，中动结构的施事在句法中没有得到投射。换句话说，中动句动词的施事在构式中没有被侧面化，因此，中动句所表达的事件具有施事无关性，即事件按照何种方式或结果发生和施事的属性无关。可见，中动构句只规定了施事无关性，没有规定其任指性。在有些情况下，中动句的隐性施事可以是特指的某个人，例如：

（3）a. 九岁的孩子靠自己改变自己的命运，这事儿做起来真的很难。
　　　b. 他们夫妻俩熬夜的习惯也该改掉，然而实际改起来却很难。
　　　c. We read a chapter in *La Recherche du Temps Perdu* yesterday, and it read surprisingly easily.
　　　d. They all say it is a nice car, but every time I drive it, it does not handle well.

例（3a）中"做"的施事是"九岁的孩子"，例（3b）中"改"的施事是"他们夫妻俩"，例（3c）中"read"的施事是"we"，例（3d）中"drive"的施事是"I"。可见，这些句子的施事都不具有任指性，事实上，它们的所指都可以在语篇中找到。还有一些中动句的施事可以出现在语篇中，汉语通常以"××发现/认为/觉得""对××来说""依靠××的力量"等方式出现，英语通常以"for ××"或"in ××'s eyes"的形式出现，如：

(4) a. 专家说，<u>普通车的司机</u>将发现"氢动一号"驾驶起来相当容易。

b. <u>我</u>觉得这种无土栽培的花养起来省事，有观赏价值，而且好养。

c. 这些投诉的热点和难点问题，依靠<u>消费者</u>自身的力量解决起来非常困难。

d. ……三个选择对于很多家长更是成本的选择，第一个对于<u>大部分家庭</u>来说，实现起来很容易。

e. Omelettes do not cook easily <u>for Lynette</u>.

f. <u>In his eyes</u>, books about force dynamics never read easily.

上面例（4）中各句的施事都以某种形式在句中出现，如例（4a）中驾驶"氢动一号"的人"普通车的司机"，（4b）中养花的人"我"，（4c）中解决问题的人"消费者"，（4d）中实现"三个选择"的人"大部分家庭"，（4e）中"cook omelettes"的人是"Lynette"，以及（4f）中"read"的施事"he"。

语料库数据显示，像这种施事以某种形式在语篇中出现的情况在 CCL、SLC、COCA 和 BNC 中出现的频率都较低。先来看 CCL 里汉语中动句施事的隐现情况，如表 4.1 所示：

表 4.1　CCL 里中动句施事的隐现情况

施事隐现情况	隐　　含	在语篇中出现	合　　计
数　量	2 100	78	2 178
比例（%）	96.42	3.58	100

表 4.1 表明，CCL 里施事隐含的中动句占绝大多数，为 96.42%。SLC 里中动句施事的隐现情况如表 4.2 所示：

表 4.2　SLC 里中动句施事的隐现情况

施事隐现情况	隐　含	在语篇中出现	合　计
数　量	314	21	335
比例（%）	93.73	6.27	100

由表 4.2 可见，SLC 中的中动句也倾向于隐含动作的施事。下面来看英语中动句里施事的隐现情况，两类施事在 COCA 中的分布情况如表 4.3 所示：

表 4.3　COCA 里中动句施事的隐现情况

施事隐现情况	隐　含	在语篇中出现	合　计
数　量	5 377	13	5 390
比例（%）	99.76	0.24	100

表 4.3 表明，COCA 里几乎所有的中动句都属于施事隐含的情况。BNC 里中动句施事的隐现情况如表 4.4 所示：

表 4.4　BNC 里中动句施事的隐现情况

施事隐现情况	隐　含	在语篇中出现	合　计
数　量	1 517	4	1 521
比例（%）	99.74	0.26	100

由表 4.4 可见，BNC 中的中动句也基本上都属于施事隐含的情况。

因此，无论是英语中动句还是汉语中动句，都倾向于隐含施事，即使施事不隐含，它也不出现在中动句里，而是出现在该中动句所在语篇中。英语中动句施事在语篇中出现的频率比汉语中动句更低。英汉中动句施事的隐现情况之间的异同见表 4.5，该表数据基于合并频率：

表 4.5　英汉中动句施事隐现情况对比

	施事隐含		施事在语篇中出现		合计	
	数量	比例(%)	数量	比例(%)	数量	比例(%)
英语中动句	6 894	99.75	17	0.25	6 911	100
汉语中动句	2 414	96.06	99	3.94	2 513	100

仔细分析施事在语篇中出现的例子可以发现，其施事的确立不是通过句法，而是通过语用推理来实现的，所谓的施事成分要么和中动句不在一个小句之内，要么是以附加语的形式出现，它们不是中动句的论元。事实上，它们在其所在小句中的语义角色不是施事，而是感事（experiencer）。因此，例（4）中各句不能证明英汉中动句的施事可以以普通论元的方式在句中出现。

英汉中动结构的施事在语义层存在，但它在句法层没有得到投射，不能以普通论元的方式出现在句子中，是一个隐性论元，因此被称为"隐性施事"。这个隐性施事对事件发生的方式或结果不起作用，因此可以说中动句具有施事无关性，但隐性施事不一定具有任指性，有时可以是特指的，如例（5a）中动词"做"的施事是特指的"她"，例（5b）"handle"的施事也是特指的"I"。但大多数情况下，它不是特指的某个人，而是某个范围内的一类人，如例（6a）中"使用"的施事可能是"各级行政官员"，例（6b）中"cook"的施事是"an average cook"（一般会做饭的人）。

（5）a. 她学会了自己正位，一旦脱白，就自己把它扶好、按准，<u>这做起来不知该有多少苦衷</u>。

　　b. That 103-mph first lap doesn't seem like that big a deal. The wall looms large, but I stay well away from it. <u>The car handles a lot better than I thought it would.</u>

（6）a. 此种方式基本按照计划经济的管理方法，使用起来较为简单。

　　b. This cooks up pretty quickly because it's boneless.

语料库中的语料显示，英汉中动句的施事大多指向某范围内的一般

人,指向某个人的情况较少见。CCL 里汉语中动句的施事在指称上的特点如表 4.6 所示:

表 4.6 CCL 里中动句隐含施事的指称特点

施事指称特点	某范围内一类人	特指某个人	合　计
数　量	1 916	262	2 178
比例(%)	87.97	12.03	100

由表 4.6 可见,就施事的指称而言,该语料库里中动句的施事一般指向某类人,占 87.97%。SLC 里中动句施事的指称特点如表 4.7 所示:

表 4.7 SLC 里中动句隐含施事的指称特点

施事指称特点	某范围内一类人	特指某个人	合　计
数　量	294	41	335
比例(%)	87.76	12.24	100

由表 4.7 可见,和 CCL 中的情况类似,SLC 里中动句的施事也一般指向某范围内的一类人,占 87.76%。COCA 里英语中动句施事的指称特点如表 4.8 所示:

表 4.8 COCA 里中动句隐含施事的指称特点

施事指称特点	某范围内一类人	特指某个人	合　计
数　量	5 284	106	5 390
比例(%)	98.03	1.97	100

由表 4.8 可见,就施事的指称而言,COCA 里绝大多数中动句的施事指向某范围内的一类人,占 98.03%。BNC 里中动句施事的指称特点如表 4.9 所示:

表 4.9　BNC 里中动句隐含施事的指称特点

施事指称特点	某范围内一类人	特指某个人	合　计
数　量	1 478	43	1 521
比例（%）	97.17	2.83	100

如表 4.9 所示，和 COCA 里的中动句类似，BNC 里中动句的施事也一般具有类指性，即指向某范围内的一类人，占 97.17%。英汉中动句隐性施事的指称特点对比如表 4.10 所示，该表数据基于合并频率：

表 4.10　英汉中动句隐性施事的指称特点对比

	某范围内一类人		特指某个人		合　计	
	数量	比例（%）	数量	比例（%）	数量	比例（%）
英语中动句	6 762	97.84	149	2.16	6 911	100
汉语中动句	2 210	87.94	303	12.06	2 513	100

表 4.10 表明，英汉中动句的施事一般指某范围内的一类人，特指的情况较少，其中英语中动句施事特指的情况仅占 2.16%，汉语中动句施事特指的情况占 12.06%。可见，就指称特点而言，英语中动句的施事比汉语中动句类指性更强。

4.2　英汉中动结构的非施事主语

英汉中动句的主语是句中唯一有句法投射的论元，本部分将从其形式特征、语义类型、指称特点、施受特征四个方面对英汉中动句的主语进行系统研究。

4.2.1 英汉中动结构主语的形式特征

4.2.1.1 汉语中动结构主语的形式特征

语料分析表明,汉语中动句的主语一般是偏正式名词短语,少数情况下也可以是光杆名词、动词短语、代词、疑问词或房玉清(1992)所说的附加式名词短语,分别如例(7a)—(7e)所示:

(7) a. 餐馆办起来并非一帆风顺。
　　b. 驱逐2.6万难民听上去声势浩大,实施起来也不容易。
　　c. 她学会了自己正位,一旦脱白,就自己把它扶好、按准,这做起来不知该有多少苦衷。
　　d. 哪一个目标做起来更难?
　　e. 菜单式的用起来比较容易、简单。

这与何文忠(2007a)的结论有一定的出入。他认为汉语中动句的主语必须是名词性的,动词短语或小句不能做中动句主语,但上面的例(7b)句中的主语"驱逐2.6万难民"是动词短语。此外,李晔(2015)认为代词不能做中动句的主语,而例(7c)中的句子证明汉语中动句可以用代词做主语。但无论是哪种形式做主语,所起的作用都相当于名词短语,如果对例(7b)的主语提问,只能用"什么实施起来不容易?"而不能用"怎么样实施起来不容易?"。可见,它在本质上还是名词性的,类似于指事的名词[1]。

在真实语料中,汉语中动句的主语大部分都是有修饰语的复杂形式,很少以光杆名词的形式出现,例如:

(8) a. 这种车状如自行车拉一个拖车,踏起来比人拉轻快一些。
　　b. 这些通过中间商转运来的收音机,使用起来灵敏度高,选择性强。
　　c. 这种令顾客放心的"保险锁"制作起来很简便。

---

[1] 汉语的名词有指事和指物之分,前者指称事件,后者指称物体,它们有不同的用法,如可以说"轰炸结束了""战争开始了",不能说"*桌子结束了""*桌子开始了"。

此外，就中动小句单个句子而言，中动句的主语常可以省略，包括主语隐含和承前省略两种类型。前者指该句的主语既不出现在中动小句中，也不出现在其所在语篇中，但其主语可以通过语境推测出来；后者指该句主语不在中动小句中出现，但在上下文（通常是上文）中出现，分别如例（9a）和（9b）所示：

（9）a. 保护人员严重缺乏，装备落后，再加上境外偷猎走私严重，<u>管起来困难的确不少</u>。
　　 b. ［空调］在原来的基础上，推出了新款式，不但外观造型更美观，且增加了功能显示板，<u>用起来更方便</u>。

例（9a）的主语虽然没有在该句中出现，也没有在上文出现，但可以从语篇中推测出其所指应该是"偷猎现象"。例（9b）的主语"空调"也没有在该句中出现，但可以在前文中得其所指。语料库中各种形式的主语的数量及其比例如表4.11—4.13所示：

表4.11　CCL里中动句主语的形式特点

主语形式	名词短语	动词短语、小句	代词	疑问词	省略	合计
数量（句）	1 509	89	12	9	559	2 178
比例（%）	69.28	4.09	0.55	0.41	25.67	100

如表4.11所示，CCL里的中动句多以名词短语为主语，占中动句总数的69.28%，其次是主语在小句中省略的情况，占总数的25.67%，其他形式的主语，如动词短语、小句、代词、疑问词等所占比例较小。

表4.12　SLC里中动句主语的形式特点

主语形式	名词短语	动词短语、小句	代词	疑问词	省略	合计
数量（句）	177	46	18	3	91	335
比例（%）	52.84	13.73	5.37	0.90	27.16	100

与CCL类似，SLC里中动句的主语也多是名词短语，占总数的52.84%，但SLC中以动词短语或小句为主语的中动句数量比CCL多，分别为13.73%和4.09%，代词为主语的情况也明显多于CCL，分别占5.37%和0.55%，其余形式的主语在上述两个语料库中所占比例较为接近。

由此可见，汉语中动句的主语在形式上具有多样性，其中大多数是有复杂修饰语的名词短语，该类主语占中动句总数的67.09%，其次是主语省略的情况，占中动句总数的25.87%。汉语中动句主语的形式特点如表4.13所示，该表数据基于合并频率：

表4.13 汉语中动句主语的形式特点

主语形式	名词短语	动词短语、小句	代词	疑问词	省略	合计
数量（句）	1 686	135	30	12	650	2 513
比例（%）	67.09	5.37	1.19	0.48	25.87	100

需要说明的是，表4.11—4.13中的"代词"包括人称代词和指示代词，不包括疑问代词。指示代词也包含"指示代词＋名词"的情况，如例（10）中的"这一点"和"这件事"：

（10）a. 按现在的情况看，<u>这一点</u>却是说起来容易做起来难。
　　　b. <u>这件事</u>真正实施起来有较大难度。

疑问词包含两种类型，即表达疑问的疑问词和表达周遍性的疑问词，分别如例（11a）和（11b）所示：

（11）a. 哪种方法实施起来较简单？
　　　b. 什么不是说起来容易，做起来难！

4.2.1.2 英语中动结构主语的形式特征

与汉语中动句相比，英语中动句的主语类型不丰富。语料库数据显示，绝大多数英语中动句都以名词短语为主语，也存在以代词或疑问词为主语的情况，如：

(12) a. Fat doesn't burn as fast as other nutrients, and it is stored more easily.
b. If a product fails to sell well, the company may be left with a lot of unwanted stock which it has to sell at a reduced price.
c. He said Navajo's hair was the best because it was black and straight, and the wig makers liked it because it didn't burn as easily when they straightened or curled it with heating irons.
d. Nothing sells like sincerity.
e. What sofa could burn as easily as gasoline?
f. Which sites will sell well?

例（12a）和（12b）的主语为名词短语，例（12c）和（12d）为代词，例（12e）和（12f）为疑问词。与前文类似，此处所讨论的"代词"包括物主代词、指示代词等多种类型，不包括疑问代词。"疑问词"也包含"疑问词+名词"的形式，如例（12e）中的"what sofa"和（12f）中的"which sites"。不同主语类型在 COCA 和 BNC 里的出现频率如表 4.14—4.15 所示：

表 4.14　COCA 里中动句主语的形式特点

主语形式	名词短语	代　词	疑问词	数　词	合　计
数量（句）	4 674	705	9	2	5 390
比例（%）	86.72	13.08	0.16	0.04	100

由表 4.14 可见，英语中动句多以名词短语为主语，占中动句总数的 86.72%，除此之外，英语中动句也较多地选择代词做主语，占 13.08%。值得一提的是，COCA 中出现了两例以数词为主语的情况，两例都是以"cook"为动词，表达的意义也较相似，如例（13）所示：

(13) a. Two chicken breast halves will take about five minutes; four will

cook in seven to eight minutes.
b. One apple will take about five minutes (depends on size); two will cook in about eight minutes.

表 4.15　BNC 里中动句主语的形式特点

主语形式	名词短语	代词	疑问词	数词	合计
数量（句）	1 021	498	2	0	1 521
比例（%）	67.13	32.74	0.13	0.00	100

表 4.15 显示，BNC 里的中动句也多以名词短语为主语，占中动句总数的 67.13%，但该比例与 COCA 相比较低。与 COCA 相比，英语中动句以代词为主语的情况在 BNC 中出现的比例较高，达到总数的 32.74%，没有出现以数词为主语的中动句。

综合 COCA 和 BNC 的数据可见，英语中动句倾向于选择名词短语做主语，以名词短语为主语的中动句占总数的 82.40%；代词为其次，以代词为主语的中动句占总数的 17.41%；也有少量以疑问词和数词为主语的句子，分别占中动句总数的 0.16% 和 0.03%。以上述各类型为主语的中动句在语料库中出现的数量和所占的比例如表 4.16 所示，该表数据基于合并频率：

表 4.16　英语中动句主语的形式特点

主语形式	名词短语	代词	疑问词	数词	合计
数量（句）	5 695	1 203	11	2	6 911
比例（%）	82.40	17.41	0.16	0.03	100

由表 4.16 可见，除名词短语之外，代词在英语中动句主语类型中也占较大比例。这与何文忠（2007a）对英语中动结构主语的描述有所不同。何文忠（2007a）认为英语中动结构的主语只能是名词短语，不能是其他成分。邓云华、尹灿（2014a）也持类似观点。然而语料库的数据显示，虽然名词短语占中动句主语的绝大部分，其他形式的主语也可以用在中动句中。

4.2.1.3 英汉中动结构主语的形式特征对比

语料库数据分析表明,汉语中动句倾向于选择带有复杂修饰语的名词短语做主语,动词短语或小句也占有较大比例;英语中动句同样多选择名词短语做主语,其次为代词,英汉中动句的主语在形式上的异同见表 4.17:

表 4.17 英汉中动句主语的形式特征对比

	英语中动句		汉语中动句	
	数量(句)	比例(%)	数量(句)	比例(%)
名词短语	5 695	82.40	1 686	67.09
代 词	1 203	17.41	30	1.19
动词短语/小句	0	0.00	135	5.37
疑问词	11	0.16	12	0.48
数 词	2	0.03	0	0.00
省略形式	0	0.00	650	25.87
合 计	6 911	100	2513	100

如表 4.17 所示,英语中动句的主语在形式上的等级关系为:名词短语＞代词＞疑问词＞数词。汉语中动句的主语在形式上的等级关系为:名词短语＞省略形式＞动词短语/小句＞代词＞疑问词。二者的主要区别体现在两个方面:第一,代词在英语中动结构中所占比例较高,比汉语高 16.22%;第二,主语省略的形式在汉语中动句中较常见,所占比例高达 25.87%,而英语中不存在主语省略的中动句。造成以上两个差异的主要原因是英汉语言的差异。首先,英语比汉语更注重衔接手段的应用,而代词是一种重要的衔接手段,因此在英语中用得比汉语中多。

其次,英语语法以主谓结构为基石(沈家煊 2018:2),属于主语凸显的语言,即主语是句子中不可或缺的成分,因此,英语中动句没有省略主语的情况,没有主语的句子在英语中是不符合语法的,如例(14)所示。相反,汉语中存在大量的无主语句(沈家煊 2018:4),即主语不是汉语句子的必要成分。事实上,汉语中的句子经常省略主语,这是一种常态，如例（15）所示。像这类省略主语的句子，在英语中多用代词做主语。因此，英语中动句的主语常常为代词，但不能省略。

（14）a. My mother developed chronic migraines during my senior year. *Blamed the headaches on stress. *Always stayed in bed.

b. With his friends, *played his guitar. *Maintained an active interest in life and in the things around him.

（15）a. 新娘子从厨房后面走出来，穿着一件浅红色的衣服，装束雅淡，也未戴任何首饰，没有戴眼镜，说不上美丽，但自有一种凝重和蔼的风度。

b. 这孩子可是厉害，从小就大男孩似的，一直到大也没改。四五岁的时候，就满街上和人抓子儿，押摊，耍钱，输了就打人，骂人。

4.2.2 英汉中动结构主语的语义类型

4.2.2.1 汉语中动结构主语的语义类型

文献中关于汉语中动句主语的语义类型的研究并不少，如何文忠（2007a：78-79）指出汉语中动句的主语除了受事之外，还可以是处所、工具、方式和时间成分。邓云华、尹灿（2014a）用 MLC 和 CCL 研究了汉语中动句主语的语义类型，得出了"受事主语＞处所主语＞工具主语/时空场景主语＞方式主语/时空场景主语"的结论（邓云华、尹灿 2014a：88）。李晔（2015：53）用百度新闻搜索里的例句证明能够充当中动句主语的论元角色，按其频率从高到低为：受事＞成事[1]＞处所[2]＞工具。

何文忠（2007a）和邓云华、尹灿（2014a）认为汉语中动句的主语可以有受事、处所、工具、方式、时空场景五种类型。事实上后者的语料库

---

[1] 李晔（2015）用的是"结果"，为了和本书其他部分的术语一致，统一采用"成事"的说法。
[2] 李晔（2015）用的是"地点"，为了和本书其他部分的术语一致，统一采用"处所"的说法。

研究正是依据前者的分类而进行的。邓云华、尹灿（2014a）没有提到其他的语义类型，也没有提到其语义类型的判断标准，因而其研究结果有效性存疑。李晔（2015）基于小规模的新闻语言语料库所做的研究也有较大的局限性，其研究结果也没有可推广性。鉴于此，笔者用 CCL 和 SLC 两个语料库重新研究了汉语中动句主语的语义类型，发现用作中动句主语的语义角色非常丰富，不仅限于文献中提到的少数几个。除了受事、处所、工具、方式、时空场景、成事之外，对象、与事、感事、目标、当事、来源等语义角色也可以充当汉语中动句的主语，分别如例（16）中各句所示：

（16）a. 商贩因争抢摊位发生的<u>纠纷</u>多，且处理起来困难。
　　　b. 意大利人讲："真没想到，在兰州还有这样正规的<u>小高尔夫球场</u>，打起来很顺手。"
　　　c. <u>这种芯</u>，照样能画记号、写字，而且比原先的打印石结实、耐用；只是写起来会弄脏手指，还容易摔断。
　　　d. 我们现在还必须利用《<u>四库全书</u>》，就因为它搜罗宏富，查起来方便。
　　　e. <u>夜间</u>虽黑暗，路不崎岖，走起来并不感到烦难。
　　　f. 冯总说，"因为国内外的<u>升船机</u>都不多，试验较少，建起来将具有很大的挑战性。"
　　　g. [<u>江南奥拓</u>] 是引进目前国外最先进的生产线制造的，密封性能好，噪声小，开起来特别舒适平稳。
　　　h. <u>他</u>不会汉语，交流起来十分困难。
　　　i. <u>书生</u>幼稚单纯，吓唬起来比较容易。
　　　j. 有时候他也会走进地里，刨一两个<u>红薯</u>。霜冻好一阵了，刨起来非常费劲。
　　　k. 优秀棋手做起来并不容易。因为它不仅要求棋手在大喜大悲的结局面前保持平常心，更要……
　　　l. 因为我事先知道那<u>公园</u>一到晚上就没有行人，而且逃起来也很方便。

例（16）中各句的主语分别为受事、处所、工具、方式、时间、成事、对象、与事、感事、目标、当事、来源。可见，可以做汉语中动句主语的语义角色至少有 12 种，即除施事之外，几乎所有的语义角色都可以用作汉语中动句的主语。

正如在介绍研究方法时所述,本书不区分受事和对象,不论受不受动词动作的影响,我们都统一称之为经受者。我们这种做法出于两种考虑:第一,当今的语言学研究一般不区分这两种语义角色,其区分对本研究意义不大;第二,上述两种语义角色有时较难区分,如有学者认为例(17)中句子的主语是受事,有人认为是对象。鉴于此,为了保障数据的可靠性,笔者不做区分。

(17) a. 这种牙刷刷毛纤细柔软,刷柄有独特的竹节结构和必要的弯曲度,使用起来轻巧灵便,口感舒适。
    b. 一名推车进棚的学生自豪地说,这种车骑起来轻松,速度也快。

各种语义角色的主语在 CCL 和 SLC 中的分布情况如表 4.18 和 4.19 所示:

表 4.18 CCL 里中动句主语的语义类型

主语语义类型	数量(句)	比例(%)
经受者	1 829	83.98
成 事	169	7.76
与 事	27	1.24
工 具	23	1.06
处 所	87	3.99
方 式	24	1.10
时 间	10	0.46
目 标	3	0.14
感 事	2	0.09
当 事	2	0.09
来 源	2	0.09
合 计	2 178	100

可见，CCL中汉语中动句的主语绝大多数都是经受者，占中动句总数的83.98%，其次为成事，占7.76%。经受者和成事都是动词的内论元，在主动句中一般做典型的宾语。在以非内论元做主语的情况中，处所占据较大的比例，其次为与事、方式和工具，再次为时间成分。目标、感事、当事和来源虽然可以用作汉语中动句的主语，但其所占比例较小，因而典型性较低，汉语中动句的主语在CCL中的等级关系为：经受者＞成事＞处所＞与事＞方式＞工具＞时间＞目标＞感事／当事／来源。

表4.19 SLC里中动句主语的语义类型

主语语义类型	数量（句）	比例（%）
经受者	249	74.33
成 事	25	7.46
与 事	3	0.90
工 具	17	5.07
处 所	24	7.16
方 式	8	2.39
时 间	6	1.79
目 标	2	0.60
感 事	0	0
当 事	1	0.30
来 源	0	0
合 计	335	100

如表4.19所示，在SLC中，中动句主语的语义角色多为经受者，占中动句总数的74.33%，其次为成事和处所，分别占总数的7.46%和7.16%，再次为工具，占总数的5.07%。在该语料库中没有发现以感事和来源为主语的中动句。汉语中动句主语的等级关系在SLC中表现为：经受者＞成事＞处所＞工具＞方式＞时间＞与事＞目标＞当事。与CCL相比，SLC里的中动句以时间做主语的情况超过了与事，工具主语超过了

方式主语，没有出现感事主语和来源主语。

综合来看，汉语中动句主语的语义类型详见表 4.20，该表数据基于合并频率：

表 4.20　汉语中动句主语的语义类型

主语语义类型	数量（句）	比例（%）
经受者	2 078	82.69
成　事	194	7.72
与　事	30	1.19
工　具	40	1.59
处　所	111	4.42
方　式	32	1.27
时　间	16	0.64
目　标	5	0.20
感　事	2	0.08
当　事	3	0.12
来　源	2	0.08
合　计	2 513	100

如表 4.20 所示，汉语中动句倾向于选择经受者做主语，其次为成事。二者的总和占中动句总数的 90.41%。鉴于经受者和成事都是动词的直接论元，即内论元，因此可以说汉语中动句的主语一般是动词的内论元。在其他语义类型中，处所所占比例最高，占中动句总数的 4.42%，其次为工具、方式、与事，分别占中动句总数的 1.59%、1.27%、1.19%。以时间、目标、当事、感事、来源等语义角色为主语的中动句在语料库中出现频率较低。汉语中动句主语的语义类型按频率高低排序为：经受者＞成事＞处所＞工具＞方式＞与事＞时间＞目标＞当事＞感事／来源。

4.2.2.2 英语中动结构主语的语义类型

一般认为英语中动结构主语的语义类型不如汉语中动结构丰富,公认的能用作英语中动句主语的语义角色包含受事、处所和工具。例如 Davidse & Heyvaert(2003)认为受事、处所、工具、方式和目标可以充当英语中动句的主语。何文忠(2007a:71-73)则指出能用作英语中动句主语的语义角色包括经受者(受事与对象)、处所、工具、来源/材料四种语义角色。

本书用 COCA 和 BNC 两个语料库重新探讨了英语中动句主语的语义类型,研究结果显示能做英语中动句主语的语义类型不限于上述几类,经受者(包括受事和对象)、工具、处所、方式、感事、成事、来源或材料等语义角色都可以充当英语中动句的主语。各类型的主语在 COCA 中的分布情况如表 4.21 所示:

表 4.21　COCA 里中动句主语的语义类型

主语语义类型	数量(句)	比例(%)
经受者	5 065	93.97
工　具	187	3.47
处　所	126	2.34
方　式	1	0.02
感　事	3	0.06
成　事	5	0.08
来源/材料	3	0.06
合　计	5 390	100

由表 4.21 可见,英语中动句的主语一般为经受者,该类主语占中动句总数的 93.97%,和汉语中动句一样,此处也不区分受事和对象,统称为"经受者"。COCA 中以经受者为主语的英语中动句如例(18)所示:

（18）a. The novel reads pretty humorously but this essay sounds, I would say, angry.

b. That doesn't mean this car won't sell in this market mad for SUVs with luxury nameplates.

c. It handles more like a traditional driving iron than a hybrid.

例（18）中三句的主语"the novel""this car""it"都是相应动词的内论元，但很难判断它们是受事还是对象，而且其区分对本研究意义不大，因此统称为"经受者"。除经受者主语外，工具和处所也常充当英语中动句的主语，分别占总数的 3.47% 和 2.34%，COCA 中以工具和处所为主语的中动句分别如（19a）和（19b）所示：

（19）a. Convection ovens cook faster and more evenly than regular ovens.

b. This tent sleeps five adults.

令人意外的是，COCA 中以方式为主语的中动句只有 1 例，如例（20a）所示。此外，该语料库中发现 5 例以成事为主语的中动句，这与文献中的结论有所不同。大部分学者认为英语中动句不能以成事为主语，因为不能讨论尚未存在的事物（Fagan 1992；Lekakou 2005；何文忠 2007a；李修江、吴炳章、张国 2018 等），本书研究结果证明成事可以做英语中动句的主语，如例（20b）和（20c）所示，尽管这类主语所占的比例较低。

（20）a. Cursive proponents say this is because cursives write faster, allowing them to write longer essays.

b. Pizza cooks in about five minutes.

c. Cookies with holes cook faster than others.

其他用来充当英语中动句主语的语义角色包括感事、来源 / 材料，这类中动句在 COCA 中所占比例很小，分别如例（21a）和（21b）所示：

（21）a. They never knew she frightened so easily.

b. These sugary roots cook faster than their russet counterparts and have a delightfully complex flavor.

以上述语义类型为主语的中动句在 BNC 中的分布情况如表 4.22 所示：

表 4.22　BNC 里中动句主语的语义类型

主语语义类型	数量（句）	比例（%）
经受者	1 434	94.28
工　具	46	3.02
处　所	29	1.91
方　式	0	0.00
感　事	9	0.59
成　事	1	0.07
来源/材料	2	0.13
合　计	1 521	100

如表 4.22 所示，BNC 里绝大多数的英语中动句选择经受者做主语，占中动句总数的 94.28%，其次为工具和处所，分别占比 3.02% 和 1.91%。和 COCA 不同的是，感事在 BNC 中出现了 9 例，其中 5 例以"frighten"为动词，4 例以"scare"为动词。其他语义角色如来源/材料和成事在 BNC 中出现频率较低，该语料库中没有发现以方式为主语的中动句。

综合 COCA 和 BNC 里的数据来看，以经受者为主语的英语中动句占绝对优势，占比高达 94.04%，工具和处所是英语中动句主语中除经受者之外最常见的语义角色，二者合起来占比 5.61%，其余语义角色在语料库中出现频率较低。按照出现频率排序，英语中动句主语的语义类型序列为：经受者＞工具＞处所＞感事＞成事＞来源/材料＞方式，各类型的主语在语料库中出现的数量和比例详见表 4.23，该表数据基于合并频率。

表 4.23　英语中动句主语的语义类型

主语语义类型	数量（句）	比例（%）
经受者	6 499	94.04
工　具	233	3.37
处　所	155	2.24
方　式	1	0.01
感　事	12	0.17
成　事	6	0.09
来源/材料	5	0.08
合　计	6 911	100

4.2.2.3　英汉中动结构主语的语义类型对比

如前文所述，汉语中动句主语的语义类型较丰富，笔者所搜集的语料中涉及 11 种语义角色，即经受者、成事、处所、与事、方式、工具、时间、目标、感事、当事以及来源。英语中动句主语的语义类型不如汉语丰富，主要包括 7 种语义角色，即经受者、工具、处所、感事、成事、来源/材料以及方式。

造成这种差异的主要原因是英语和汉语的宾语类型不同。中动句的主语在主动句中一般做宾语，因此，主动句宾语的语义类型越丰富，中动句主语的语义类型就越丰富。以及物动词为谓语动词的英语主动句倾向于选择动词的内论元（经受者）做宾语，因此，英语中动句一般选择经受者做主语。相反，汉语的动宾关系较为松散，几乎所有的语义类型都可以充当汉语动词的宾语。能做宾语的语义类型至少包括以下 14 类：受事、对象、成事、处所、工具、时间、地点、目的、方式、致使、原因、同源、当事、施事（孟琮 1987）。

因此，能充当汉语中动句主语的语义类型比英语多。英汉中动句主语的各种语义类型的对比如表 4.24 所示：

表 4.24　英汉中动句主语的语义类型对比

	英语中动句		汉语中动句	
	数量（句）	比例（%）	数量（句）	比例（%）
经受者	6 499	94.04	2 078	82.69
成　事	6	0.09	194	7.72
与　事	0	0.00	30	1.19
工　具	233	3.37	40	1.59
处　所	155	2.24	111	4.42
方　式	1	0.01	32	1.27
时　间	0	0.00	16	0.64
目　标	0	0.00	5	0.20
感　事	12	0.17	2	0.08
当　事	0	0.00	3	0.12
来　源	5	0.08	2	0.08
合　计	6 911	100	2 513	100

由表 4.24 可见，与事、目标、时间、当事没有被选作英语中动句的主语。但是这四类语义角色需要区别对待。目标和时间可以用作英语中动句的主语，只是在本书研究的语料中没有出现，以往研究中提到过以二者为主语的中动句，如例（22）所示。而与事和当事不能用作英语中动句的主语，与事在英语中一般通过 with- 短语来表达，其中的"with"不能省略，如例（23）所示。当事在英语中一般做表语，不做主语或宾语，试比较例（24）中两句。

（22）a. This cart loads more easily than other ones. (Halliday 1994)
　　　b. Evening sells better than morning. (Langacker 1991)
（23）a. 项目成员具有当地的生活经历，交流起来比较通畅。
　　　b. The project members are easy to communicate with, for they have the experience of living in the place.

  c. *The project members communicate easily, for they have the experience of living in the place.

（24）a. 优秀作家当起来不是一件容易的事。

  b. *Great writers do not act easily.

可见，汉语中动句主语的语义类型比英语丰富，但也存在能够做英语中动句主语，却不能做汉语中动句主语的语义类型，如材料，例如：

（25）a. This kind of flour cooks great barley pancake.

  b. *这种面粉做起大麦煎饼来很好。

本研究结果和以往研究结果大体一致。主要不同点体现在以下几个方面：

第一，不少研究者认为英语中动句的主语只能是受事，如 Fagan（1992）、Stroik（1999）等。本研究结果表明，虽然受事（经受者）是英语中动句主语最典型的语义类型，其他语义角色也可以用作英语中动句的主语。

第二，Massam（1992）曾指出，心理事件动词不能用在中动句中，即中动句主语不能为感事。真实语料证明，部分心理事件动词也可以用在中动句里，但这类中动句较少见，所用动词也较有限，汉语中涉及"吓唬""恐吓""伤害""辱骂""欺负""冒犯"等六个动词，都是具有负面意义的动词。英语中涉及"frighten""scare""awe""shock""hurt"等五个动词，其中四个动词具有负面意义。感事较少用在中动句中，可能是因为这类句子以人为主语，容易产生歧义。这类句子容易被理解成非作格句，尤其是英语中动句更容易产生这种误解，如例（26）所示：

（26）a. I don't awe easily. I like them, but I don't want to change places with any of them.

  b. After five years in the Senate, Boxer doesn't shock easily.

  c. I don't hurt so easily anymore and one learns to take the rough with the smooth.

第三，英汉中动结构主语的具体语义类型及其梯度排列与以往研究结果不同。邓云华、尹灿（2014a）对比了英汉中动句主语的语义类型，其英语数据来源于 COCA 和 BNC，汉语数据来源于 CCL 和 MLC，其研究结果可综合为表 4.25，该表数据基于合并频率：

表 4.25 英汉中动句主语的语义类型对比（基于邓云华、尹灿 2014a）

	英语中动句		汉语中动句	
	数量（句）	比例（%）	数量（句）	比例（%）
受　事	1 787	97.76	1 721	92.03
处　所	8	0.44	57	3.05
方　式	6	0.33	22	1.18
工　具	27	1.47	31	1.65
时空场景	0	0.00	39	2.09
合　计	1 828	100	1 870	100

如表 4.25 所示，邓云华、尹灿（2014a）在 COCA 和 BNC 中共得到英语中动句 1 828 条，在 CCL 和 MLC 中共得到汉语中动句 1 870 条。她们并没描述语料检索过程和标注方法，因此无法判断其数据的可靠性。表 4.25 中的数据表明，英语中动句主语的语义类型包括四种：受事、工具、处所、方式；汉语中动句主语的语义类型包括五种：受事、处所、时空场景、工具、方式（邓云华、尹灿 2014a）。可见，有些语义类型的主语，如感事、成事、来源/材料、与事、当事等未被包含在内，但它们确实出现在语料库中。

就英语中动结构各语义类型的主语在语料库中的出现频率而言，本书和邓云华、尹灿（2014a）得出了相似的结论：受事（经受者）是最常见的英语中动句主语，其次为工具和处所。只是笔者发现感事、成事、来源/材料主语也出现在了语料库中，方式主语在英语中动句中出现的频率较低，在 COCA 和 BNC 两个语料库中仅出现一例，占比 0.01%，这与邓云华、尹灿（2014a）0.33% 的结果有一定的差距。

就汉语中动句的主语而言，本书和邓云华、尹灿（2014a）的结论差异较大。笔者发现，除经受者之外，最常用于汉语中动句的主语类型是成事，其次为处所、工具和方式，邓云华、尹灿（2014a）没有提到成事，却发现时空场景所占比例较高，为2.09%。本书未发现空间场景做主语的汉语中动句，时间做主语的情况也较少，占比0.64%。造成这些差异的原因很可能在于搜索与筛选语料的方式以及标注这些语义类型的方法不同。但由于邓云华、尹灿（2014a）未说明其语料搜集及标注方法，因此难以说明具体原因。

4.2.3 英汉中动结构主语的指称特点

本书将从以下几个方面来探讨英汉中动句主语在指称方面的特点：1）中动句的主语是指向抽象事物还是具体事物？若是具体事物的话，它是指人还是指物？2）中动句主语的人称有何特点？是第一人称，第二人称，还是第三人称？3）中动句的主语是定指的，还是非定指的？若是定指的，是类指，任指，还是特指？首先来看汉语中动句的主语在指称上的分布特点。

4.2.3.1 汉语中动结构主语的指称特点

1）指事主语与指物主语

Sung（1994）认为汉语中动句的主语也不能指向抽象事物，也有学者因为汉语"起来"句在很多情况下都是以抽象事物为主语而否认它是中动句（殷树林2006）。事实上，上述两种观点在实际语料中都得不到验证。我们在语料库中发现不少抽象事物做汉语中动句主语的情况，例如：

（27）a. 这与前政府遗留下来的历史问题有很大关系，这些问题处理起来并不容易。
　　　b. 虽然制订了阿拉伯经济走联合之路的总体战略，但是实施起来困难重重。
　　　c. 胎儿在母体子宫中的发育属于"黑箱过程"，研究起来极其困难。

例（27）中各句的主语"问题""战略""发育"都是抽象事物，不是具体物体，但仍然可以讨论其属性，因此可以用在上述各句中。我们很难否认上述各句是中动句，因为它们符合中动结构的界定标准：首先，它们都是属性类指句，能够表达中动语义，其次，它们都以实义动词为谓语核心。

也有不少研究认为中动句的主语不能指人，只能指物（如Fellbaum 1986）。这种观察没有充分的证据，例如（28）中的几个句子都是以指人的名词为主语的中动句：

（28）a. 国家队队员年龄较大，结婚的较多，住处比较分散，管理起来有困难。
　　　b. 老年人耳背眼花身体差，照顾起来要比小孩辛苦得多。
　　　c. 张强认为这些中性化女生交流起来比较容易……

可见，无论是指人名词，还是指向抽象事物的名词都可以做汉语中动句的主语，事实上，汉语中动句的主语不仅可以指向事物（包括人），也可以指向事件，如：

（29）a. 欧洲国家虽然承诺将增加驻阿维和部队数量，但真正做起来却困难重重。
　　　b. 这首回前诗就告诉你，家住江南本姓秦，这个家住江南考证起来比较繁杂，我今天先姑且不论。

下面来看上述各种指称类型的主语在语料库中的分布情况，其在CCL中的出现频率如表4.26所示：

表4.26　CCL里中动句主语的指称特点（1）

主语指称类型	指事	指物			合计
		抽象	具体		
			物体	人	
数量（句）	103	858	1 166	51	2 178
比例（％）	4.73	39.39	53.54	2.34	100

如表 4.26 所示，CCL 里汉语中动句的主语绝大多数是指物的，占中动句总数的 95.27%，而以指事成分（包括动词短语、小句、代词、主语省略情况）为主语的中动句仅占总数的 4.73%。

在指物主语中，大部分是指向具体事物的，占中动句总数的 55.88%，占指物主语中动句的 58.65%。主语指向抽象事物的中动句占中动句总数的 39.39%，占指物主语中动句的 41.35%。

其中，非人主语占总数的 53.54%，占以具体事物为主语的中动句的 95.81%；指人主语占总数的 2.34%，占以具体事物为主语的中动句的 4.19%。可见，汉语中动句以人做主语的情况较少，绝大多数情况下是以物为主语的。

以上述各种指称类型为主语的中动句在 SLC 里的分布情况如表 4.27 所示：

表 4.27　SLC 里中动句主语的指称特点（1）

主语 指称类型	指事	指物			合计
		抽象	具体		
			物体	人	
数量（句）	44	59	184	48	335
比例（%）	13.13	17.61	54.93	14.33	100

如表 4.27 所示，和 CCL 相比，SLC 里的指事主语和指人主语中动句所占的比例较高，分别比 CCL 高 8.4% 和 11.99%，而其中的抽象主语中动句所占的比例较 CCL 低，较之低 21.78%。

总体来看，汉语中动句倾向于选择指物性主语，该类主语占总数的 94.15%，因此在指事还是指物这个问题上，汉语中动句主语的梯度为指物＞指事。在指物主语中，具体主语居多，占中动句总数的 57.66%，占指物主语的 61.24%，因此指物主语的梯度为具体＞抽象。在具体主语中，指物主语占绝大多数，占中动句总数的 53.72%，占具体主语的 93.17%，因此具体主语的梯度为指物＞指人。上述各类型的主语在语料库中的分布情况见表 4.28，该表数据基于合并频率：

表 4.28　汉语中动句主语的指称特点（1）

主语 指称类型	指事	指物			合计
		抽象	具体		
			物体	人	
数量（句）	147	917	1 350	99	2 513
比例（%）	5.85	36.49	53.72	3.94	100

表 4.28 表明，汉语中动句较少以指人的名词或代词为主语，可能是因为言者较少对人进行直接评论，而且以人为主语的句子可能有歧义，例如：

（30）她找起来比较容易。

例（30）可以有两种解释："找她容易"或"她找某种东西容易"，分别如（31a）和（31b）所示：

（31）a. 她不是在家就是在办公室，所以她找起来比较容易。
　　　b. 她在国外，你想要的那本书，她找起来比较容易。

若用例（31a）解释例（30），它是中动句，但若解释成（31b），则是宾语省略的主动句。可见，以指人成分为主语可能有"动作发出者"（actor）或"动作经受者"两种解释。因此，以人为主语的中动句所占比例较少。

2）人称特点
李青（2001）指出人称代词一般不做受事主语句的主语，只有在下列情况下可以：
① 谓语动词表达遭受意义，如"他挨打了""他蒙受了不白之冤"。② 谓语动词表达使动意义，如"她动了手术""她扎了针"。③ 动词前有"可以""值得"等助词，如"她可以信赖""他值得尊敬"，或者情态动词后有"给予""加以"等词语，例如"他应当加以抚慰""她应该给予资助"。④ 以名词做小主语的主谓谓语句，如"他开水烫的""他火烧

的"（李青 2001：42）。

除上述情况外，汉语受事主语句甚少用人称代词做主语。事实上，中动句一般也不用人称代词做主语，可能是因为人称代词施事性较强，会被误认为是施事，如上文中提到的例（30）所示。但中动句也有少许以人称代词为主语的情况，如：

（32）a. 他内外兼修、以德服人，相处、沟通起来比较容易。
　　　b. 他要是迁走了工作站，对付起来恐怕更难。
　　　c. 如果让他跑到树林里，找起来就难了。

在前文中提到，汉语中动句的主语绝大多数都不是指人的，即使是指人的，在人称上来看，也基本上都是第三人称[1]。笔者在 CCL 中没有发现以第一人称为主语的中动句，只发现两例用第二人称代词做主语的句子，其中第二句还是表达任指意义，不是真正的第二人称，如例（33）所示：

（33）a. 我心想，你是搞音乐的，相处起来一定容易。
　　　b. 这儿就是这样，只要你是中国人，相处起来就没有问题。
（34）我们会说法语，交流起来不困难。

在 SLC 中发现 1 例第一人称为主语的中动句，如上面的例（34）所示，没有发现第二人称为主语的中动句。CCL 和 SLC 里中动句主语所指的人称分布见表 4.29 和表 4.30：

表 4.29　CCL 里中动句主语的指称特点（2）

主语所指的人称	第三人称	第二人称	第一人称	合　计
数量（句）	2 176	2	0	2 178
比例（%）	99.91	0.09	0.00	100

如表 4.29 所示，就人称而言，CCL 里中动句的主语绝大多数是第三人称，占中动句总数的 99.91%，以第二人称为主语的中动句仅占中动句

[1] 此处"第三人称"取其广义用法，不仅包括第三人称代词，也包括指事和指物的名词。

总数的 0.09%。在该语料库中没有发现以第一人称为主语的中动句，但这并不表明第一人称不能做汉语中动句的主语，如例（34）所示。

表 4.30　SLC 里中动句主语的指称特点（2）

主语所指的人称	第三人称	第二人称	第一人称	合　计
数量（句）	334	0	1	335
比例（%）	99.70	0.00	0.30	100

表 4.30 表明，SLC 里中动句主语在人称上的分布和 CCL 类似，绝大多数都是第三人称，占总数的 99.70%。

综合 CCL 和 SLC 里的数据，可以发现汉语中动句倾向于用第三人称做主语，各人称类型的主语在语料库中出现的数量和比例如表 4.31 所示：

表 4.31　汉语中动句主语的指称特点（2）

主语所指的人称	第三人称	第二人称	第一人称	合　计
数量（句）	2 510	2	1	2 513
比例（%）	99.88	0.09	0.03	100

由此可见，第一人称和第二人称极少充当汉语中动句的主语，这与李晔（2015：56）的结论类似，她没有找到任何一例用第一人称和第二人称做主语的中动句。这是因为指人的成分中，施事性最强的是人称代词，尤其是第一人称和第二人称，很容易被误认为是施事，因此极少用于中动句。

3）定指主语与非定指主语

朱德熙（1982：96）指出，汉语句子的主语一般是有定的事物，宾语多是无定的事物，即汉语句子倾向于用定指的主语，非定指的宾语。例如：

（35）桌子上有一幅画。

例（35）句的主语"桌子"是定指的，即听话者知其所指，而其宾语"一幅画"是非定指的,即听话者不知其所指。事实上,在表达事件时,位于主语位置上的光杆名词在指称上一般是有定的,位于宾语位置上的光杆名词一般是非定指的,试比较:

(36) a. 专家来了。
     b. 来专家了。

例(36a)意为某特定的专家来了,言者和听话者都知道该专家是谁,他们可能正在等这个专家;例(36b)中的"专家"不是言者和听话者所期待的人,听话者并不知道该专家是谁,因此是无定的。也即例(36a)中的"专家"对听话者来说是旧信息,而(36b)中的"专家"是新信息。

汉语句子倾向于用有定事物做主语、无定事物做宾语的特点,是由句子的信息结构决定的。一个句子往往是从旧信息开始,用新信息结尾,即越靠近句尾的位置所表达的信息内容越新(方梅 1995)。

刘道英(2001: 9)也认为只有有定的受事才能够提升到话题位置上来,试比较例(37)和例(38):

(37) a. 我喜欢这个杯子。
     b. 这个杯子我喜欢。
(38) a. 他打碎了一个杯子。
     b. *一个杯子他打碎了。

例(38b)之所以不能成立,是因为"一个杯子"是不定指的,不能做话题。同样,李青(2001: 41)在讨论汉语受事主语句时,也指出位于主语位置上的受事主语通常是定指的,不定指的受事成分不能做主语,如例(39)所示:

(39) a. 那本书送给李明了。
     b. *一本书送给李明了。

鉴于汉语中动句的主语是被描述或评价的对象,可以看作话题,而且大部分的中动句都是以受事(广义上的受事,包括对象)为主语,因此，不少学者认为汉语中动句的主语在指称上也必须是有定的，如曹宏（2005a）等。

但是，根据笔者对 CCL 和 SLC 里中动句的分析，汉语中动句的主语有时是非定指的情况，如：

（40）a. 欧盟的<u>一些</u>措施在这类企业中落实起来相对比较困难。
　　　b. 他向大家解释：<u>有些</u>事谈起来不方便……
　　　c. 农村经济和社会进步如何同步发展等新的矛盾和问题，<u>有些</u>问题解决起来难度相当大。
　　　d. <u>有些</u>日子坎坷不平，艰难险阻，爬起来是无休无止，而<u>有些</u>日子则是缓坡坦途，可以唱着歌儿全速下降。

例（40）中几个句子的主语都是由"一些"或"有些"修饰的名词短语，在指称上都是无定的。但这并不意味着任何无定形式都可以做汉语中动句的主语，如若把（40a）中主语的修饰成分"欧盟的"去掉，"一些措施在这类企业中落实起来相对比较困难"就不是合语法的句子，同样，若把（40b）—（40d）中的"有些"换成"一些""几个""一个"等无定的数量短语，句子也会变得不合语法。

由此可见，除了像（40a）这种有范围的不定指（笔者称之为"假性不定指"）之外，其余的不定指形式要做主语，必须加上一个表示无定的语法标记"有"，石毓智（2010：131）称之为定量的"有"。事实上，不仅中动句如此，其他句子用数量短语做主语时也需要加上"有"，例如：

（41）a. *一件事我想跟你打听打听。
　　　b. 有件事我想跟你打听打听。
（42）a. ?一些同学出国了。
　　　b. 有些同学出国了。
（43）a. *几篇文章需要翻译。
　　　b. 有几篇文章需要翻译。

虽然无定主语可以出现在中动句中，但其数量较少，CCL 中仅有 17 例以无定形式为主语的中动句，除了有 8 例属于上文所说"假性非定指"现象之外，其余都包含无定标记"有"。如前文所述，中动句是对主语属性的描述或评价，这个被描述或评价的对象一般是言者和听话者已知的信息，因而一般是有定的。CCL 中以有定形式为主语的中动句有 2 161 例，占总数的 99.22%，可以说该语料库里几乎所有的中动句都是以有定形式为主语的。SLC 中 335 条中动句里只有 1 条以无定形式为主语，如例（44）所示，其余 334 条均以有定形式为主语。

（44）<u>有些事</u>讲起来道道挺多，<u>做起来</u>却简便易行。

有定形式又可以分为类指、任指、特指。类指也称通指，指某一类事物；任指指称的是任何人或任何事，其所指范围具有不确定性，经常可以加上"无论""任何"等词语（吕叔湘 1982）；特指为特定指称，指向特定事物（王力 1980）。类指主语、任指主语和特指主语中动句分别如例（45）—（47）所示：

（45）a. 这种茅舍体积很轻，移动方便，转位自由，搭建起来并不费力。
　　　b. 女式橱柜比较注重颜色、装饰性，用起来更加温馨。
　　　c. 鱼、虾、贝、蟹等，虽说是餐桌上的美味佳肴，却又脏又腥，拾掇起来颇为麻烦。
（46）a. 什么事情都是说起来容易做起来难。
　　　b. 一门外语学起来已经很费劲，重新开始学法语占用时间太多……
　　　c. 一个国家有悠久的历史，就不容易被人灭亡，即使万一灭亡，复兴起来也比较容易。
（47）a. 这件事涉及面大，处理起来很容易得罪人。
　　　b. ……力图用波长更短的光进行光刻，从而使槽刻得更细，但这种技术开发起来困难重重。
　　　c. 汉语作为有声语言学起来不算太难，作为有声语言汉语的书写符号汉字，学起来就不那么容易了。

例（45）—（47）中各句说明汉语中动句的主语可以是类指的，也可以是任指或者定指的。这个发现与 Ji（1995）和曹宏（2005a）的观点有所不同。

Ji（1995：46-47）在讨论中动句的类指性特征的时候，曾指出该特征来源于三个方面：① 隐性施事的类指性；② 中动句所表达的事件的类指性；③ 主语所指的类指性。如例（48）中句子的类指性可以解释为 a、b、c 三种：

（48）单亲家庭的孩子教育起来难度较大。
　　　a. 人们教育单亲家庭的孩子难度较大。
　　　b. 单亲家庭的孩子通常教育起来难度较大。
　　　c. 所有单亲家庭的孩子教育起来都难度较大。

Ji（1995:47）指出汉语中动句的主语一般具有类指性的特征，曹宏（2005a：207）也同意这种观点，认为汉语中动句的主语一般都是类指的。而本书基于语料库的数据证明汉语中动句的主语极少数是无定的，绝大多数是有定的，有定主语又有类指、任指和特指三种情况。上述各类型的主语在 CCL 和 SLC 中的分布情况分别如表 4.32 和表 4.33 所示：

表 4.32　CCL 里中动句主语的指称特点（3）

主语指称特点	非定指	定指			合计
		类指	任指	特指	
数量（句）	17	1 151	23	987	2 178
比例（%）	0.78	52.85	1.06	45.31	100

由表 4.32 可见，CCL 里中动句的主语一般是类指或者特指的，前者占总数的 52.85%，后者占 45.31%；也存在任指和非定指的情况，分别占总数的 1.06% 和 0.78%。

表 4.33　SLC 里中动句主语的指称特点（3）

主语指称特点	非定指	定指			合计
		类指	任指	特指	
数量（句）	1	179	5	150	335
比例（%）	0.30	53.43	1.49	44.78	100

如表 4.33 所示，SLC 里中动句的主语也基本都是定指的，占中动句总数的 99.70%，其中类指和特指主语占绝大多数，分别占中动句总数的 53.43% 和 44.78%，任指性主语和非定指主语较少见，分别占总数的 1.49% 和 0.30%。综合来看，汉语中动句倾向于选择定指性主语，占中动句总数的 99.28%。定指性主语中绝大多数属于类指性和特指性主语，两类主语合起来占中动句总数的 98.17%，分别占比 52.92% 和 45.25%，任指性主语和非定指主语所占比例较小，分别为 1.11% 和 0.72%。具体数据见表 4.34，该表数据基于合并频率：

表 4.34 汉语中动句主语的指称特点（3）

主语指称特点	非定指	定 指			合 计
		类 指	任 指	特 指	
数量（句）	18	1 330	28	1 137	2 513
比例（%）	0.72	52.92	1.11	45.25	100

可见，汉语中动句并不像 Ji（1995）和曹宏（2005b）所言只能用类指性名词做主语。类指性主语虽然占比最高，其他形式的主语，如特指性主语，所占比例也较高。任指性主语和非定指主语在汉语中动句中不常见。因此，就定指还是非定指而言，汉语中动句主语的梯度序列为：类指主语＞特指主语＞任指主语＞非定指主语。

4.2.3.2 英语中动结构主语的指称特点

1）抽象主语与具体主语

在讨论汉语中动句主语的指称特点时，笔者区分了指事主语和指物主语。鉴于英语的主语一般不指事件，且语料库中没有发现指事的主语，因此，我们对英语中动句主语指称的讨论以抽象主语和具体主语为出发点。不少学者在研究英语中动结构时发现其主语一般都是指向具体事物的，因而得出"中动句不能用抽象事物做主语"的结论（如 van Oosten 1986；Lekakou 2005 等），语料库中的实际语料证明英语中动结构的主语的确多指向具体事物，但并不表明抽象事物不能用作英语中动句的主语，如例（49）中各句的主语 "the flavors" "this sort of rhetoric" "each detail" "entredeux" 都指向抽象事物。

（49）a. The flavors blend more subtly.

　　　b. This sort of rhetoric reads more like a second-rate philosophy term paper than a judicial opinion.

　　　c. Each detail, in turn, reads more as an accident, an exception, than as necessary to the visual field.

　　　d. Only now do I realise that entredeux translates as literally between two.

需要注意的是，有些中动句的主语从表面上看是抽象名词，但其所指却是具体事物，这类主语本书标注为"具体事物"，如例（50）中各句所示：

（50）a. Your email reads more like a telegram.

　　　b. At times *Anti-Terror Lessons* reads more like an advocacy brief than academic research.

　　　c. The harvest keeps well for months.

例（50a）的主语"your email"是抽象名词，但其所指"有具体内容的信"为具体事物；例（50b）的主语"*Anti-Terror Lessons*"为抽象名词，但它是书名，其所指是一本书，为具体事物；例（50c）的主语"the harvest"虽为抽象名词，但其所指"丰收的农产品"为具体事物。因此，本书不把诸如例（50）中的各句当作抽象主语中动句。

抽象主语及各类具体主语在COCA和BNC中出现的频率分别如表4.35和表4.36所示：

表 4.35　COCA 里中动句主语的指称特点（1）

主语指称类型	抽　象	具　体		合　计
		物　体	人	
数量（句）	114	5 209	67	5 390
比例（%）	2.12	96.64	1.24	100

如表4.35所示，COCA里绝大多数中动句都以具体事物为主语，占

中动句总数的 97.88%。以具体事物为主语的中动句中，又以物体主语为主，占中动句总数的 96.64%，指人主语所占的比例较低，仅为 1.24%。就其主语的语义角色而言，67 条以人为主语的中动句里有 9 条为感事，58 条为经受者，以感事和经受者为主语的中动句分别如例（51a）和（51b）所示：

（51）a. Barbara was not the kind that shocked easily.
　　　b. People bruise more easily as they age because skin capillaries become more fragile.

从笔者所搜集的语料来看，以感事为主语的中动句全部出现在否定句中，如例（51a）所示，以经受者为主语的中动句则没有这个限制，上述 58 条中动句里只有 21 条为否定句，这类中动句涉及的动词包括 *bruise*、*push*、*interview*、*test*、*photograph*、*sell*。

表 4.36　BNC 里中动句主语的指称特点（1）

主语指称类型	抽　象	具　体		合　计
		物　体	人	
数量（句）	51	1 442	28	1 521
比例（%）	3.35	94.81	1.84	100

如表 4.36 所示，BNC 里的中动句也较少以抽象事物为主语，占中动句总数的 3.35%。可见，BNC 里绝大多数的中动句都以具体事物为主语，占总数的 96.65%，其中以物体为主语的中动句占总数的 94.81%，以人为主语的中动句占 1.84%。以人为主语的 28 例中动句里有 3 例表达心理事件，即其主语的语义角色为感事，其余 25 例的主语为经受者。

综合来看，英语中动句的主语一般指向具体事物（包括物体和人），这类主语占中动句总数的 97.61%，其中，绝大多数中动句的主语指向物体，占总数的 96.24%。英语中动句的主语较少指向抽象事物，占 2.39%，指人的主语所占比例最小，为 1.37%。上述各类主语在语料库中的分布情况如表 4.37 所示，该表数据基于合并频率：

表 4.37 英语中动句主语的指称特点（1）

主语指称类型	抽象	具体		合计
		物体	人	
数量（句）	165	6 651	95	6 911
比例（%）	2.39	96.24	1.37	100

英语中动句很少以人为主语，可能是因为人施事性较强，容易让人理解为以施事为主语的句子，第一眼看上去，例（52a）可能会被理解为 "Sara is good at taking photos"，仔细分析才能正确解读为 "Sara looks good in photos"；若只看例（52b）的前半部分，容易将之理解为 "Women are better at selling than men"，直到看到句子的后半部分 "on magazine covers"，才能明白该句意为 "Magazine covers with women sell better than those with men"。

（52）a. Sara photographs well.
　　　b. I think women generally sell better than men on magazine covers.

2）人称特点

就人称而言，英语中动句表现出和汉语类似的特点，各种人称在 COCA 和 BNC 中的分布如表 4.38 和 4.39 所示：

表 4.38 COCA 里中动句主语的指称特点（2）

主语所指的人称	第三人称	第二人称	第一人称	合计
数量（句）	5 365	1	24	5 390
比例（%）	99.54	0.02	0.44	100

由表 4.38 可见，COCA 里的中动句一般以第三人称为主语，占中动句总数的 99.54%，第一人称和第二人称为主语的中动句较少见，分别占比 0.44% 和 0.02%。以第一人称和第二人称为主语的中动句分别如例

（53a）和（53b）所示：

（53）a. I don't bruise as easily, and there is a change in the shape of my body.
b. I thought you would have tested better.

表 4.39 BNC 里中动句主语的指称特点（2）

主语所指的人称	第三人称	第二人称	第一人称	合　计
数量（句）	1 515	0	6	1 521
比例（%）	99.61	0.00	0.39	100

如表 4.39 所示，BNC 里的中动句也倾向于用第三人称做主语，占总数的 99.61%，第一人称占比 0.39%，没有出现以第二人称为主语的中动句。这与 COCA 里中动句主语的人称分布较为类似。

总体来看，英语中动句极少选择第一人称和第二人称做主语，合起来仅占比 0.44%。绝大多数英语中动句的主语都是第三人称，占总数的 99.56%，具体数据如表 4.40 所示，该表数据基于合并频率：

表 4.40 英语中动句主语的指称特点（2）

主语所指的人称	第三人称	第二人称	第一人称	合　计
数量（句）	6 880	1	30	6 911
比例（%）	99.56	0.01	0.43	100

表 4.40 里的数据与先前研究的结果较为吻合，如 Lekakou（2005）指出英语中动句不能以第一人称和第二人称为主语，语料库的数据基本证实了这种说法，第一人称和第二人称为主语的英语中动句在 COCA 和 BNC 中出现频率极低。原因是，第一人称和第二人称主语的施事性最强，用在中动句里容易产生歧义。

3）定指主语与非定指主语
和汉语中动句一样，此处的定指主语指主语的指称可以确定的情况，包括类指、任指和特指三种情况。其中，类指主语指向一类事物，任指主语指向任意一个事物，特指主语指向某特定的事物。非定指主语指主语的指称无法确定的情况。上述各类主语在 COCA 和 BNC 里的分布情况分别如表 4.41 和 4.42 所示：

表 4.41　COCA 里中动句主语的指称特点（3）

主语指称特点	非定指	定　　指			合　计
		类　指	任　指	特　指	
数量（句）	4	4 389	21	976	5 390
比例（%）	0.07	81.43	0.39	18.11	100

如表 4.41 所示，COCA 里中动句的主语一般是定指的，占中动句总数的 99.93%。非定指性主语仅占 0.07%，这类中动句在 COCA 中出现 4 例，如：

（54）a. A novel might sell well for a month or three months.
　　　b. I'm trying to find something that will cut like a razor.
　　　c. Nothing sells better than sincerity.
　　　d. To a Californian, especially a modern reader with a little Didion under his belt, <u>one passage that reads more brilliantly than ever</u> takes the form of an aside from a very minor character.

定指主语中动句里绝大多数为类指主语中动句，占中动句总数的 81.43%，其次为特指主语，占比 18.11%，任指性主语最少，仅占 0.39%。需要说明的是，有些中动句的主语虽为单数，但其所指为一类事物，因此本书把这类主语归为类指性主语，如例（55）所示。这类主语和特指性主语在指称上有明显的区别，比较例（56）中的两个句子可见例（56a）的主语"the camera"指向某台特定的照相机，因此为特指性主语，而例（56b）的主语"the white skin"则指向"白皮肤"这个类属，因此为类指性主语。

也有学者将诸如（55）的句子主语解释为任指性主语（Lekakou 2005；何文忠 2007a），这种解释也有一定的道理，那些句子的主语既可以解释为指向类属，也可以解释为指向该类别内的任何一个个体。但本书中所谓的任指性主语不包括上述情况，为狭义的用法，专指类似例（57）的句子。

（55）a. The white skin bruises easily.
　　　b. Pizza cooks in about five minutes!
（56）a. The camera is steady, doesn't pan, doesn't zoom, doesn't cut.
　　　b. The white skin bruises easily.
（57）a. An upside-down car doesn't drive.
　　　b. An account of the history of the Touaregs as a whole reads much like the fate of a northern Touareg group.
　　　c. Any chip that doesn't read has lost the Regent's favour.

如例（57）所示，任指性主语一般为单数名词短语，通常为"a/an+N"或者"any+N"的形式，这类主语和上面例（54）中各句的主语在指称上有所不同，如例（54a）的主语"a novel"在指称上不确指，即无法确定是哪本小说；例（57a）的主语"an upside-down car"在指称上是定指的，意为"任何一部上下颠倒的汽车"，相当于"any upside-down car"，例（54a）的主语则无法在不改变句意的前提下转换成"any novel"。

此外，在COCA中还有一类中动句的主语在形式上也表现为"a/an+N"，但它们与例（54）和（57）中的句子不同，如例（58）所示：

（58）A speech by Anne Bingaman reads very much like it was written in the late 1970s.

从表面上看，例（58）的主语"a speech"为不定指主语，但细读发现该主语在指称上并不是不确定的，证据是句中出现了与之同指的代词"it"。可见，例（58）的主语属于假性不定指，应该归于特指性主语类别。

如表 4.42 所示，BNC 里中动句的主语也基本上都是定指的，占总数的 99.93%，只有 1 条为非定指主语，占 0.07%。在定指主语中，类指性主语占总数的 77.84%，特指性主语占 21.76%，只有 5 条为任指性主语，占 0.33%。

表 4.42　BNC 里中动句主语的指称特点（3）

主语指称特点	非定指	定指			合计
		类指	任指	特指	
数量（句）	1	1 184	5	331	1 521
比例（%）	0.07	77.84	0.33	21.76	100

由此可见，英语中动句的主语在指称上倾向于用定指性名词短语，占总数的 99.93%。其中，类指性主语占比最大，为 80.64%，其次为特指性主语，占比为 18.91%，任指性主语所占比例最小，为 0.38%。以上数据详见表 4.43，该表数据基于合并频率：

表 4.43　英语中动句主语的指称特点（3）

主语指称特点	非定指	定指			合计
		类指	任指	特指	
数量（句）	5	5 573	26	1 307	6 911
比例（%）	0.07	80.64	0.38	18.91	100

由表 4.43 可见，本书结论与 Fagan（1992）和 Lekakou（2005）的研究结果有所不同。Fagan（1992）和 Lekakou（2005）都认为英语中动句的主语在指称上为类指性主语，虽然语料库的数据表明绝大多数中动句的主语为类指性主语，但并不能说明其他类型的主语无法用于中动句，尤其是指向个体的特指性主语也占据较大的比例。Fagan（1992）和 Lekakou（2005）均为内省式研究，没有考察实际语料，因此研究结果有所偏差。

4.2.3.3　英汉中动结构主语的指称特点对比

1）指事主语与指物主语

如前文所述，汉语中动句的主语可以是动词短语，甚至是小句，而英语中动句不能以这些成分为主语。在指称上来看，COCA 和 BNC 两个语料库里也没有出现以指事的成分为主语的英语中动句。但是，指事主语可以用在汉语中动句里，尽管这类主语所占的比例较低。

在指物主语中，英语中动句倾向于选择指向具体物体的主语，指向抽象事物或指人的主语在英语中动句中所占比例较小。汉语中动句的主语也较多地指向具体物体，但以指向抽象事物的成分为主语的汉语中动句所占的比例明显超过同类主语的英语中动句。可见，抽象事物主语常用于汉语中动句，却很少用于英语中动句。

这与英汉两种语言的特点相关。英语中句子的主语整体不太常用抽象名词，且有的抽象名词在语义上指向具体事物，因此被归为具体事物主语的类型。汉语中句子的主语则灵活多样，这种多样性不仅表现在语义角色上，也表现在指称类型上。

英语和汉语中动句都较少使用指人的主语，这可能是因为中动句的主语不是事件的发出者，而"人"的施事性较强，容易被理解为动作发出者，使句子产生歧义。英语中动句的主语在指事或指物上的序列为：具体物体主语＞抽象事物主语＞指人主语。汉语中动句主语的序列为：具体物体主语＞抽象事物主语＞指事主语＞指人主语。英汉中动句各指称类型的主语之间的异同详见表 4.44，该表数据基于合并频率：

表 4.44 英汉中动句主语的指称特点（1）对比

主语指称类型		指 事	指 物			合 计
			抽 象	具 体		
				物 体	人	
英语中动句	数量（句）	0	165	6 651	95	6 911
	比例（%）	0.00	2.39	96.24	1.37	100
汉语中动句	数量（句）	147	917	1 350	99	2 513
	比例（%）	5.85	36.49	53.72	3.94	100

如表 4.44 所示，英汉中动句都倾向于选择指物性主语，分别占总数的 100% 和 94.15%。其中，96.24% 的英语中动句的主语指向具体物体，这类主语在汉语中动句中占比 53.72%，比英语中动句低 42.52%，可见，指向具体物体的主语在英语中动句里占绝对优势，在汉语中动句里只是较为常见。

此外，指向抽象事物的主语在英语中动句里占 2.39%，在汉语中动句里占 36.49%，比英语中动句高 34.10%。可见，英汉中动句在是否以抽象事物为主语方面表现出明显的差异。

指人主语在英语中动句里占比 1.37%，在汉语中动句里占比 3.94%，可见，指人主语在英汉中动句中都不常见。这个发现和以往研究结果基本吻合，如曹宏（2005a）、何文忠（2007a）等都指出汉语中动句一般不用人做主语，Fagan（1992）和 Lekakou（2005）则指出英语中动句一般不用指人的主语，语料库的数据基本证实了上述观点。

2）人称特点

英汉中动句的主语在人称特点上表现出较大的共性。二者都倾向于以第三人称做主语，第一人称和第二人称较少用作英汉中动句的主语。英语中动句主语在人称上的排序由高到低为第三人称＞第一人称＞第二人称；汉语中动句主语的排序为第三人称＞第二人称＞第一人称，详见表 4.45，该表数据基于合并频率：

表 4.45　英汉中动句主语的指称特点（2）对比

	主语的人称	第三人称	第二人称	第一人称	合　计
英语中动句	数量（句）	6 880	1	30	6 911
	比例（%）	99.56	0.01	0.43	100
汉语中动句	数量（句）	2 510	2	1	2 513
	比例（%）	99.88	0.09	0.03	100

由表 4.45 可见，英汉中动句一般都选择第三人称做主语，在这方面没有显著性差异。第一人称和第二人称主语几乎不用在英汉中动句里。这个结果与以往研究结果也基本吻合，如李晔（2015：53）指出中动句不能用第一人称为主语，因为在施事性的连续统上，第一人称的施事性

最高,这与中动句主语作为被动参与者的身份相冲突,因此不能用作中动句主语。本书证明第一人称虽不是绝对不能用作中动句的主语,但其出现频次却很低。

相比而言,第二人称比第一人称更少用作中动句的主语,可能是中动句的语义特点使然:中动句是对主语属性的评价,而第二人称指向听话者,当面评价听话者的情况不太常见。因此,第二人称极少用作中动句的主语。

3)非定指主语与定指主语

英汉中动句的主语在是否选择定指性主语方面表现出较大的共性。如前文所述,二者都倾向于选择定指性的主语。其中,英汉中动句都倾向于选择类指性主语,其次为特指性主语,任指性主语占比最低。英汉中动句的主语在指称的确定性上的排序相同,表现为类指主语>特指主语>任指主语>非定指性主语。各类主语出现频次与比例详见表4.46,该表数据基于合并频率:

表4.46 英汉中动句主语的指称特点(3)对比

主语指称特点		非定指	定 指			合 计
			类 指	任 指	特 指	
英语中动句	数量(句)	5	5 573	26	1 307	6 911
	比例(%)	0.07	80.64	0.38	18.91	100
汉语中动句	数量(句)	18	1 330	28	1 137	2 513
	比例(%)	0.72	52.92	1.11	45.25	100

如表4.46所示,非定指性主语在英汉中动句中都不常见。这可能取决于中动句的语义特征。中动句描述主语的属性,非定指主语的属性难以描述,因此很少用于中动句。事实上,不仅是中动句,其他句子类型的主语也以定指性主语居多,因为主语是话语的出发点,定指性主语比非定指性主语更容易谈论。

在定指性主语中，类指性主语在英语中动句里占比 80.64%，在汉语中动句里占比 52.92%，比英语低 27.72%。同时，特指性主语占英语中动句主语的 18.91%，占汉语中动句主语的 45.25%，比英语高 26.34%。可见，特指性主语常出现在汉语中动句里，不常出现在英语中动句里。这个结果证实了何文忠（2007a）和严辰松（2011）的观点，他们都认为英语中动句的主语多为类指性名词，而汉语中动句[1]较常用特指类名词做主语。

任指类主语占英语中动句主语的 0.38%，占汉语中动句的 1.11%，可见，该类主语在英汉中动句里都不常见。这可能是因为本书对"任指"这个概念的定义较为狭窄，专指类似于例（59）中句子的情况：

（59）a. 两个同名音合奏起来最亲和、最悦耳。
　　　b. An upside-down car doesn't drive.

4.2.4 英汉中动结构主语的施受特征

Fillmore（1968）认为"主语""宾语"这类语法范畴没有跨语言的统一性，而语义角色在各种语言中具有较大的一致性，因为后者基于人类相似的认知经验。语义角色是 Fillmore（1968）所提出的格语法（case grammar）的核心，他认为论元的表层语法功能无论怎么变化，其语义角色都不会变化，如在主动句中充当宾语的受事论元，在被动句中做主语时，仍然是受事。然而，这并不是说语义角色可以自由地充当各种语法角色。语义和语法的配对是有一定的依据的，例如无标记的主语倾向于按照如下序列选择语义角色：施事＞工具＞对象/受事。

而 Dowty（1991）则认为语义角色不是离散的范畴，而是一个连续统。他认为只有施事和受事是讨论语义关系时所必需的，因而称之为"原型施事"（proto-agent）和"原型受事"（proto-patient）[2]。"原型施事"

---

[1] 严辰松（2011）否认汉语中动句的存在，但他所讨论的结构被本书定义为汉语中动结构。因此，此处称之为"汉语中动句"。
[2] 也有学者称之为"原施事"和"原受事"，如张伯江（2009），或"施事原型角色"和"受事原型角色"，如牛保义（2005）。

具有如下五个特点：① 自主性，即自主地参与事件或状态；② 知觉性，即对事件或状态有感知；③ 致使性，即可以引发某事件或状态，或致使另一个参与者发生变化；④ 位移性，即相对另一参与者有位移；⑤ 独立性，即不依赖于动词所表达的动作而存在。

"原型受事"也有五个特征：① 经历变化，即进入或淡出某种状态，或大小、形状、内部结构等发生变化；② 受影响性，即受到另一参与者的影响；③ 静止性，即相对于另一参与者而言处于静止状态；④ 属于增量对象（incremental theme），即在事件中逐渐形成，其过程有可测量性；⑤ 依赖性，即依赖于动作而存在，离开了事件就不复存在。

当然，并不是所有的施事或受事都具有以上所有原型性特征，拥有以上特征越多的语义角色，原型性就越强。原型施事和原型受事处在连续统的两端，其他语义角色根据其施事性或受事性的强弱分布于中间，如图 4.2 所示：

图 4.2　语义角色连续统

在该连续统中，施事性较强的语义角色靠施事较近，如工具，受事性较强的语义角色靠受事较近，如对象。当然，各种语义角色之间并没有明显的界限。施事性较强的语义角色倾向于做典型的主语，而受事性较强的语义角色倾向于做典型的宾语，陈平（1994）认为做主语的语义角色序列如下：施事＞感事＞工具＞当事[1]＞处所[2]＞对象＞受事。这些语义角色在连续统中的位置如图 4.3 所示：

施事——感事——工具——当事——处所——对象——受事

图 4.3　汉语句子主语典型语义角色连续统

图 4.3 中越靠左边的语义角色越倾向于做典型的主语（即主动结构的主语），而越靠右边的语义角色越倾向于做典型的宾语（即主动结构的

---

[1] 陈平（1994）称之为"系事"，为使术语统一，本书统一用"当事"。
[2] 陈平（1994）称之为"地点"，为使术语统一，本书统一用"处所"。

宾语）。中动结构是对事件非典型的识解（construal），因而属于有标记的（marked）的表达方式，其主语的选择和主动结构有一定的区别，如前文所述，充当汉语中动句主语的语义角色的连续统可用图 4.4 来表示：

> 经受者—成事—处所—与事—方式—工具—时间—目标—当事 / 感事 / 来源

图 4.4　汉语中动句主语的语义角色连续统

如图 4.4 所示，受事性较强的"经受者"（包括"受事"和"对象"）与"成事"处于汉语中动句主语连续统的最前端，而施事性较强的语义角色，如当事、感事，处于连续统的最末端，而施事性最强的"施事"不能做中动句的主语。这种分布和 Dowty（1991）、陈平（1994）的观察基本一致。

和汉语类似，英语的主语在语义角色上也是首先选择施事，其次是接收者或受益者，再次是对象或受事，然后是其他角色，英语句子主语梯度如图 4.5 所示：

> 施事—接收者 / 受益者—对象 / 受事—工具—处所

图 4.5　英语句子主语的语义角色连续统（Saeed 2000：146）

图 4.5 中越靠左边的语义角色就越倾向于做英语句子的主语，但英语中动句和汉语中动句一样，也是一种有标记的投射，因此其主语的选择不遵循图 4.5 中的梯度，英语中动句主语的选择顺序如图 4.6 所示：

> 经受者—工具—处所—感事—成事—来源 / 材料—方式

图 4.6　英语中动句主语的语义角色连续统

由此可见，英汉中动句的主语都具有较强的受事性，但也有学者指出中动句主语有些类施事的特征，如 Lakoff（1977）、van Oosten（1986）、Hale & Keyser（1987）等。van Oosten（1986: 137）把中动句的主语称为"动作的能量来源"（energy source），认为它能够独立执行动词所表达的动作，在事件中具有引发力量（causal force）。这就是所谓"责任条件"。

显然，上述观点夸大了中动句主语的施事性，若认为中动句的主语能够独立执行动作，那隐性施事就没有存在的必要，就无法区分中动句和作格句，试比较例（60）和例（61）、例（62）和（63）：

（60）a. 石头滚下山了。
　　　b. 没人碰这块石头，它自己滚下山了。
（61）a."氢动一号"驾驶起来相当容易。
　　　b. ?"氢动一号"不需要人驾驶，它自己可以驾驶自己。
（62）a. The stone rolled down the hill.
　　　b. The stone rolled down the hill spontaneously.
（63）a. The new BMW drives well.
　　　b. ? The new BMW drives well without anybody driving it.

例（60a）和（62a）为作格句，表达自发事件，其主语是动作发出者，因此可以用（60b）和（62b）来表达；而例（61a）与（63a）是中动句，其主语不是动作发出者，即该句隐含了动作的施事，因此不能转换为（61b）与（63b）。这说明，英汉中动句的主语不是动作发出者，但它也不是完全受动的对象，其属性可以促进或阻碍事件的发生，因此，Davidse & Heyvaert（2007）称之为"促使性"（conducive）主语。换句话说，中动结构的主语既有受事的特点，又有施事的特点。其施事性体现在对事件的责任性上，如例（64）—（65）所示：

（64）a. 藏语真正学起来并不难，因为它和汉语有诸多类似之处。
　　　b. 藏语真正学起来并不难，? 因为我有很多时间。
（65）a. The new Tesla handles well, because it is user-friendly.
　　　b. The new Tesla handles well, ? because I am a good driver.

事实上，为了提高句子的可接受程度，言者经常会把主语能够促进或阻碍事件发生的属性明示出来，例如：

（66）a. 这些科普读物［引人入胜而又富有启发］，读起来难度不大。
　　　b. 罗伯森（基金）［一向又是大出大进］，运作起来风险很大。
　　　c. 我感觉路遥写得［太实在，太陈旧，太沉闷，太拖沓］，读起来太艰难。
（67）a. Older adults often bruise easily because of [gradual changes that

take place in the layer of fat just below the skin surface].
b. White peaches are a [fragile] local delicacy which smell faintly of raspberries. They bruise easily.
c. The cradle was [very heavy] and didn't handle easily.

例(66a)中能够让这些科普读物读起来难度不大的属性是"引人入胜而又富有启发",(66b)中导致基金运作风险大的原因是"大出大进",(66c)中导致路遥的作品读起来艰难的属性是"太实在,太陈旧,太沉闷,太拖沓"。例(67a)中导致"older adults bruise easily"的主要原因是老年人皮肤所发生的变化("gradual changes that take place in the layer of fat just below the skin surface"),例(67b)中引起"they bruise easily"的是白桃"脆弱的"(fragile)属性,例(67c)中造成"it didn't handle well"的主要原因是摇篮很重("very heavy")。这些对事件的发生起主要作用的属性都在句中得以明示。

上述这类句子在汉语语料库CCL和SLC中的出现频次及所占比例如表4.47和表4.48所示:

表4.47 CCL里中动句主语责任属性的明示情况

	责任属性隐含	责任属性明示	合　　计
数量(句)	1 322	856	2 178
比例(%)	60.70	39.30	100

如表4.47所示,CCL中主语责任属性隐含的情况占总数的60.70%,明示主语责任属性的中动句占39.30%。可见,该语料库里的中动句在多数情况下都隐含主语的责任属性,但明示主语责任属性的中动句也占较高的比例。

表4.48 SLC里中动句主语责任属性的明示情况

	责任属性隐含	责任属性明示	合　　计
数量(句)	228	107	335
比例(%)	68.06	31.94	100

表 4.48 表明，SLC 里隐含主语责任属性的中动句占 68.06%，明示主语责任属性的中动句占 31.94%。这个结果和 CCL 中情况类似。

综合来看，汉语中动句倾向于隐含其主语为事件负责任的属性，占总数的 61.68%。可见，明示主语责任属性的句子在汉语中动句里占有较高的比例，如表 4.49 所示，该表数据基于合并频率：

表 4.49　汉语中动句主语责任属性的明示情况

	责任属性隐含	责任属性明示	合　　计
数量（句）	1 550	963	2 513
比例（%）	61.68	38.32	100

一般而言，若责任属性未在句中明示，一般是因为其属性较容易推断或为听话者所熟知，例如：

（68）a. 民事官司打起来很麻烦、也很累人。
　　　b. 这样的小区，真是住起来舒服，用起来方便，看起来顺眼，谈起来高兴呵！

例（68）中的句子没有将主语能够促进或阻碍事件发生的属性明示出来，因为其责任属性较容易判断。有些学者认为中动句的属性需要隐含，属性明示的句子不是中动句（严辰松 2011）。但中动语义只规定了主语的责任性，没有规定这些责任属性需要隐含，因此，不能因为这些属性出现在句中，就否认该句属于中动结构。

和汉语中动句一样，英语中动句也存在将其主语为事件负责任的属性明示出来的情况，如表 4.50 和 4.51 所示：

表 4.50　COCA 里中动句主语责任属性的明示情况

	责任属性隐含	责任属性明示	合　　计
数量（句）	4 253	1 137	5 390
比例（%）	78.91	21.09	100

如表 4.50 所示,COCA 里将主语责任属性隐含的中动句占 78.91%,将主语责任属性明示出来的中动句占 21.09%。可见,该语料库里隐含主语责任属性的中动句占绝大多数,明示主语责任属性的中动句所占比例较小。

表 4.51　BNC 里中动句主语责任属性的明示情况

	责任属性隐含	责任属性明示	合计
数量（句）	1 240	281	1 521
比例（%）	81.53	18.47	100

由表 4.51 可见,和 COCA 类似,BNC 里的中动句也以隐含主语责任属性的句子居多,占比 81.53%。

总体来看,大部分英语中动句倾向于隐含其主语为事件负责任的属性,占总数的 79.48%,明示主语责任属性的中动句占总数的 20.52%,如表 4.52 所示,该表数据基于合并频率:

表 4.52　英语中动句主语责任属性的明示情况

	责任属性隐含	责任属性明示	合计
数量（句）	5 493	1 418	6 911
比例（%）	79.48	20.52	100

比较英汉中动句主语责任属性的明示情况可见,英汉中动句都倾向于隐含其主语的责任属性,该类型的主语占英语中动句总数的 79.48%,占汉语中动句总数的 61.68%,比英语中动句低 17.80%。明示主语责任属性的句子占英语中动句的 20.52%,占汉语中动句总数的 38.32%,比英语中动句高 17.80%。英汉中动句主语责任属性的明示情况如表 4.53 所示,该表数据基于合并频率:

表 4.53　英汉中动句主语责任属性的明示情况对比

		责任属性隐含	责任属性明示	合计
英语中动句	数量（句）	5 493	1 418	6 911
	比例（%）	79.48	20.52	100

续　表

		责任属性隐含	责任属性明示	合　　计
汉语中动句	数量（句）	1 550	963	2 513
	比例（%）	61.68	38.32	100

由表 4.53 可见，汉语中动句比英语中动句更倾向于明示其主语为事件负责的属性，但不能因此而否认汉语中动句和英语中动句属于同类构式，因为是否明示主语的责任属性和该语言的语用特点相关，和句子的语态及构式选择没有关系。

4.3　本章小结

本章主要探讨了英汉中动句的论元实现，包括其隐性施事和位于主语位置上的非施事论元。本章首先指出英汉中动句的施事在语义层存在，在句法层没有位置，因此是一个隐性论元。随后用语料库对其指称特点及其是否在语篇中出现进行了统计分析，研究发现英语中动句的隐性施事一般不出现在其语篇中，这类施事占中动句总数的 99.75%，就其指称而言，英语中动句的隐性施事多指向某范围内的一类人，占总数的 97.84%。和英语中动句类似，绝大多数汉语中动句的隐性施事也不出现在语篇中，占总数的 96.06%，在其指称上来看，大部分汉语中动句的隐性施事指向能够执行该动作的一类人，占 87.94%。可见，英汉中动句的隐性施事在隐现情况和指称特点上表现出较大的共性。

需要注意的是，隐性施事在语篇中出现的情况不能证明英汉中动句的施事有句法地位，因为它们不能以普通论元（regular DP）的形式出现在中动句中，其所指也多是通过语用推理得出的。此外，隐性施事在指称上不具有文献中所说的"任指性"特征，它的任指性有一定的范围限制，即能够执行动作的一类人。

除隐性施事之外，本章以语料库数据为依托，详细探讨了英汉中动句主语的形式特征、语义类型、指称特点及其施受特征。研究发现：

1）在形式上来看，英语中动句的主语多为名词短语，占中动句总数的 82.40%，其次为代词，占总数的 17.41%；汉语中动句的主语一般是有复杂修饰语的名词短语，占中动句总数的 67.09%。此外，汉语中动句的主语经常可以省略，包括主语隐含和承前省略两种情况，占总数的 25.87%。可见，英汉中动句都倾向于用名词短语做主语，不同的是，汉语中动句的主语常常省略，而英语中动句的主语一般不省略；代词做英语中动句主语的频次明显超过汉语。

2）就语义类型而言，以经受者（包括受事和对象）为主语的英语中动句占绝对优势，占中动句总数的 94.04%，其次为工具和处所，其他语义角色较少见。与此类似，绝大多数的汉语中动句也以动词的内论元为主语，包括受事、对象和成事，共占中动句总数的 90.41%，其次为处所和工具。汉语中动句的语义类型较英语更加丰富，这可能是由汉语本身的特征所决定的。如前文所述，汉语是话题型语言，很多语义角色都可以充当汉语句子的主语。

3）从指称上来看，英语中动句的主语一般指向具体物体，占中动句总数的 96.24%，其次为指人主语，再次为抽象主语。汉语中动句的主语也多指向具体物体，占总数的 53.72%，但也有 36.49% 的汉语中动句的主语指向抽象事物。除此之外，与以往研究结果不同的是，本章研究发现汉语中动句的主语还可以指向事件和人，分别占 5.85% 和 3.94%，而英语中动句的主语一般不指向事件。

4）从人称上来看，英语中动句的主语多用第三人称，占中动句总数的 99.56%，第一人称很少充当英语中动句的主语，第二人称几乎不能用作英语中动句的主语。与此类似，汉语中动句的主语也一般指向第三人称，占总数的 99.88%，汉语中以第二人称和第一人称为主语的中动句极少见。

5）在是否有确定的指称方面，英语中动句的主语一般是定指的，占总数的 99.93%，其中类指性主语占绝大多数，其次为特指性主语。同样，绝大多数汉语中动句的主语在指称上也是有定的，占 99.28%，其中类指性主语和特指性主语占较大的比例。可见，英汉中动句都倾向于选择定指性主语，这是因为英语和汉语里的句子，尤其是受事为主语的句子，都倾向于用定指的形式做主语。

6）就施受关系而言，英汉中动句的主语表现出较大的相似性，英汉中动句都倾向于选择受事性较强的语义角色充当主语，但该主语不是完全被动的角色，其属性是导致事件发生的主要原因，因此也具有一定的施事性。英汉中动句主语的责任属性一般是隐藏的，分别占79.48%和61.68%，当然，也有不少中动句将其致使事件发生的属性明示在句中。可见，属性是否隐藏不是中动语义所规定的内容。

由此可见，英汉中动句的主语在形式上有一定的区别，在语义上大同小异。这个结果证实了Ackema & Schoorlemmer（2007：131）的观点，即不同语言的中动结构可以用不同的句法和形态手段来实现。两种语言中不存在句法形式完全相同的构式，但存在表达相似语义的结构，即Goldberg（1995，2019）所提到的"同类构式"。

第五章

英汉中动结构的动词

以往研究表明,英汉中动结构对其动词的选择有较严格的限制。本章将从动词的形式和意义两个方面来探讨英汉中动结构对其动词的选择限制。动词的形式特点包括其时体特征(中动句与不同时态和体标记共现的可能性及其频率)和复杂程度(中动词带复杂修饰语还是用光杆形式)两个方面。意义特点包括其自主性、及物性特征、体类型(过程结构)和物性角色类型四个方面。需要注意的是,本部分对动词的研究是指其进入中动结构之前的情况,即在定义中的语义特征。此处的"体类型"是指动词的过程特征,以 Vendler(1967)对动词的分类为依据。

5.1 英汉中动结构对其动词的形式限制

5.1.1 动词的时体特征

5.1.1.1 时间特征

戴耀晶（1997：1）指出时和体虽然紧密相关，但二者是不同的概念。"时态"和说话的时间有关，具有指示性（deictic），而体则和话语发生的时间无关，不具有指示性。一种语言只有具备了表达"时"和"体"意义的形态时，才能认为该语言同时具备了时范畴和体范畴（戴耀晶 1997：6）。鉴于英语可以通过动词的形态变化来表达不同的时和体，汉语的动词不像印欧语言那样有丰富的时态变化，因此，有不少学者认为英语有"时态"这个概念，而汉语没有"时"范畴，只有"体"范畴，但这并不意味着汉语使用者无法谈论过去和将来发生的事情。

就汉语中动句而言，在时间特征上，它一般不和表示特定时间点的词语连用（何文忠 2007a），但这并不表明汉语中动句不能描述过去的情况。事实上，有些表达过去时间段的词语，如"过去""以前""当时""建国初期"等，可以用在中动句中，例如：

(1) a. <u>过去</u>街道打扫起来十分费事。
  b. <u>以前</u>所有的滴灌系统接口都用螺口，在大面积的滴灌中，安装起来十分费事。
  c. 不过，若考虑到<u>当时</u>的环境，这一点却是说起来容易做起来难。
  d. 十万斤辣椒面今天看起来不算什么，但<u>建国初期</u>，筹集起来可不是那么容易的。

例（1）中各句虽然是对过去情况的描述，但它们都不是事件句，表达的仍然是主语的属性，只是这种属性可能今天已经不复存在。例（1）也不能说明汉语中动句可以和表达时间点的成分连用，诸如"那一刻""1999年3月18日上午8点"这样的时间表达方式就不能用在中动句里，如例（2）所示：

（2）a. ? 那一刻街道打扫起来十分费事。
　　 b. ? 1999年3月18日上午8点，所有的滴灌系统接口都用螺口，在大面积的滴灌中，安装起来十分费事。

例（2）中的句子可接受程度较低，因为中动句是属性描写句，而属性一般具有较强的持续性，不是在某个特定的时间点才会表现出来。根据笔者对 CCL 里中动句的统计，除了有 52 例用了"从前""以前""解放前""过去""建国初期"等表达过去时间段的词语之外，也有 33 例用了"现在"和"今天"等表示现在时间的词语，如：

（3）a. 小龙虾像泥鳅一样喜欢在水塘下的泥土中做窝，洪水冲不走它，只是现在捉起来要费些劲，价格也因此贵些。
　　 b. 过去为了工作不得不写的东西，今天读起来仍然感觉新鲜。
　　 c. 所以现在有许多西方诗的译作读起来颇为费力，甚至使人觉得有些"朦胧"。
　　 d. 这种事现在办起来很容易，一两句话的事儿。

令人意外的是，SLC 中没有发现和表达过去时间段的词语连用的中动句，与表达"现在"的词语连用的中动句在该语料库里出现的频次也很低，仅出现了 4 例。
上述各种时间表达方式在 CCL 和 SLC 中所出现的数量和比例如表 5.1 和 5.2 所示：

表 5.1　CCL 里中动句的时间特征

	无时间标记	过去	现在	合计
数量（句）	2 093	52	33	2 178
比例（%）	96.09	2.39	1.52	100

如表 5.1 所示，CCL 里的中动句一般不带任何形式的时间标记，这类中动句占总数的 96.09%，只有 3.91% 的中动句带表达"过去"和"现

在"的词语,没有发现和"将来"时间共现的中动句。

表 5.2 SLC 里中动句的时间特征

	无时间标记	现 在	将 来	合 计
数量(句)	329	4	2	335
比例(%)	98.21	1.19	0.60	100

由表 5.2 可见,SLC 里的中动句一般也不带时间标记,占中动句总数的 98.21%,带"现在"时间标记的中动句仅占 1.19%。SLC 中没有发现表达"过去"时间的中动句,却发现 2 例表达"将来"时间的中动句,如例(4)所示:

(4) a. 要知道现在留下一两个敌人,<u>到明年</u>他们生儿育女,就会变成成千上万个,消灭起来就费劲啦!
   b. 你媳妇怀孕都仨月啦,趁小赶紧转,时间长了,<u>以后</u>转起来可就费劲啦!

由此可见,汉语中动句绝大多数情况下没有时间标记词,如表 5.3 所示,该表数据基于合并频率:

表 5.3 汉语中动句的时间特征

	无时间标记	过 去	现 在	将 来	合 计
数量(句)	2 422	52	37	2	2 513
比例(%)	96.38	2.07	1.47	0.08	100

由表 5.3 可见,无时间标记的汉语中动句占总数的 96.38%。和"过去"时间标记词连用的中动句占总数的 2.07%,和"现在"时间标记词连用的占 1.47%,和"将来"时间标记词连用的仅有 2 条,占 0.08%。可见,无时间标记的汉语中动句占绝对优势,这是因为大多数情况下,中动句所描述的属性具有恒时性,不会随时间的变化而变化。当然,中动句也可以用来讨论由于过去、现在或将来的条件所限而展现出来的属

性，这种属性可能不具有稳定性，会随时间的变化而变化。

如前文所述，英语可以通过动词的曲折变化来表达过去的事件或状态，但将来事件或状态需要借助情态动词"will"或"be going to"来实现。实际语料分析发现，英语中动句分为动词的限定用法（finite）和非限定用法（non-finite）两种类型，其中限定用法指动词作为谓语动词有时态变化的情况，非限定用法指动词不做谓语动词，没有时态变化的情况，包括"Aux+V"，即动词前有情态动词的结构，以及"to V"形式，即不定式。

笔者在 COCA 和 BNC 里标注了动词的非限定用法及限定用法里无时间标记、过去、现在、将来等时间表达方式，如例（5）—（9）所示：

(5) a. The frame is arranged like this to make the door close against it.
    b. She began to move through the house, opening doors, now trying to force doors which would not open.
(6) a. The new car handles crisply, performs quietly and rides resiliently.
    b. Few cars ride and handle so well, even fewer offer such good value for money.
(7) a. During heavy conditions, Abroath Breakwater fished well.
    b. Did my idiom translate well? Did it make sense?
(8) a. The bottom of this water is now fishing well for roach.
    b. The '75 Lafite is now drinking better than ever!
(9) a. They are pretty sure that the Xbox will sell better this holiday season.
    b. A positive biography of Nixon is probably going to sell better than a negative one.

例（5）为动词的非限定性用法，没有形态变化，通常具有一定的情态性；例（6）为无时间标记的形式，表达一般或惯常的情况；例（7）表达过去的情况，其动词用过去时；例（8）表达现在的情况，通常有"now"等表达现在的时间词，动词多用现在进行时；例（9）表达未来的情况，动词前常用"will"或"be going to"。需要注意的是，"will"并不总是表达未来的状况，比较例（10）中的两个句子可见，例（10a）表达将来的情况，而例（10b）中的"won't"表意愿性，不表将来。

（10）a. Hot models in popular sizes will sell out over the summer.
b. They have tried, but it doesn't work. Those machines just won't sell.

英语中动句动词的上述时间特征在 COCA 和 BNC 里出现的频次和比例如表 5.4 和 5.5 所示：

表 5.4　COCA 里中动句的时态特征

	非限定用法	限定用法				
		无时间标记	过去	现在	将来	合计
数量（句）	678	3 792	395	113	412	5 390
比例（%）	12.58	70.35	7.33	2.10	7.64	100

如表 5.4 所示，COCA 里的中动句有 12.58% 为非限定用法，即动词没有时体变化。有 87.42% 为限定性用法，其中不带任何时间标记的中动句占总数的 70.35%，带过去时间标记的占 7.33%，带现在时间标记的占 2.10%，带将来时间标记的占 7.64%。可见，COCA 里的中动句大部分不带任何时间标记。

表 5.5　BNC 里中动句的时态特征

	非限定用法	限定用法				
		无时间标记	过去	现在	将来	合计
数量（句）	94	1 045	282	35	65	1 521
比例（%）	6.18	68.71	18.54	2.30	4.27	100

由表 5.5 可见，BNC 里动词为非限定用法的中动句仅占 6.18%。其余 93.82% 为动词的限定用法，其中有 68.71% 没有任何时间标记，18.54% 有过去时间标记，2.30% 有现在时间标记，4.27% 有将来时间标记。因此，BNC 里也以无时间标记的中动句为主。中动句动词的非限定

性用法在该语料库里出现的频率较 COCA 低 6.40%，带过去时间标记的中动句出现的频率则明显高于 COCA，较其高 11.21%。

综合来看，英语中动句的动词倾向于不带任何形式的时间标记，这类中动句占总数的 69.99%，其次为动词的非限定用法，占总数的 11.17%，再次为带过去时间标记的中动句，占总数的 9.80%，最后为带将来和现在时间标记的中动句，分别占总数的 6.90% 和 2.14%，如表 5.6 所示，该表数据基于合并频率：

表 5.6　英语中动句的时态特征

	非限定用法	限 定 用 法				
		无时间标记	过 去	现 在	将 来	合 计
数量（句）	772	4 837	677	148	477	6 911
比例（%）	11.17	69.99	9.80	2.14	6.90	100

由此可见，英语中动句的动词可以有各种时间标记，即表达各种时态。这与以往研究结果有一定的差异。Keyser & Roeper（1984），Sung（1994），高育松、王敏（2014）等学者都指出，英语中动句不能用除一般现在时之外的其他时态，如 Sung（1994）认为例（11）中的句子可接受程度低，因为那些句子没用一般现在时。语料库研究证明上述观点不够准确，虽然英语中动句较多地使用一般现在时，但其他时态也常用于英语中动句。造成例（11）中句子可接受程度低的原因不是时态，而是表达时间点的词，如 "at 6 o'clock" "an hour ago" "ten minutes later"。

（11）a. ? The robot was handling well at 6 o'clock yesterday morning.

　　　b. ? The chicken killed easily an hour ago.

　　　c. ? The book will sell well ten minutes later.

可见，英汉中动句采用不同的方式来表达时间概念，前者用动词的形态变化来体现，后者借助时间副词来实现。二者的主要差异体现在：英语中动句的动词有非限定性用法，而汉语中动句没有此类用法。汉语中动句更倾向于不带任何形式的时间标记，这类汉语中动句在比例上比英语中动句高 26.39%。这或许是因为汉语中动句的动词没有非限定性用法，若把非限定性用法合并到无时间标记用法里，英语中动句不带时间标记的比例可达 81.16%。汉语中动句倾向于不带时间标记的另一个重要原因可能和其使用的语境相关，汉语中动句有较强的评价性，而言者一般是针对当前情况对事物做出评价。英语中动句的主观性比汉语中动句略弱，因此可以表达其主语在现在、过去、未来等各种时间段所展现出来的属性。这也证实了英语的时间性思维与英语重时间性的特征（王文斌、陶衍 2019）。英汉中动句在时间特征上的异同见表 5.7，该表数据基于合并频率：

表 5.7 英汉中动句的时间特征对比

		非限定用法	限定用法				
			无时间标记	过去	现在	将来	合计
英语中动句	数量（句）	772	4 837	677	148	477	6 911
	比例（%）	11.17	69.99	9.80	2.14	6.90	100
汉语中动句	数量（句）	0	2 422	52	37	2	2 513
	比例（%）	0.00	96.38	2.07	1.47	0.08	100

如表 5.7 所示，英汉中动句都倾向于不带任何时间标记，这是由中动语义所决定的。中动句是状态句，描述主语的属性，而事物的属性一般是固定的，即在不同的时间表现出同样的属性。有些事物的属性可能会随时间的变化而变化，如酒的口感可能会因时间而异，季节变化可能会导致捕鱼容易或困难，如上文提到的例（8）所示。外部条件的变化也可能导致事物属性的变化，如节日的来临可能会使某些东西卖起来更容易，如上面的例（9a）所示。

5.1.1.2 体态特征

先来看汉语中动句的体态特征。如前文所述，汉语的动词没有时态形式标记，时在汉语中是通过词汇方式来表达的。"体"在汉语中的地位

和"时"不同,大部分学者认为汉语的体系统较为丰富和复杂,如高明凯(1948)总结了汉语体范畴的如下六种形式:

1)进行体,标记词有"正在""着""在""在……着"等;
2)完成体,主要用"了""好了""过"等词语进行标记;
3)结果体,常见标记词有"到""着""得""住"等;
4)起动体,常用"恰""刚""才"等词语进行标记;
5)叠动体,常用动词的重叠形式来表达,例如,"敲敲""看看"等;
6)加强体,多用同义词连用的形式来表达,如,"观看""叫唤"等。

戴耀晶(1997)则认为体形式虽然主要用动词来表现,意义却是附着于整个句子的。它表达的是事件的情状特点,有时用词汇来表达,有时用形态形式来表达。按照视角的不同,戴耀晶(1997:3-5)把现代汉语的体范畴分为两大类六小类:

1)通过外部观察法表达的是完整体。句子所表达的事件是完整的、不能分解的,包括以下三个小类:
   ① 现实体,多用形态标记"了"来表达。该小类表达已经实现的完整事件,包括追忆或假想的现实;
   ② 经历体,用"过"进行表达。经历体表达的是经验历程上的完整事件;
   ③ 短时体,用动词的重叠形式来表达。表达持续时间较短的完整事件。
2)通过内部观察法来表达的是非完整体。非完整体表达的事件是非完整的、可以分解的,包括以下三个小类:
   ④ 持续体,用"着"来表现。持续体表达正在持续当中的事件;
   ⑤ 起始体,用"起来"进行标记。起始体表达已经开始并将继续进行下去的事件;
   ⑥ 继续体,用"下去"来标记。继续体表示到达某个阶段以后还将继续进行的事件。

戴耀晶(1997:33)还指出从语用上来看,完整体具有较强的叙述倾向,非完整体具有较强的描写倾向,即前者一般是叙述句,陈述一个完整的事件，后者一般描述事件的一个部分。

从整体上来看，中动句表达的是一种非完成体，不叙述完整的事件。从谓语动词来看，它是由动词加"起来"组成的动词短语，不能带上述任何体标记。需要注意的是，汉语中动句里的"起来"不是上述起始体的标志"起来"，二者在意义上有一定的区别，其实"起来"在现代汉语中有较丰富的意义。

刘月华（1998：341）总结了"起来"作为趋向补语的以下四种用法：

1）趋向意义，表示事物由低到高的移动，例如：

（12）a. 看到主任进来了，方庆立即站了起来。
　　　b. 把头抬起来！
　　　c. 快去把经理叫起来！

2）结果意义，表示结合、固定、连接、聚集等方面的意义，例如：

（13）a. 这直径3米的钢管是用钢板焊起来的。
　　　b. 高校教师压力大的原因归纳起来主要有三条。
　　　c. 首先，把一张正方形的纸对折起来，……
　　　d. 重要的是要把人民的智慧集中起来。

3）状态意义，表示事件处于某种状态，例如：

（14）a. 大家都唱起来，跳起来！
　　　b. 女大十八变，连小于也变得漂亮起来。

4）特殊用法，从某方面对人或事物进行描述或评论，或表达言者的一种观点或看法，例如：

（15）a. 国外的旅馆住起来还是很舒服。
　　　b. 这件事看起来又要泡汤了。

中动句里的"起来"属于趋向补语的特殊用法，表达对位于主语位置上的人或事物的描述或者评价。该句的"起来"没有词汇意义，只有语法意义，宋玉柱（1981）称之为"时态助词"。当它用在中动句时，可以赋予动词非事件性与状态性的意义，所以本书称之为"中动语素"（middle morpheme）或"中动标记"（middle marker）。它和法语里的"se"和德语里的"sich"一样，用来标记汉语中动结构。

因为有"起来"作为体标记，汉语中动句的动词无法带其他体标记。也有不少学者指出英语中动句的动词只能用简单体，不能用进行体或完成体（Keyser & Roeper 1984；Sung 1994；何文忠 2007a；高育松、王敏 2014），而本书的语料库数据证明英语中动句的动词可以用各种体，COCA 和 BNC 里中动句动词的体态特征分别如表 5.8 和 5.9 所示：

表 5.8　COCA 里中动句的体态特征

	简单体	完成体	进行体	完成进行体	合　计
数量（句）	4 956	138	277	19	5 390
比例（%）	91.95	2.56	5.14	0.35	100

由表 5.8 可见，COCA 里动词为简单体的中动句占总数的 91.95%，动词为进行体的占 5.14%，为完成体的占 2.56%。此外，在 COCA 中还发现了 19 例完成体和进行体的复合形式，我们用"完成进行体"来标注这类句子，如例（16）所示，这类中动句占比 0.35%。可见，COCA 里中动句动词的体态特征序列为：简单体＞进行体＞完成体＞完成进行体。

（16）a. Rodriguez didn't know his records had been selling like wildfire in South Africa.
　　　b. His books have been selling like it was the peak of his career.

表 5.9　BNC 里中动句的体态特征

	简单体	完成体	进行体	完成进行体	合　计
数量（句）	1 392	79	46	4	1 521
比例（%）	91.52	5.19	3.03	0.26	100

如表 5.9 所示，BNC 里动词为简单体的中动句占总数的 91.52%，动词为完成体的占 5.19%，为进行体的占 3.03%，有 4 条中动句的动词为完成体和进行体的复合形式，占总数的 0.26%。BNC 里用完成进行体的 4 例中动句的动词有 3 例是"sell"，1 例是"fish"。动词"sell"用于完成体和进行体的情况也远多于其他动词，在这个意义上讲，"sell"是能产度最高的中动句动词，可以用各种时态和体态。

可见，BNC 里中动句动词的体态分布和 COCA 相似，只不过完成体的出现频率超过了进行体，成为继简单体之后第二常用的体态。该语料库里中动句动词的体态特征序列为：简单体＞完成体＞进行体＞完成进行体。

综合上述两个语料库的数据可见，英语中动句的动词倾向于用简单体，占中动句总数的 91.85%。动词为进行体的占总数的 4.68%，动词为完成体的占 3.14%。另有 23 条中动句的动词为完成体和进行体的复合形式，占中动句总数的 0.33%。英语中动句动词的体态特征如表 5.10 所示，该表数据基于合并频率：

表 5.10 英语中动句动词的体态特征

	简单体	完成体	进行体	完成进行体	合　计
数量（句）	6 348	217	323	23	6 911
比例（%）	91.85	3.14	4.68	0.33	100

由表 5.10 可见，英语中动句动词的体态分布序列表现为：简单体＞进行体＞完成体＞完成进行体。其中，简单体在出现频率上占绝对优势，即英语中动句的动词一般都是以简单体的形式出现，这个发现证实了杨永忠（2015）等学者的观点，即英语中动句动词的典型体态形式是简单体，这是由中动句表达主语属性的意义所决定的。一般而言，物体的属性多是静态的，而进行体和完成体通常表达事件过程，不常表达状态，因此较少用于英语中动句。这两种体即使用于英语中动句也不表达事件过程，而表达主语的属性和时间的相关性，即随时间的变化而变化。

Iwata（1999：549）曾指出"sell"是中动句里唯一可以和进行体共现的动词，笔者在语料库中还发现了其他和进行体共现的动词，如"drink" "fish""cook""plough""read"等,但"sell"的确最典型,语料库中323例用进行体的中动句里有267例用了动词"sell",其出现频率占这类动词的82.66%。

5.1.2 动词的复杂程度

本章所讨论的"复杂程度"是指中动词以光杆形式出现还是带修饰语。先来看汉语中动结构动词的复杂程度。如前文所述,作为中动标记的"起来"由状态义或起始义(inchoative)虚化而来,它不能独立使用,必须附着在动词之后。中动的"起来"虽已高度语法化,但仍保留了微弱的状态义。因此,若"起来"用在动词后,该句就不能再用表达其他意义的补语。事实上,汉语中动句的动词多数情况下以光杆的形式出现,有时也允许有简单的修饰语,例如:

(17) a. 对于政府采取的这些措施,印尼国内的反对声浪也很高涨,<u>真正实施起来</u>,每一步均十分艰辛。
b. 夫妻俩熬夜的习惯也该改掉,然而<u>实际改起来</u>却很难。
c. 解决耕地撂荒问题涉及方方面面,<u>具体做起来</u>恐怕难度还不小。

何文忠(2007a:79)提到汉语中动句的动词有时也可以带宾语,例如:

(18) a. 这条路平整而宽阔,开起<u>车</u>来很畅快。
b. 新买的 MP3 播放器听起<u>音乐</u>来很方便。

笔者在 CCL 和 SLC 中没有发现诸如例(18)的句子,但从理论上讲,例(18)中的句子应该可以成立。但中动句动词带宾语的情况很少,而且仅限于主语不是动词内论元的情况,如例(18a)的主语为处所/时空场景,例(18b)的主语为工具。需要注意的是,若动词带宾语,宾语需要放在"起"和"来"之间。

虽然汉语中动句的动词在少数情况下可以带宾语,但它不能带补语,也即述补结构不能用在汉语中动句里,如例(19)所示:

（19）a. *这些杯子打碎起来很容易。
   b. *这种纸撕起碎片来很容易。

这或许是因为汉语中动句里的"起来"仍有微弱的状态义，因此和表示结果义的补语相冲突。CCL 和 SLC 里中动句动词的复杂程度如表 5.11 和 5.12 所示：

表 5.11　CCL 里中动句动词的复杂程度

	光 杆 形 式	非光杆形式	合　　计
数量（句）	2 018	160	2 178
比例（%）	92.65	7.35	100

由表 5.11 可见，CCL 里绝大多数中动句的动词是以光杆形式出现的，占中动句总数的 92.65%。该语料库里只有 160 例中动句有简单的修饰语，以"真正""实际""具体""认真"为主，占中动句总数的 7.35%。

表 5.12　SLC 里中动句动词的复杂程度

	光 杆 形 式	非光杆形式	合　　计
数量（句）	334	1	335
比例（%）	99.70	0.30	100

如表 5.12 所示，SLC 里几乎所有中动句的动词都是以光杆形式出现的，335 条中动句里有 334 条的动词为没有任何修饰语的光杆形式，占总数的 99.70%。只有 1 条中动句的动词带修饰语，如例（20）所示：

（20）但是锅炉又大又笨重，<u>真正用</u>起来很不方便。

总体来看，汉语中动句的动词一般为光杆动词，占中动句总数的 93.59%，只有 161 条中动句带有简单的修饰语，占总数的 6.41%，详见表 5.13，该表数据基于合并频率：

表 5.13　汉语中动句动词的复杂程度

	光 杆 形 式	非光杆形式	合　　计
数量（句）	2 352	161	2 513
比例（%）	93.59	6.41	100

如表 5.13 所示，汉语中动句的动词一般为光杆形式，少数中动句的动词带有简单的修饰语。英语中动句和汉语中动句相似，COCA 和 BNC 里中动句动词的复杂程度分别如表 5.14 和 5.15 所示：

表 5.14　COCA 里中动句动词的复杂程度

	光 杆 形 式	非光杆形式	合　　计
数量（句）	4 692	698	5 390
比例（%）	87.05	12.95	100

由表 5.14 可见，COCA 里中动句的动词也是以光杆形式为主，占总数的 87.05%，以非光杆形式为动词的中动句占 12.95%。值得注意的是，用非光杆形式做英语中动句动词的情况大多数是"动词＋补语"结构，如例（21）所示：

（21）a. The boots slip on easily and are a breeze to take off.
　　　b. The games sell out quickly, but there's a feeling that most people in Los Angeles who really care about hockey are at the games.
　　　c. But the bond market immediately sold off, driving long rates up by nearly 15 basis points ...
　　　d. The play sold out every year it was performed.

表 5.15　BNC 里中动句动词的复杂程度

	光 杆 形 式	非光杆形式	合　　计
数量（句）	1 480	41	1 521
比例（%）	97.30	2.70	100

由表 5.15 可见，BNC 里中动句的动词一般为光杆形式，占总数的 97.30%，仅有 41 条中动句用了动词的非光杆形式，占总数的 2.70%，这类中动句的动词也一般是动补短语，如例（22）所示：

（22）a. Although risotto rice always <u>cooks up</u> wet, your guests might think that something has gone wrong.
b. The drawers <u>slide smoothly in and out</u> without a sound.
c. Jokes are clearly an important part of our popular, oral culture, which only partly <u>translate well into print</u>.

总体来看，英语中动句的动词一般为光杆动词，占中动句总数的 89.31%，非光杆形式的动词一般为动补短语，这类句子占中动句总数的 10.69%，如表 5.16 所示，该表数据基于合并频率：

表 5.16 英语中动句动词的复杂程度

	光 杆 形 式	非光杆形式	合　　计
数量（句）	6 172	739	6 911
比例（%）	89.31	10.69	100

由此可见，英语中动句和汉语中动句都倾向于使用光杆形式的动词，非光杆形式的动词所占比例较小，且在英汉中动句中有不同的表现形式，汉语中动句的非光杆动词一般是动词加上简单的修饰语，为状中短语，而英语中动句的非光杆动词一般是动词加补语的形式，为动补短语。英汉中动句动词在复杂程度上的异同详见表 5.17：

表 5.17 英汉中动句动词的复杂程度对比

		光 杆 形 式	非光杆形式	合　　计
英语中动句	数量（句）	6 172	739	6 911
	比例（%）	89.31	10.69	100
汉语中动句	数量（句）	2 352	161	2 513
	比例（%）	93.59	6.41	100

如表 5.17 所示，动词的光杆形式在英汉中动句里都占较大比例，其中光杆动词形式占英语中动句总数的 89.31%，占汉语中动句总数的 93.59%。以非光杆形式为动词的英语中动句占总数的 10.69%，汉语中动句占总数的 6.41%。由此可见，复杂形式的动词短语在英汉中动句里不常用。

5.2 英汉中动结构对其动词的意义限制

5.2.1 自主性

曹宏（2004a：14）认为只有自主动词才能进入汉语中动句，这种看法得到了学界的认可。自主动词和非自主动词的区分是马庆株（1988）首先提出的。他认为自主动词在语义上表达有意识的、有心的动作，即动作发出者能够有意识地决定、自主地执行、自由地支配动作或行为。非自主动词表示无意识、无心的动作或行为，也可以表示变化或属性。变化是动态的，属性是静态的，无论是动态的变化，还是静态的属性，都不受施事或者动作发出者的支配（马庆株 1988）。汉语自主动词和非自主动词的划分如图 5.1 所示：

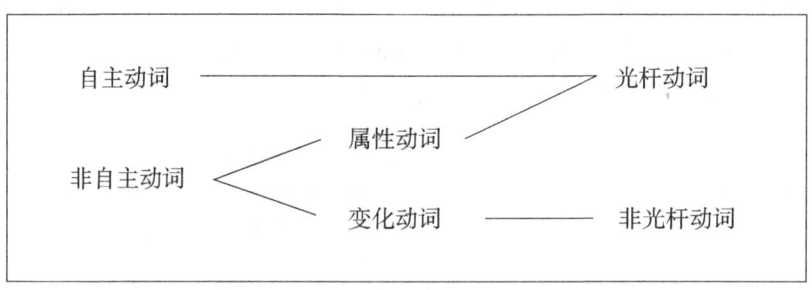

图 5.1 汉语里的自主动词和非自主动词（马庆株 1992：34）

自主动词和非自主动词的判断标准，可以看它能否出现在图 5.2 所示的句式中，能出现的为自主动词，不能出现的为非自主动词：

```
Ⅰ    Ⅰa: V+{祈使}           Ⅰ b: V+O+{祈使}
Ⅱ    Ⅱa: V+来/去            Ⅱ b: V+O+来/去
      Ⅱa1: 来/去+V+来/去      Ⅱ b1: 来/去+V+O+来/去
      Ⅱa2: 来/去+V           Ⅱ b2: 来/去+V+O
```

图 5.2　汉语自主动词的判断标准（马庆株 1992：17）

笔者以"读"和"塌"为例来说明二者的区别，它们在图 5.2 所提到的句式里的表现分别如例（23）和（24）所示：

（23）a. 读！
　　　b. 读这句话！
　　　c. 读书去！
　　　d. 去读书去！
　　　e. 来读书！
（24）a. *塌！
　　　b. *塌房子！
　　　c. *塌房子去！
　　　d. *来/去塌房子来/去！
　　　e. *来塌房子！

由例（23）和（24）可见，"读"可以用在自主动词所出现的典型框架中，而"塌"不可以，因此，"读"是自主动词，"塌"是非自主动词。然而，这并不意味着动词的自主性是固定的、不变的属性。正如在第二章提到的那样，自主动词和非自主动词是一个连续统，没有截然的区分。有时要判断一个动词是否为自主动词，还需要具体的语境，同一个动词在不同语境中可能会表现出不同的自主性，因此，张伯江（2009）提出最好用"动词的自主用法"和"非自主用法"来代替自主动词和非自主动词的说法，例证如表 5.18 所示：

表 5.18　动词的自主和非自主用法（张伯江 2009：35）

动词	自 主 用 法	非 自 主 用 法
1. 说	说自己的心事	说胡话 / 说梦话
2. 看	专看马连良的戏	马连良没看多少，净看小丑表演了
3. 做	做了一辈子的好事	做了自己最不情愿的事
4. 听	竖起耳朵听	净听他一个人瞎嚷嚷了
5. 带	带给你两本书	带来一阵风
6. 找	找了你半天	找了一场大麻烦
7. 送	送他两百块钱	反倒送了他一个大便宜

鉴于此，曹宏（2004a）有关只有自主动词才能用在中动句中的说法可以修改为：只有动词的自主用法才能进入中动句，如要确定动词"找"是否能进入中动句，需要看其搭配，"找她"可以，"找麻烦"不可以。如例（25）所示：

（25）a. 选中她主要是因为她家住在西区，找起来方便。
　　　b.*这种麻烦找起来不容易。

虽然"自主动词"和"非自主动词"的区分是依据汉语来提出的，英语中也有"volitional verbs"和"non-volitional verbs"的区别，前者对应自主动词，后者对应非自主动词，其概念的内涵和外延与汉语相似。判断英语自主动词和非自主动词的方法和汉语相似，也是需要看它是否能受动作发出者的自主控制。可以用以下四种方法来判断动词的自主性：① 能进入祈使句的为自主动词；② 能进入"Come/Go+V"格式的为自主动词；③ 能在动词前加"deliberately"等表达自主意愿的副词的为自主动词；④ 能和表达目的或意愿的"(in order) to"共现的为自主动词。如图 5.3 所示：

```
Ⅰ    Ⅰ a: V+{imperative}        Ⅰ  b: V+O+{ imperative }
Ⅱ    Ⅱ a: Come / Go+V           Ⅱ  b: Come / Go+V +O
Ⅲ    Ⅲ a: deliberately+V        Ⅲ  b: deliberately+V+O
Ⅳ    Ⅳ a: V+(in order) to       Ⅳ  b: V+O+(in order) to
```

图 5.3　英语自主动词的判断标准

能进入图 5.3 中各结构的动词为自主动词，其中 a 类为不及物动词，b 类为及物动词。例如，"read"为自主动词，"see"为非自主动词，前者可以进入图 5.3 中的结构，后者不能，分别如例（26）和（27）所示：

（26）a. Read the passage!
　　　b. Go read the passage!
　　　c. He deliberately read the passage. / He read the passage on purpose.
　　　d. He read the passage in order to find some information about Hemingway.

（27）a. *See the tower!
　　　b. *Go see the tower!
　　　c. *He deliberately saw the tower. / *He saw the tower on purpose.
　　　d. *He saw the tower in order to paint it.

和汉语动词一样，英语动词的自主性也不是一成不变的，可能随语境的变化而变化，如"open"在例（28a）中为自主用法，在例（28b）中为非自主用法：

（28）a. Sara tried to open the door by force, but she failed.
　　　b. The door opened with a gust of wind.

事实上，英语中类似"open"的动词有很多，如"break""sink""roll"等，这类动词被称为作格动词，既可以用作自主动词，也可以用作非自主动词。除作格动词之外，英语的其他动词也可能有自主用法和非自主用法的区别，如例（29）所示：

（29）a. The director shouted, "Fall!" He then fell into the ditch.
b. He fell into the ditch because it was dark out there.

可见，"fall"在例（29a）中为自主用法，在（29b）中为非自主用法。例（29a）可以表达电影拍摄时的场景，导演要求演员摔进沟渠，演员应声摔入，这是演员能够自主控制的动作，因此属于自主动词；例（29b）意为由于天黑，他意外掉进了沟渠，不是他能够自主控制的动作，因此属于非自主动词。

语料库中的真实语料证明，和汉语中动句一样，英语中动句的动词也都是自主动词，非自主动词无法用在英语中动句里，例（30a）的动词"sold"为自主动词，因此该句为合格的中动句，例（30b）的动词"lost"为非自主动词，因此该句不是合格的中动句。

（30）a. Matches at Chichibunomiya Stadium sold out in a matter of hours.
b. *Keys lost easily on the bus.

由此可见，英汉中动句的动词一般是自主动词，但并不意味着所有的自主动词都可以进入英汉中动句，即自主动词的要求只是中动构句的必要条件，不是充分条件。如例（31）中句子的动词虽然是自主动词，但其作为中动句，可接受程度较低：

（31）a. ? 这本书踢起来很容易。
b. ? This book kicks easily.

值得注意的是，英汉中动句所表达的事件都是言者有意使之发生的，言者无意或者无法控制的动作不能用在中动句里，试比较例（32）中的两个句子：

（32）a. *这么小的孩子在街上乱跑，撞起来很容易。
b. 这口钟撞起来声响很大。

例（32a）不是合格的中动句，因为"孩子被撞"不是言者有意发生的事情，而（32b）中的"撞钟"则是。此外，有些本来接受程度差的中动句，在合适的语境中可能会变成可以接受的句子，例如：

（33）a. ? 手机偷起来很容易。
　　　b. ? Cell phones steal easily.

例（33）的可接受程度较差，因为普通人并不希望自己的手机被偷。但若例（33）出自小偷之口，其可接受程度就高多了，因为在这个语境中，"偷手机"是言者意欲发生的事情。可见，如 Ackema & Schoorlemmer（1994: 71）所言，"原则上讲，可接受的中动句所需要的只是合适的语境。"

5.2.2 及物性

曹宏（2004a：14）在讨论汉语中动结构对其动词的选择限制时，还提到汉语中动句的动词必须是及物动词，不及物动词不能进入中动句，例如：

（34）a. *战争爆发起来十分容易。
　　　b. *这些故事笑起来很容易。

事实上，有些不及物动词也可以用在汉语中动句中，例如：

（35）a. 至于合作对象，要找观念较接近者，沟通起来较容易。
　　　b. 尽管天气转好，但这条路仍然泥泞不堪，走起来十分吃力。
　　　c. 这块被午后阳光温暖的大石躺起来格外舒服。
　　　d. 这双鞋鞋跟很高，走起来有点踩泥的感觉，深一脚，浅一脚。

细看例（35）中各句可以发现，其主语都不是动词的内论元，一般是与事、处所、工具等旁格形式。由及物动词和不及物动词构成的中动句在 CCL 和 SLC 中的分布情况如表 5.19 和 5.20 所示：

表 5.19 CCL 里中动句动词的及物性

	及物动词	不及物动词	合计
数量（句）	2 069	109	2 178
比例（%）	95.00	5.00	100

由表 5.19 可见，CCL 里的中动句绝大部分是由及物动词构成的，占中动句总数的 95.00%，只有 109 条由不及物动词构成，占总数的 5.00%。

表 5.20 SLC 里中动句动词的及物性

	及物动词	不及物动词	合计
数量（句）	324	11	335
比例（%）	96.72	3.28	100

如表 5.20 所示，SLC 里的中动句也基本上都来源于及物动词，这类中动句占总数的 96.72%。在该语料库中只发现 11 例由不及物动词构成的中动句，占总数的 3.28%。可见，SLC 里由不及物动词构成的中动句所占的比例比 CCL 更低，这类句子如例（36）所示：

（36）a. 用北京语音去说方言词语的语言，<u>交际</u>起来则是很困难的。
　　　b. 上场任务具体了，对周围人物该采取什么态度也清楚了，这个时候<u>表演</u>起来就比较自如了。

由此可见，能进入汉语中动句的动词绝大多数是及物动词，只有少数的不及物动词可以用在中动句中。以及物动词和不及物动词构成的汉语中动句在语料库中的分布如表 5.21 所示，该表数据基于合并频率：

表 5.21 汉语中动句动词的及物性分布

	及物动词	不及物动词	合计
数量（句）	2 393	120	2 513
比例（%）	95.22	4.78	100

可见，由及物动词构成的汉语中动句占总数的 95.22%，由不及物动词构成的中动句占 4.78%。这与中动句主语的类型有关。本书第四章提到汉语中动句的主语在多数情况下是动词的内论元（包括受事、对象和成事），而只有及物动词才有两个参与者，其外论元在中动句中为隐性施事，内论元做主语，因此及物动词常用于汉语中动句。和汉语中动句一样，大部分学者认为英语中动句也一般由及物动词构成（Stroik 1999；徐盛桓 2002；何文忠 2007a；Calude 2017 等），以及物动词和不及物动词构成的英语中动句在 COCA 和 BNC 中的分布如表 5.22 和 5.23 所示：

表 5.22　COCA 里中动句动词的及物性分布

	及 物 动 词	不 及 物 动 词	合　　计
数量（句）	5 148	242	5 390
比例（%）	95.51	4.49	100

表 5.22 中的数据显示，COCA 中由及物动词构成的英语中动句占总数的 95.51%，由不及物动词构成的英语中动句占总数的 4.49%。可见，COCA 中绝大多数中动句的动词为及物动词。

表 5.23　BNC 里中动句动词的及物性分布

	及 物 动 词	不 及 物 动 词	合　　计
数量（句）	1 425	96	1 521
比例（%）	93.69	6.31	100

如表 5.23 所示，BNC 里由及物动词构成的中动句占总数的 93.69%，该比例和 COCA 里的数据类似。由不及物动词构成的中动句占 6.31%。因此，BNC 里的中动句也一般由及物动词构成。

综合来看，英语中动句的动词一般为及物动词，这类动词占总数的 95.11%，由不及物动词构成的中动句仅占 4.89%。由此可见，英语中动句倾向于用及物动词，不及物动词所占比例较小。英语中动句动词的及物性分布见表 5.24，该表数据基于合并频率：

表 5.24　英语中动句动词的及物性分布

	及 物 动 词	不 及 物 动 词	合　　计
数量（句）	6 573	338	6 911
比例（%）	95.11	4.89	100

需要说明的是，英语中动句的检索是基于附加语和动词的，因此，表 5.22 和表 5.23 只能说明部分事实，不能代表英语中动结构的全貌。Legenhausen（1998: 56）提到常用于英语中动句的不及物动词多是表达运动的动词，如"fish""bicycle""play""run""jump""bowl""ski""ride"等，分别如例（37）中各句所示：

（37）a. Of the 16 countries presently fishing for tuna in the Eastern Pacific, only ...
　　　b. The routes bicycle well even after the heavy rain.
　　　c. After several days' football the lawn still plays well.
　　　d. The course runs well.
　　　e. The new poles jump no better than the old ones did.
　　　f. After the rain the pitch bowls a little bit too fast.
　　　g. The new resort does not ski well.
　　　h. The course does not ride well when it snows.

语料库数据表明，上述 8 个动词中有 3 个在中动句中出现频率较高，即"fish""ride"和"play"，其他动词构成的中动句不太常见，其中"fish"是能够用于中动句的不及物动词中出现频率最高的动词，由该动词构成的中动句在 COCA 中出现 81 例，在 BNC 中出现 26 例。

笔者用 BNC 对上述 8 个动词的所有形式进行了检索，各选取了随机抽样的 200 个句子对其及物性分布（transitivity profile）进行了统计。以"play"为例，我们在 BNC 中分别输入"play""plays""played""playing"，各选取 200 个基于随机抽样的句子，共得到 704 个句子。句子总数小于 800，因为有些形式在语料库中出现的频次不足 200，研究结果如表 5.25 所示：

表 5.25 由不及物动词构成的中动结构

	不及物结构		及物结构		中动结构		合计
	数量（句）	比例（%）	数量（句）	比例（%）	数量（句）	比例（%）	数量（句）
fish	227	65.42	94	27.09	26	7.49	347
bicycle	20	95.24	0	0.00	1	4.76	21
play	210	29.83	484	68.75	10	1.42	704
run	611	76.38	187	23.37	2	0.25	800
jump	649	92.71	51	7.29	0	0.00	700
bowl	203	51.78	184	46.94	5	1.28	392
ski	115	91.27	11	8.73	0	0.00	126
ride	302	65.51	142	30.80	17	3.69	461

如表 5.25 所示，上述 8 个可用于中动句的不及物动词也具有多义性，可以用在各种及物性结构中。事实上，由其构成的中动句占比较小，在 BNC 中出现频次超过 10 例的只有"fish""ride"和"play" 3 个动词，笔者的抽样数据中没有出现以"ski"和"jump"为动词的中动句。

比较英语和汉语中动句动词的及物类型，可以发现英汉中动句都倾向于用及物动词做谓语动词，其出现的频次和比例见表 5.26，该表数据基于合并频率：

表 5.26 英汉中动句动词的及物性分布

		及物动词	不及物动词	合计
英语中动句	数量（句）	6 573	338	6 911
	比例（%）	95.11	4.89	100
汉语中动句	数量（句）	2 393	120	2 513
	比例（%）	95.22	4.78	100

可见，英汉中动句一般选择及物动词做谓语动词。由及物动词构成

的中动句占英语中动句总数的 95.11%，占汉语中动句总数的 95.22%。由不及物动词构成的中动句占英语中动句总数的 4.89%，占汉语中动句总数的 4.78%。然而，并不是所有的及物动词都可以用在中动句中，例如：

（38）a. ? 听话的孩子讨厌起来很难。
　　　b. ? 这辆车踢起来不容易。
（39）a. ? Obedient children love easily.
　　　b. ? The car does not kick easily.

例（38）中的"讨厌"和"踢"，例（39）中的"love"和"kick"都是及物动词，却不能构成合格的中动句，因此，和自主性一样，及物性也只是中动构句的必要条件，还需要其他条件来限制能进入中动句的动词。

5.2.3 体类型

何文忠（2007a）借鉴了 Fagan（1992）的观点，认为能够进入中动结构的动词必须是 Vendler（1967）所提到的活动词项（activity verbs）和目标词项（accomplishment verbs），成就词项（achievement verbs）和状态词项（state verbs）不能用在中动句里，例如：

（40）a. 仙女座距地球过于遥远，观测起来十分困难。
　　　b. 这些民族人口少，居住相对集中，他们的问题解决起来相对容易。
　　　c. *山顶到达起来不容易。
　　　d. *淘气的孩子喜欢起来很难。
（41）a. Small, individual tamales cook in about 50 minutes.
　　　b. Table salt doesn't blend as fast as a flaky sea salt.
　　　c. *The top of the mountain does not arrive at easily.
　　　d. *Mischievous children do not love easily.

例（40a）和（40b）中的动词"观测"和"解决"分别为活动词项和目标词项，因此可以进入中动句；而例（40c）和（40d）的动词"到达"和"喜欢"分别为成就词项和状态词项,因而不能构成合格的汉语中动句。与此类似,例(41a)和(41b)中的动词"cook"和"blend"分别为活动词项和目标词项,因此可以进入中动句;而例(41c)和(41d)的动词"arrive"和"love"分别为成就词项和状态词项,因而不能构成合格的英语中动句。上述四类动词的区别如例(42)—(45)所示:

(42) a. 我们正在观测仙女座。
　　 b. 我们正在解决问题。
　　 c. *我们正在到达山顶。
　　 d. *我们正在喜欢淘气的孩子。

(43) a. 我们观测了三个小时。
　　 b. 我们用了三个小时解决了这个问题。
　　 c. 我们到达山顶三个小时了。
　　 d. 我们喜欢这些孩子三年了。

(44) a. We are cooking small, individual tamales.
　　 b. We are blending the table salt.
　　 c. *We are arriving at the top of the mountain.
　　 d. *We are loving the mischievous children.

(45) a. We have been cooking the tamales for two hours.
　　 b. We blended the table salt in 20 minutes.
　　 c. We arrived at the top of the mountain three hours ago.
　　 d. We have loved the children for three years.

由例(42)和(44)可见,活动词项和目标词项可以和进行体连用(汉语进行体的标记为"正在"),成就词项和状态词项不能用进行体。例(43)和(45)表明,四种动词的过程结构不同。活动词项可以和表示时间段的词语连用,如例(43a)意为"在三个小时内,我们一直在观测",同样,例(45a)意为"在两个小时内,我们一直在做玉米粉蒸肉"。

目标词项和时间段连用的情况和活动词项不同,如不能说"我们解决了三个小时",只能说"我们用了三个小时解决了问题",而且该句的意思不是说"在三个小时内,我们一直在解决问题",而是"三个小时结束的时候,我们解决了问题"。同样,不能说"We blended the table salt for 20 minutes",只能说"We blended the table salt in 20 minutes",该句意为"20分钟结束的时候,我们融合好了食盐"。由此可见活动词项和目标词项的区别。

成就词项和上述两种动词的不同之处在于它没有时间段的延续,因此,不能和表示时间段的词语连用,只能和表达时间点的词语连用。因此例(43c)和(45c)的意思不是说"在三个小时内,我们一直在到达山顶",而是说"三个小时前,我们到达了山顶",即"到达山顶"这件事三个小时前就完成了。试比较例(46a)和(46b):

(46) a. 我们三个小时前/五点钟的时候到达了山顶。
　　　 We arrived at the peak three hours ago / at five o'clock.
　　 b. *我们到达三个小时。
　　　 *We arrive at the peak for three hours.

状态词项与此不同,如例(43d)虽然在形式上和例(43c)类似,意义却有较大区别。例(43d)的意思不是"三年前,我们就完成了喜欢这些孩子的事件",而是"我们喜欢这些孩子"这个状态持续了三年了,而且还可能继续持续下去。这类动词的动作性很弱,一般是静态的,因此被称为"状态词项",英语中的状态词项表现在可以和表达时间持续时长的 for- 短语连用,不能和表达时间点的词语连用,如例(47)所示:

(47) a. I have liked coffee for five years.
　　 b. *I liked coffee in five years / at 6 o'clock yesterday morning.

上述四种类型的动词在 CCL 和 SLC 里出现的频次和所占的比例如表5.27和表5.28所示:

表5.27　CCL 里中动句的动词类型(1)

	活动词项	目标词项	成就词项	状态词项	合　计
数量(句)	1 850	248	61	19	2 178
比例(%)	84.94	11.39	2.80	0.87	100

如表 5.27 所示，CCL 里中动句的动词绝大多数是活动词项，占总数的 84.94%，目标词项占 11.39%，成就词项占 2.80%，状态词项占 0.87%。由此可见，CCL 里中动句的动词绝大多数都是动作性较强的活动词项，但这不说明其他类型的动词不能用于汉语中动句。事实上，目标词项、成就词项和状态词项都可以用于汉语中动结构，尽管所占比例较小。

表 5.28　SLC 里中动句的动词类型（1）

	活动词项	目标词项	成就词项	状态词项	合　计
数量（句）	266	51	16	2	335
比例（%）	79.40	15.22	4.78	0.60	100

如表 5.28 所示，SLC 里中动句的动词也以活动词项为主，占总数的 79.40%，目标词项占总数的 15.22%，成就词项占 4.78%，状态词项占 0.60%。

和 CCL 相比较，SLC 里以活动词项为谓语动词的中动句所占的比例较低，比 CCL 低 5.54%，以目标词项和成就词项为谓语动词的中动句所占的比例比 CCL 略高，分别高 3.83% 和 1.98%，状态词项所占比例基本和 CCL 持平。

总体而言，汉语中动句的动词绝大部分都是活动词项，占总数的 84.20%，目标词项占总数的 11.90%，成就词项占 3.06%，有 21 条以状态词项为谓语动词，占 0.84%，如表 5.29 所示，该表数据基于合并频率：

表 5.29　汉语中动句的动词类型（1）

	活动词项	目标词项	成就词项	状态词项	合　计
数量（句）	2 116	299	77	21	2 513
比例（%）	84.20	11.90	3.06	0.84	100

表 5.29 表明，汉语中动句的动词可以按照过程类型排序为：活动词项＞目标词项＞成就词项＞状态词项。值得一提的是，以目标词项为谓语动词的中动句所占比例比预料中要低得多。之所以如此，可能是因为

目标词项一般通过动补结构来表达，而中动句的动词一般为光杆形式，排斥动补结构，例如：

（48）a. *玻璃杯打碎起来很容易。
　　　b. ?圆规画起圆来很容易。

此外，与学界主流观点不同的是，笔者发现成就词项和状态词项也能进入汉语中动句，分别如例（49）和（50）所示：

（49）a. 这只是美好幻想，实现起来非常困难。
　　　b. 小提琴是弓子放在弦上，掌握起来相对比较容易。
　　　c. 课文中的许多新词理解起来有一定的难度。
　　　d. 日记上的字显得很小，辨认起来十分费力。
（50）a. 巡防司令部对面的招待所……住起来比较舒适。
　　　b. 已拆封的进口材料和部件存放起来十分不便。
　　　c. 这块被午后阳光温暖的大石躺起来格外舒服。
　　　d. 如此神秘的物质保存起来颇费周折……

由此可见，并不是只有活动词项和目标词项才能进入汉语中动句，诸如"实现""掌握""理解""辨认"等成就词项和"住""躺""保存""存放"等状态动词也可以用在汉语中动句里。

以上述四类动词为谓语动词的中动句在英语语料库COCA和BNC中的分布情况分别如表5.30和5.31所示：

表5.30 COCA里中动句的动词类型（1）

	活动词项	目标词项	成就词项	状态词项	合　计
数量（句）	4 820	191	236	143	5 390
比例（%）	89.42	3.54	4.39	2.65	100

由表5.30可见，COCA里的中动句的动词也以活动词项居多，占总数的89.42%。其次为成就词项，占总数的4.39%。再次为目标词项，占3.54%。以状态词项为谓语动词的中动句所占比例最小，为2.65%。可

见，COCA 里中动句动词的过程类型序列为：活动词项＞成就词项＞目标词项＞状态词项。

由活动词项、目标词项、成就词项、状态词项构成的中动句分别如例（51a）—（51d）所示：

（51）a. Many passages of the Tarsira read much like normal Spanish.
　　　b. My car is awfully fast, but the new cars stop and handle so much better.
　　　c. The fruit, which bruises easily and thus travels poorly, isn't sold commercially in the United States.
　　　d. Summer apples don't keep the way winter ones do.

由此可见，不仅活动词项和目标词项能够用在英语中动句中，成就词项和目标词项也可以用于英语中动句。这个发现与 Fagan（1992）和何文忠（2007a）的观点有所不同，却证实了 Seki（2010）关于成就词项可以用于英语中动句的观点。本书首次发现状态词项也可以用作英语中动句的动词，事实上，笔者在 COCA 里发现的 143 条以状态词项为谓语动词的中动句有个共同特点，即其动词全部是"keep"。可见，能用在英语中动句里的状态动词较少。

表 5.31　BNC 里中动句的动词类型（1）

	活动词项	目标词项	成就词项	状态词项	合　计
数量（句）	1 304	114	95	8	1 521
比例（%）	85.73	7.50	6.25	0.52	100

由表 5.31 可见，BNC 里中动句的动词也大多是活动词项，占中动句总数的 85.73%，目标词项占总数的 7.50%，成就词项占 6.25%，状态词项占 0.52%。可见，BNC 里中动句动词的过程类型序列为：活动词项＞目标词项＞成就词项＞状态词项。

与 COCA 相比，BNC 里以活动词项和状态词项为谓语动词的中动句占比略低，分别比 COCA 低 3.69% 和 2.13%，同时，该语料库里以目标词项和成就词项为谓语动词的中动句比 COCA 略高，分别高 3.96% 和

1.86%。就各类动词出现的序列而言,BNC 里目标词项的数量超过了成就词项,但二者的数量差别不大。

综合来看,英语中动句倾向于用活动词项做谓语动词,如表 5.32 所示,该表数据基于合并频率:

表 5.32　英语中动句的动词类型(1)

	活动词项	目标词项	成就词项	状态词项	合　计
数量(句)	6 124	305	331	151	6 911
比例(%)	88.61	4.41	4.79	2.19	100

如表 5.32 所示,谓语动词为活动词项的中动句占总数的 88.61%,为成就词项的占 4.79%,为目标词项的占 4.41%,为状态词项的占 2.19%。可见,英语中动句动词的过程类型序列为:活动词项＞成就词项＞目标词项＞状态词项,其中活动词项所占比例具有明显的优势。比较英汉中动句动词的过程类型可见,英汉中动句都倾向于用活动词项做谓语动词,其中英语中动句占 88.61%,汉语中动句占 84.20%,比英语低 4.41%。英语中以目标词项为谓语动词的中动句占 4.41%,汉语中动句占 11.90%,比英语高 7.49%。以成就词项为谓语动词的英语中动句占 4.79%,汉语中动句占 3.06%,比英语略低。以状态词项为谓语动词的英语中动句占 2.19%,汉语中动句占 0.84%,比英语略低。英汉中动句动词类型的异同如表 5.33 所示,该表数据基于合并频率:

表 5.33　英汉中动句的动词类型(1)对比

		活动词项	目标词项	成就词项	状态词项	合　计
英语中动句	数量(句)	6 124	305	331	151	6 911
	比例(%)	88.61	4.41	4.79	2.19	100
汉语中动句	数量(句)	2 116	299	77	21	2 513
	比例(%)	84.20	11.90	3.06	0.84	100

表 5.33 表明，就序列而言，英语中动句动词的过程类型排序为：活动词项＞成就词项＞目标词项＞状态词项；汉语为：活动词项＞目标词项＞成就词项＞状态词项。英语中动句里成就词项的数量超过了目标词项，因为英语中动句的谓语动词可以是动补结构，多数为"动作＋结果"结构，这类动词短语属于成就词项，如例（52）所示：

（52）a. The drawers slide back easily.
　　　b. The meal cooks up in twenty minutes.
　　　c. We are beginning to reverse the blockages. They don't just melt away.
　　　d. The concert sold out in a matter of minutes.

动补结构不能进入汉语中动句，因此，汉语中动句里的成就词项在频次上低于目标词项。

郭锐（1993）认为 Vendler（1967）对动词的划分不够科学，因为动词的过程结构并不是离散的，而是一个连续统，有中间类型存在。因此，郭锐（1993）根据动词的起点、续断和终点三要素的有无和强弱把汉语的动词分为五大类、十小类：

A. Va：无限结构，指无起点、无终点、续段极弱的动词，如"作为""是""等于"。
B. Vb：前限结构，指有起点、无终点、续段很弱的动词，如"认得""认识""晓得""熟悉"等。
C. Vc：双限结构，指有起点、有终点、有一定的续段的动词。根据起点、终点、续段的强弱不同，又可以分成五小类：从 Vc1 到 Vc5 续段逐渐增强（动作性增强），终点也逐渐增强：
　　Vc1："姓""相信""重视""喜欢""懂"等；
　　Vc2："有""希望""信任""爱护"等；
　　Vc3："住""坐""依靠""病""醉"等；
　　Vc4："等""敲""端""工作""战斗"等；
　　Vc5："看""吃""修改""搬""烧"等。
D. Vd：后限结构，指有续段和终点，但无起点的动词，该类动词常带有变化的意义，在发生变化之前，可以带有一定的续段，根据续段的强弱不同，可以分为两小类，其中 Vd1 类动词比 Vd2 类的续段要强。

Vd1："出现""改变""恢复""提高""增加""消失""打破"等；

Vd2："削弱""建立""灭亡""放松""实现""灭亡""消除"等。

E. Ve：点结构，指起点和终点重合的动词，该类动词一般具有瞬时性和变化性，例如"失败""毕业""考试""结婚""碰见""发明""获得"等。

以上各类型的区别如表 5.34 所示，其中"I"表示该结构和"了"共现表示动作开始，带时量宾语表示动作持续的时间；"F"表示该结构和"了"共现表示动作结束，带时量宾语表示动作结束后的时长；"I, F"表达该结构和"了"共现时既可以表示开始，也可以表示结束；"−"表示该结构不能和该标记共现；"+"表示可以该结构可以和该结构共现。例如无限结构不能和"了"共现，因此用"−"来标记，而双限结构里的 Vc2 可以和"着"共现，因此用"+"来标记。

表 5.34　汉语动词过程结构（郭锐 1993：413，有改动）

大类	小类	"了"	时量	"着"	"正在"	"过"
无限结构	Va	−	−	−	−	−
前限结构	Vb	I	I	−	−	−
双限结构	Vc1	I	I	−	−	+
	Vc2	I	I	+	−	+
	Vc3	I, F	I	+	−	+
	Vc4	I, F	I	+	+	+
	Vc5	I, F	I	+	+	+
后限结构	Vd1	F	F	+	+	+
	Vd2	F	F	−	+	+
点结构	Ve	F	F	−	−	+

在此基础上,郭锐(1997: 163)指出谓词最重要的特征是时间性,分内在时间性和外在时间性两个方面。前者是指谓词所表达的情状随时间而展开的内部结构,包含情状的起点、续断、终点。后者是指谓词所表达的情状是否实现为真实世界时间流中的一个事件。

从外在时间性来看,谓词可以分为两种:一种可以带"了"等时间成分,可以实现为时间流中的一个事件,称为"过程时状";另一种不能带"了",不表达时间流中的事件,称为"非过程时状"。因此,汉语的动词可以分为"过程动词"和"非过程动词",也称"静态动词"和"动态动词"。其中静态动词包括无限结构 Va,前限结构 Vb,以及双限结构里的 Vc1 和 Vc2 四种类型,动态动词包含动作动词和变化动词两种类型。上述各类动词之间的关系如图 5.4 所示:

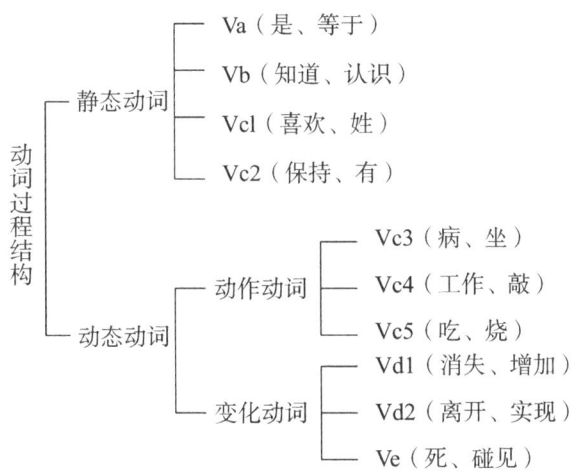

图 5.4　汉语动词的过程结构(郭锐 1997: 171)

如图 5.4 所示,就过程结构而言,汉语中的动词可以分为有事件过程的动态动词和没有事件过程的静态动词。动态动词又可以分为动作动词和变化动词,其中动作动词包括 Vc3、Vc4 和 Vc5,变化动词包括 Vd1、Vd2 和 Ve。可见,动作动词一般为及物动词,而变化动词一般为不及物动词。静态动词对应 Va、Vb、Vc1 和 Vc2。上述各类动词在 CCL 和 SLC 里出现的频次与比例如表 5.35 和 5.36 所示:

表 5.35 CCL 里中动句的动词类型（2）

	动态动词		静态动词		合 计
	动作动词	后限结构变化动词	双限结构静态动词	前限结构	
代 号	Vc3、Vc4、Vc5	Vd2	Vc1、Vc2	Vb	
数量（句）	1 850	299	19	10	2 178
比例（%）	84.94	13.73	0.87	0.46	100

由表 5.35 可见，用在 CCL 中动句里的动词一般为双限结构里的动作动词（Vc3、Vc4 和 Vc5），占总数的 84.94%。这类动词和 Vendler（1967）所说的活动词项有一定的重合。此外，用在中动句里的动词还包括双限结构里的静态动词（Vc1 和 Vc2）、后限结构里的 Vd2，以及前限结构（Vb），所占比例分别为 0.87%，13.73% 和 0.46%，在 CCL 中没有发现无限结构和点结构用在中动句里的情况。CCL 里中动句动词类型序列为：动作动词＞后限结构变化动词＞双限结构静态动词＞前限结构静态动词。

表 5.36 SLC 里中动句的动词类型（2）

	动态动词		静态动词		合 计
	动作动词	后限结构变化动词	双限结构静态动词	前限结构静态动词	
代 号	Vc3、Vc4、Vc5	Vd2	Vc1、Vc2	Vb	
数量（句）	266	53	12	4	335
比例（%）	79.40	15.82	3.58	1.20	100

表 5.36 表明，SLC 里的中动句也一般用属于双限结构的动作动词做谓语动词，占总数的 79.40%。其次为后限结构的变化动词（Vd2），占总数的 15.82%。再次为双限结构里的静态动词（Vc1 和 Vc2），占总数的 3.58%。最后为前限结构静态动词（Vb），占总数的 1.20%。

由此可见，SLC 里以动作动词作谓语动词的中动句在比例上比 CCL

里该类中动句低 5.54%，其他类型做谓语的中动句比 CCL 里同类中动句占比略高，其中后限结构变化动词比 CCL 里的同类动词高 2.09%，双限结构静态动词高 2.71%，前限结构静态动词高 0.74%。但整体而言，SLC 里中动句动词类型序列和 CCL 一致，都表现为：动作动词＞后限结构变化动词＞双限结构静态动词＞前限结构静态动词。各类动词在汉语中动句中作谓语的情况如表 5.37 所示，该表数据基于合并频率：

表 5.37　汉语中动句的动词类型（2）

	动态动词		静态动词		合　计
	动作动词	后限结构变化动词	双限结构静态动词	前限结构静态动词	
代　号	Vc3、Vc4、Vc5	Vd2	Vc1、Vc2	Vb	
数量（句）	2 116	352	31	14	2 513
比例（%）	84.20	14.01	1.23	0.56	100

可见，汉语中动句倾向于用动态动词做谓语动词，占中动句总数的 98.21%。用于汉语中动句的动态动词中又以动作动词为主，占总数的 84.20%。静态动词也可以进入汉语中动句，包括双限结构的静态动词和前限结构的静态动词，以该类动词为谓语动词的中动句在 CCL 和 SLC 这两个语料库中出现的频率较低。静态动词里的无限结构（Va），后限结构里的 Vd1 和点结构（Ve）没有用在汉语中动句里。这类动词之所以不能用在汉语中动句中，可能是因为这些动词本身无法和"起来"连用。房玉清（1992）指出五类动词不能和"起来"共现，静态动词里的无限结构（Va），后限结构里的 Vd1 和点结构（Ve）分别属于 B、E 和 A 类：

A. 表示动作结束的动词，例如："完""结束""见""毕业""死""到"。
B. 不表示变化的动词，例如："以为""给以""是""好像""例如""等于"等。
C. 表示动作有了结果的动补短语，例如："推翻""取得""获得""确定""表明""认得"。
D. 表趋向的动词，例如："去""回""入""进""出""起"等。

E. 表动态的动词，例如："继续""消失""开始""发生""出现"等。

英语的动词也可以按照类似的方法划分成不同的过程类型：1）无限结构（Va），如动词"be"。2）前限结构（Vb），如动词"know"。3）双限结构（Vc），包括五种类型，从Vc1—Vc5动作性和终点逐渐加强。Vc 1："believe""like""love""understand"等；Vc2："have""own""trust""hope"等；Vc3："live""rely""sit"等；Vc4："wait""knock""work""fight"等；Vc5："read""drive""lift""cook""sell"等。4）后限结构（Vd），如"realize""change""leave""increase""appear"等。5）点结构（Ve），如"die""graduate""fail""meet""invent""get""achieve"等。

按照动作过程的强弱，上述五种类型的动词也可以整合为动态动词和静态动词，如图5.5所示：

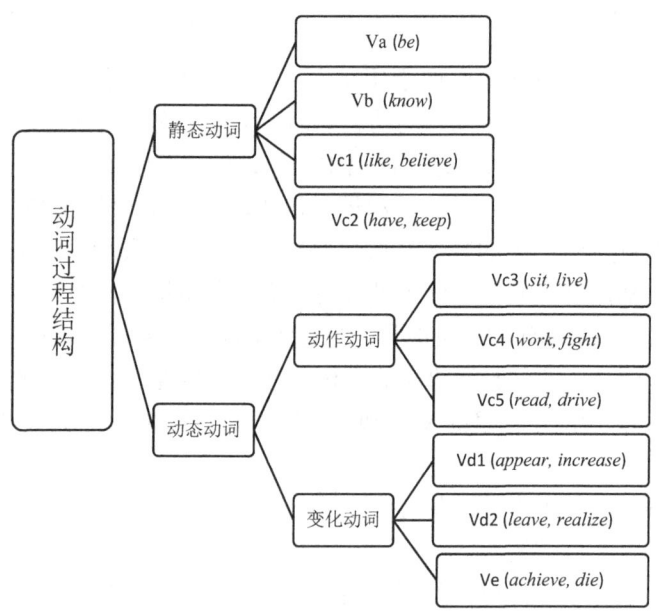

图5.5 英语动词过程结构

由图5.5可见，英语里的动词按照过程类型可以分为静态动词和动态动词，前者包括无限结构（Va），前限结构（Vb），双限结构的Vc1和

Vc2；后者包括动作动词和变化动词两种类型，其中动作动词包括双限结构里的 Vc3、Vc4 和 Vc5，变化动词包括后限结构（Vd1 和 Vd2）和点结构（Ve）。

以上述各类动词为谓语动词的中动句在英语语料库 COCA 和 BNC 里的分布如表 5.38 和 5.39 所示。COCA 和 BNC 的综合数据如表 5.40 所示，该表数据基于合并频率。

表 5.38　COCA 里中动句的动词类型（2）

代　号	动　态　动　词			静态动词	合　计
	动 作 动 词	后限结构	点结构	双限结构	
代　号	Vc3、Vc4、Vc5	Vd2	Ve	Vc2	
数量（句）	4 820	315	136	119	5 390
比例（%）	89.42	5.85	2.52	2.21	100

如表 5.38 所示，COCA 里中动句的动词涉及动作动词、后限结构里的 Vd2、点结构，以及双限结构里的 Vc2，静态动词里的 Va、Vb、Vc1 和变化动词里的 Vd2 没有用作 COCA 里中动句的谓语动词。5 390 条中动句里有 4 820 条的动词为动作动词，占总数的 89.42%，动词为后限结构 Vd2 的中动句占 5.85%，动词为点结构的中动句占 2.52%，动词为双限结构 Vc2 的中动句占 2.21%。

表 5.39　BNC 里中动句的动词类型（2）

代　号	动　态　动　词			静态动词	合　计
	动 作 动 词	后限结构	点结构	双限结构	
代　号	Vc3、Vc4、Vc5	Vd2	Ve	Vc2	
数量（句）	1 304	102	90	25	1 521
比例（%）	85.73	6.71	5.92	1.64	100

表 5.39 表明，BNC 里中动句的动词也涉及动作动词、后限结构里的 Vd2、点结构，以及双限结构里的 Vc2。该语料库 1 521 条中动句里有 1 304 条的动词为动作动词，占总数的 85.73%，动词为后限结构里 Vd2 的中动句占 6.71%，动词为点结构的占 5.92%，为双限结构里 Vc2 的占 1.64%。静态动词里的 Va、Vb、Vc1 和变化动词里的 Vd1 没有用作 BNC 里中动句的谓语动词。

综合来看，能够用作英语中动句动词的类型既包含动态动词也包含静态动词。动态动词包括三种类型，即动作动词，后限结构里的 Vd2，以及点结构；能用于英语中动句的静态动词只有 Vc2 一种类型。从数据上看，能够进入英语中动结构的动词类型和 Vendler（1967）所提到的类型有较大的相似之处，不在 Vendler（1967）的类型之列的动词类型一般不能用作英语中动句的动词。各类动词类型在语料库中出现的数量及所占的比例见表 5.40：

表 5.40 英语中动句的动词类型（2）

	动 态 动 词			静态动词	合 计
	动作动词	后限结构	点结构	双限结构	
代 号	Vc3、Vc4、Vc5	Vd2	Ve	Vc2	
数量（句）	6 124	417	226	144	6 911
比例（%）	88.61	6.03	3.27	2.09	100

如表 5.40 所示，能够进入英语中动结构的动词包括动作动词、后限结构里的 Vd2、点结构，以及双限结构里的 Vc2 四种类型。静态动词里的 Va、Vb、Vc1 和变化动词里的 Vd1 不能进入英语中动句。在上述四种类型中，以动作动词为谓语动词的中动句占比最大，为 88.61%，其次为后限结构的 Vd2，占总数的 6.03%，再为点结构，占总数的 3.27%，最后为双限结构里的 Vc2，占 2.09%。可见，能进入英语中动句的动词按照过程类型可做如下排序：动作动词＞后限结构里的 Vd2＞点结构＞双限结构里的 Vc2。

英汉中动句的动词在上述分类上的异同如表 5.41 所示：

表 5.41　英汉中动句的动词类型（2）对比

		动态动词			静态动词		合　计
		动作动词	后限结构	点结构	双限结构	前限结构	
代　号		Vc3, Vc4, Vc5	Vd2	Ve	Vc1, Vc2	Vb	
英语中动句	数量（句）	6 124	417	226	144	0	6 911
	比例（%）	88.61	6.03	3.27	2.09	0.00	100
汉语中动句	数量（句）	2 116	352	0	31	14	2 513
	比例（%）	84.20	14.01	0.00	1.23	0.56	100

由表 5.41 可见，英语中动句和汉语中动句都倾向于用动作动词做谓语动词，该类动词为谓语动词的中动句占英语中动句总数的 88.61%，占汉语中动句总数的 84.20%，比英语中动句低 4.41%。另外两类能同时进入英语中动句和汉语中动句的动词为双限结构里的 Vc2 和后限结构里的 Vd2，前者占英语中动句总数的 2.09%，占汉语中动句总数的 1.23%，后者占英语中动句的 6.03%，占汉语中动句的 14.01%，比英语中动句高 7.98%。可见，后限结构里的 Vd2 常出现在汉语中动句里，但在英语中动句中所占比例相对较低。

值得注意的是，以点结构（Ve）为谓语动词的中动句在英语语料库中占 3.27%，在汉语语料库中没有出现，即点结构一般不能进入汉语中动句。此外，以前限结构（Vb）为谓语动词的中动句在汉语语料库中出现 14 例，占 0.56%，在英语语料库中没有出现。可见，前限结构（Vb）一般不能进入英语中动句，在汉语中动句中所占比例也较小。

总体而言，英语中动句动词的过程类型序列为：动作动词＞后限结构里的 Vd2＞点结构＞双限结构里的 Vc2；汉语中动句动词的过程类型序列为：动作动词＞后限结构里的 Vd2＞双限结构静态动词（Vc1

和 Vc2）＞前限结构（Vb），由此可见英汉中动句动词在过程类型上的异同。

5.2.4 物性角色类型

如前文所述，只考虑动词本身无法保证生成合格的中动句。因此，在考虑动词的同时还需考虑其与主语的搭配，即动词能否反映主语名词某方面的物性角色。本部分所讨论的物性结构虽然是对名词的描述，但它关注的是名词和其他词性的搭配，尤其是名词与动词的搭配，因此对研究中动句动词的语义类型有较重要的意义。

Pustejovsky（1991）指出，物体通常有四个物性角色，即名词的物性结构由四个物性角色组成，如表 5.42 所示：

表 5.42　名词的物性结构

代号	物性角色	例　　子
Qc	构成角色	这把椅子是木头的，这个杯子是玻璃的。 This chair is wooden.
Qf	外形角色	这把椅子是红色的，这本书是 16 开的。 This chair is red.
Qt	功用角色	字典是用来查阅的，杯子是用来喝水的。 The cup is used to drink water.
Qa	施成角色	字典是辞典家编纂的，椅子是木工制造的。 The dictionary was compiled by a lexicographer.

如表 5.42 所示，构成角色（constitutive qualia）指物体内部的结构，如材料、组成部分、工作机制、各组成部分之间的关系等。

外形角色（formal qualia）包含三方面内容：A. 物体的外部特征，如大小、颜色、形状等；B. 和相似物体的区别；C. 所属范畴，如椅子是家具，蚂蚁是昆虫。

功用角色（telic qualia）指物体的用途或功能，如：书的功能是"读"，椅子的用途是"坐"，汽车是一种交通工具等。

施成角色（agentive qualia）指物体的形成过程。对动物而言，施成角色指其出生、成长和死亡历程；对人造物而言，该角色关注的是其由谁创造、如何创造、如何随着时间而变化等特点。

名词的各类物性结构及其所指的内容可用图 5.6 来描述，其中"CONST"指构成角色，"FORMAL"指外形角色，"TELIC"指功用角色，"AGENTIVE"指施成角色。

$$QUALIA = \begin{bmatrix} CONST = \text{what x is made of} \\ FORMAL = \text{what x is} \\ TELIC = \text{function of x} \\ AGENTIVE = \text{how x came into being} \end{bmatrix}$$

图 5.6　名词的物性结构（Pustejovsky 1998：295）

袁毓林（2014：36-37）对 Pustejovsky（1998）的物性角色进行了更细致的划分，提出了汉语名词的十种物性角色，如表 5.43 所示：

表 5.43　汉语名词的物性结构

英文名称	物性角色	含　　义	例　　子
formal, FOR	形式角色	所属范畴、语义类别、本体层级特征	石头："自然物""有形物体"。手："人体上肢""身体部位"。
constitutive, CON	构成角色	结构属性，如组成成分、和其他物体的关系、大小、形状、颜色等	"书"一般由纸张构成，有文字、图片等信息，有不同颜色，根据内容、科目可以分为不同类别。
unit, UNI	单位角色	计量单位，一般用量词表示	一本书、一双筷子、一斤白酒、一些问题、一碗饭……
evaluation, EVA	评价角色	对事物的评价，一般带有感情色彩	对"教师"的评价可以有"优秀""一流""高尚""著名""杰出""称职""平庸""三流"等。
agentive, AGE	施成角色	形成方式及过程	"学校"可以创建、兴办、建立、开办、创办等。

续表

英文名称	物性角色	含义	例子
material, MAT	材料角色	创造事物所用的材料	"书"的材料可以是纸、树叶、羊皮、丝绸、竹简、电子等。
telic, TEL	功用角色	功能或用途	"水"可以喝、饮用、洗澡、洗涤、灌溉、浇（花、地）等。
action, ACT	行为角色	惯常性行为、动作、活动等	"教师"的行为是教书育人、授课、写教案、做课件、读书、做研究、发表文章、出书、编写教材等。
handle, HAN	处置角色	人对事物的惯常性行为、动作、影响等	对"汽车"的处置是开、停、倒、洗等。
orientation, ORI	定位角色	事物和人或其他事物在时间、处所等方面的位置、方向关系	对"学校"的定位是去、在、到、往、从等。

可见，汉语名词的物性角色包含以下十种类型：

1）形式角色（FOR），指事物所属的类别及其层级特点，如"耳朵"属于"人体部位"或"五官"。
2）构成角色（CON），指事物在结构上的特点，包括其尺寸、颜色、形状、内部结构等，如"汽车"一般由车身、发动机、底盘和电气设备组成，有大型、中型、小型汽车之分，可以有各种颜色。
3）单位角色（UNI），指事物的计量单位，如"一台电视机""一只羊"。
4）评价角色（EVA），指对事物的评价方式，如演员可以用"著名""出色""一流"等词语来评价。
5）施成角色（AGE），指事物的形成方式及发展历程，如人可以"出生""成长""长大""老去""死亡"。
6）材料角色（MAT），指事物的材质，如椅子的材质可以是"塑料""木头""不锈钢""石头"。

7) 功用角色（TEL），指事物的用途，如书可以"读"，衣服可以"穿"，床可以"睡"，车可以"开"。

8) 行为角色（ACT），指事物（一般为有生命物体）的行为与活动等，如学生的行为可以涉及"上课""读书""做作业""做研究""学习"等活动。

9) 处置角色（HAN），指人对事物的处置方式，如"削"苹果，"洗"衣服。

10) 定位角色（ORI），指事物的位置和方向等，如"去"公园，"在"公园。

和 Pustejovsky（1998）对物性角色的描述相比，袁毓林（2014）对名词物性结构的描述不仅限于动名搭配，也包括名词和其他词性如"介词""形容词"的搭配，揭示了汉语名词的整体搭配系统。除了单位角色（UNI）在英语名词搭配系统中不太常用之外，其余角色都可以用来描述英语的名词搭配。

在上述十种物性角色中，施成角色、功用角色、处置角色和中动结构的关系较大，即中动句一般反映名词的以上三个角色，如例（53）中两句的动词反映了主语的施成角色，例（54）中句子的动词反映了其主语的功用角色，例（55）中句子的动词反映了主语的处置角色。

(53) a. 有机物的立体结构式书写起来比较费事，为方便起见，一般仍采用平面的结构式。

b. Although this meal is not difficult to prepare, it does cook slowly.

(54) a. 真空光电管体积大，使用起来不方便。

b. The book reads more like a memoir than fiction.

(55) a. 上述试验所用饲料质量偏高，推广起来有一定困难。

b. When they go on the market, they sell like hot cakes.

反映上述各类物性角色的动词在 CCL 和 SLC 里中动句中的出现频率与所占比例见表 5.44 和 5.45。

表 5.44　CCL 里中动句动词所表达的物性角色类型

	处置角色	功用角色	施成角色	其　他	合　计
数量（句）	1 207	741	169	61	2 178
比例（%）	55.42	34.02	7.76	2.80	100

如表 5.44 所示，CCL 里中动句的动词大多表达主语名词的处置和功用角色，两类合起来占中动句总数的 89.44%，施成角色占 7.76%，其他角色占 2.80%。此处的"其他角色"指难以用袁毓林（2014）所提出的物性结构进行描述的角色，一般是表示与事、来源、时间等意义的名词，不是动词的内论元，如例（56）的动词"交流"的对象是与事；例（57）的动词"逃"表达的对象是来源；例（58）的动词"走"表达的对象是时间场景。

（56）他不懂汉语，交流起来十分困难。
（57）那公园一到晚上就没有行人，逃起来很方便。
（58）夜间虽黑暗，路不崎岖，走起来并不感到烦难。

表 5.45　SLC 里中动句动词所表达的物性角色类型

	处置角色	功用角色	施成角色	其　他	合　计
数量（句）	172	126	28	9	335
比例（%）	51.34	37.61	8.36	2.69	100

由表 5.45 可见，SLC 里中动句的动词也多表达其主语的处置角色和功用角色，两类中动句共占总数的 88.95%，其中表达处置角色的中动句占中动句总数的 51.34%，表达功用角色的中动句占 37.61%。动词表达其主语施成角色的中动句占 8.36%。其他类型有 9 句，占 2.69%，即不描述袁毓林（2014）所提出的十类物性角色的句子，包括 6 例以与事为主语的句子和 3 例以时间场景为主语的句子。

总体而言，汉语中动句的动词一般表达其主语的处置角色和功用角色，如表 5.46 所示，该表数据基于合并频率：

表 5.46　汉语中动句动词所表达的物性角色类型

	处置角色	功用角色	施成角色	其　他	合　计
数量（句）	1 379	867	197	70	2 513
比例（%）	54.87	34.50	7.84	2.79	100

如表 5.46 可见，表达处置角色和功用角色的汉语中动句占总数的 89.37%，其中表达处置角色的中动句在比例上高于表达功用角色的中动句，前者占总数的 54.87%，后者占 34.50%，前者比后者高 20.37%。另有 7.84% 的中动句的动词表达其主语的施成角色，其他类型占 2.79%。可见，汉语中动句动词所表达的物性角色类型序列为：处置角色＞功用角色＞施成角色＞其他类型，笔者也按照袁毓林（2014）的分类对 COCA 和 BNC 里中动句的动词进行了标注，研究结果如表 5.47 和表 5.48 所示：

表 5.47　COCA 里中动句动词所表达的物性角色类型

	处置角色	功用角色	施成角色	其　他	合　计
数量（句）	2 977	2 402	5	6	5 390
比例（%）	55.24	44.56	0.09	0.11	100

由表 5.47 可见，COCA 里中动句的动词一般表达其主语的处置角色和功用角色，二者占中动句总数的 99.80%。表达其主语的施成角色的中动句有 5 条，占中动句总数的 0.09%。表达其他物性角色的中动句有 6 条，占中动句总数的 0.11%。此处的"其他类型"指不属于上述三种物性角色的其他类型，其中包括 3 例表达其主语行为角色的中动句和 3 例表达其主语材料角色的中动句。

由此可见，COCA 里几乎所有的英语中动句都表达其主语的处置角色和功用角色，表达主语其他物性角色的中动句在该语料库中所占比例较小。

表 5.48　BNC 里中动句动词所表达的物性角色类型

	处置角色	功用角色	施成角色	其他	合计
数量（句）	815	694	1	11	1 521
比例（%）	53.58	45.63	0.07	0.72	100

表 5.48 表明，BNC 里中动句的动词也一般表达其主语的处置角色和功用角色，合起来占中动句总数的 99.21%。笔者在 BNC 里只发现 1 例表达主语施成角色的中动句，占 0.07%。表达其他物性角色的中动句有 11 条，占 0.72%，其中包括 9 例表达主语行为角色的中动句和 2 例表达主语材料角色的中动句。

综合来看，英语中动句的动词倾向于表达其主语的处置角色和功用角色，如表 5.49 所示，该表数据基于合并频率：

表 5.49　英语中动句动词所表达的物性角色类型

	处置角色	功用角色	施成角色	其他	合计
数量（句）	3 792	3 096	6	17	6 911
比例（%）	54.87	44.80	0.09	0.24	100

如表 5.49 所示，表达主语的处置角色和功用角色的句子合起来占中动句总数的 99.67%，其中表达处置角色的中动句占 54.87%，表达功用角色的占 44.80%。由表达施成角色的动词所构成的中动句较少，仅占总数的 0.09%。由表达其他物性角色（如行为角色和材料角色）的动词所构成的中动句有 17 例，占总数的 0.24%。可见，英语中动句动词所表达的物性角色序列为：处置角色＞功用角色＞其他类型＞施成角色。与上述序列相比，汉语中动句动词所表达的施成角色占比较高（7.84%），超过了"其他"类型（2.79%）。

在所表达的物性角色类型上，英汉中动句的动词表现出来的共性大于异性。二者都倾向于表达主语的处置角色和功用角色，表达上述两类物性角色的动词在英语中动句中占 99.67%，在汉语中动句中占 89.37%，比英语中动句低 10.30%。这是因为汉语中动句的主语类型较为多样，而英语中动句的主语类型以动词内论元为主。由表达施成角色的动词所构成的中动句在英语和汉语语料库中出现的频次有较大差异，该类动词在英语中占比 0.09%，在汉语中占比 7.84%，比英语中动句高 7.75%。造成上述差异的原因在于汉语中动句的主语可以是尚未存在的事物，表达的动作也可以是不具有重复性的动作，而这类中动句在英语中较少见，如：

（59）a. 这条裙子做起来很容易。
　　　b. *This dress makes easily.

由例（59）可见，表示"创造"的动词"做"可以用在汉语中动句中，表达同样意义的"make"却不能进入英语中动句。事实上，根据对 CCL 和 SLC 里中动句的分析，笔者发现以"做"为动词的中动句在 CCL 中出现 178 例，在 SLC 中出现 29 例，其中大多数表达"do"的意义，如例（60）所示，无论"do"还是"make"都不能进入英语中动句。表达可重复性动作的动词才能用于英语中动句，即英语中动句的动词一般表达能够重复进行的动作（Joh 2016）。

（60）a. 这些投资理解起来容易，做起来是真难。
　　　b. 后面真正的实验研究做起来还要容易一些。
　　　c. 自从吃了"××钙"之后，就完全好了，就连年轻人有难度的动作做起来都轻松自如。

英汉中动句表达各类物性角色的动词在语料库中出现的频次及所占的比例如表 5.50 所示，该表数据基于合并频率：

表 5.50　英汉中动句动词所表达的物性角色类型对比

		处置角色	功用角色	施成角色	其他	合计
英语中动句	数量（句）	3 792	3 096	6	17	6 911
	比例（%）	54.87	44.80	0.09	0.24	100
汉语中动句	数量（句）	1 379	867	197	70	2 513
	比例（%）	54.87	34.50	7.84	2.79	100

值得注意的是，英汉中动句的动词一般表达言者意欲发生的动作。如"穿这件衣服吧，它撕起来容易"在没有任何语境的情况下可接受程度低，因为"撕"不是对"衣服"的典型处置方式，不是言者意欲发生的动作。但如果在某个演出场景中需要演员撕衣服，"这件衣服"就临时具备了"撕"的物性，因此，上述句子就是合格的中动句。此外，意愿性可以作为区别中动结构和作格结构的一条重要标准，如例（61）所示：

（61）a. You'd better not use these cups. They break easily.
　　　b. You'd better use these cups. They break easily.

（61a）为作格句，因为言者不希望杯子容易碎，即"break easily"不是言者意欲发生的事情；（61b）为中动句，句中"break easily"符合言者的意愿，如在演出中需要演员摔杯子的时候，可以用该句。

此外，作为一种基本句型，中动句直接反映人类的经验，因此其对动词的选择较多情况下依赖语境，不同身份的说话者可能关注事物不同的属性，因此产生了表达主语不同物性角色的中动句，如：

（62）a. 橘子比菠萝画起来容易。
　　　b. 买点橘子吧，橘子吃起来方便。
　　　c. 最近橘子比苹果卖起来容易。
　　　d. 这种橘子管理起来比较容易。

（62a）可以用在美术课上，（62b）用在茶话会上较合适，（62c）是水果摊老板说的话，而（62d）是果农所关注的事。可见，要判断哪个动词更具有典型性，需要考虑语境。

5.3　本章小结

本章在语料库的支撑下集中讨论了英汉中动结构对其动词的选择限制，包括动词的形式和意义特点。在形式方面的研究包括动词的时体特征和复杂程度。就时间特征而言，英汉中动结构较为类似。汉语中动结构绝大多数情况下没有时间标记词，占中动句总数的96.38%，英语中动结构多无时间标记，加上非限定性用法，占总数的81.16%。

就体特征而言，汉语中动结构表达的是一种非完成体，不叙述完整的事件。就谓语动词而言，它是由动词加"起来"组成的动词短语，不能带诸如"着""了""过"等任何体标记，英语中动结构的动词绝大部分以简单体的形式出现，这类动词占总数的91.85%。此外，进行体、完成体，甚至进行体和完成体的复合形式也可以和英语中动结构共现，但出现频率较低。

就动词的复杂程度而言，绝大多数汉语中动句的动词是光杆形式，占总数的93.59%，只有6.41%的中动句有简单的修饰语，如"真正""实际""具体""认真"。此外，汉语中动句的动词排斥任何形式的补语。英语中动句的动词也多是光杆形式，占总数的89.31%。与汉语中动句不同的是，英语中动句的非光杆动词一般是动词加补语的形式，即动补短语，而这类动词短语无法进入汉语中动句。

在意义方面的研究包括英汉中动句的动词在自主性、及物性、体类型（过程结构）和物性结构类型等四个方面的特点。如前文所述，自主动词和非自主动词是一个连续统，同一个动词在不同的语境中可能会表现出不同的自主性，因此，本章摒弃了自主动词和非自主动词的说法，代之以"动词的自主用法"和"非自主用法"。因为英汉中动句表达言者意欲发生的事件，所以其谓语动词均为自主用法。

就及物性而言，英汉中动句的动词在进入中动结构之前一般为及物动词。由及物动词构成的英语中动句占95.11%，由及物动词构成的汉语中动句占95.22%。由此可见，英汉中动句的动词在定义中一般是及物动词，在进入中动结构之后，受到构式义的压制，其及物性降低，变成了派生的不及物动词。

就动词的过程类型而言，Vendler（1967）所提到的四类动词都可以进入英汉中动结构。其中英语中动句动词的过程类型序列为：活动词项（88.61%）＞成就词项（4.79%）＞目标词项（4.41%）＞状态词项（2.19%）。汉语中动句的动词为：活动词项（84.20%）＞目标词项（11.90%）＞成就词项（3.06%）＞状态词项（0.84%）。可见，英汉中动句的动词都以活动词项为主，因为动作动词一般具有高及物性，而状态动词及物性较低。从郭锐（1997）对动词过程结构的区分来看，能够进入英语中动结构的动词包括动作动词（88.61%）、后限结构里的Vd2（6.03%）、点结构（3.27%），以及双限结构里的Vc2（2.09%）四种类型。静态动词里的Va、Vb、Vc1和变化动词里的Vd1不能进入英语中动句。同样，汉语中动句也倾向于用动态动词做谓语动词，占总数的98.21%，静态动词也可以进入汉语中动句，包括双限结构的静态动词（1.23%）和前限结构的静态动词（0.56%），但点结构动词无法进入汉语中动句。

就其表达的物性角色而言，英语中动句动词的序列为：处置角色（54.87%）＞功用角色（44.80%）＞其他类型（0.24%）＞施成角色（0.09%）。汉语中动句动词的序列为：处置角色（54.87%）＞功用角色（34.50%）＞施成角色（7.84%）＞其他类型（2.79%）。可见，英汉中动句都倾向于表达其主语的处置角色和功用角色。此外，英汉中动句都表达言者意欲发生的事件，反映人类的基本经验，因此，其动词的选择在很多情况下都依赖语境。

第六章

英汉中动结构的附加语

    一般认为，附加语[1]是英汉中动结构的必要成分，它在句中充当补语，补充说明动作的难易、性质、结果等意义。以往研究认为，从形式上来看，汉语中动句的附加语多用形容词形式，英语中动句的附加语多用副词形式；从意义上来看，英汉中动句的附加语都倾向于表达事件的难易程度（Keyser & Roeper 1984；Fagan 1992；Lekakou 2005，2006；曹宏 2005b；何文忠、王克非 2009；徐峰 2014；Calude 2017；付岩、陈宗利 2017；吴炳章、牛雅禾 2017），如例（1）和（2）所示：

（1）a. 虽然汉语学起来<u>很难</u>，但是他们现在有很好的老师和教学条件，能够把汉语学好。
     b. "氢动一号"驾驶起来<u>相当容易</u>：它就像一辆自

---

[1] 也有学者称之为"修饰语"或"副词性修饰"，但鉴于它在句中所充当的成分，笔者认为称之为"附加语"（adjunct）更合适。

动档的车，动力强劲，加速性能好，操控灵活……

（2）a. The silk lining slips <u>easily</u> over her white cashmere sweater.

b. But this does not translate <u>easily</u> into events on the ground.

然而，英汉中动句的附加语并不总以例（1）和例（2）中的形式出现，也不总表达难易意义。英汉中动结构对其附加语的形式和意义有怎样的限制？以往文献没有对上述问题进行细致研究。鉴于此，本书将在语料库的支撑下对英汉中动句附加语的形式和意义类型进行探讨。

6.1 英汉中动结构对其附加语的形式限制

6.1.1 汉语中动结构附加语的形式特征

如前文所述，多数研究者认为汉语中动结构的附加语是形容词形式，多表现为复杂形式的形容词。根据朱德熙（1956）对形容词的分类，形容词可以有简单和复杂两种形式。其中，简单形式的形容词表示事物的性质，复杂形式的形容词表达事件的状态及言者的判断，多带主观色彩。简单形式的形容词是基本形式，包含单音节的形容词，如"好""大""小""快""新"等，以及双音节的形容词，如"漂亮""干净""老实""简单""方便"等。

形容词的复杂形式包括以下四种类型：第一，形容词的重叠形式，如"漂漂亮亮""胖胖的""糊里糊涂"；第二，形容词后加其他成分，如"暖烘烘""亮堂堂""可怜巴巴""傻不啦叽"；第三，形容词前加其他成分，如"精光""贼聪明""锃亮"，该类形容词第一个音节的原本意义一般已经丧失，只起加强语气的作用，因此称之为前加成分；第四，以形容词为中心语的短语，如"十分麻烦""很好""挺简单""多么利索""非常方便"。因为简单形式的形容词常表性质，复杂形式的形容词常表状态，所以沈家煊（1995）和李勉东（2003）等学者把前者称为"性质形容词"，后者称为"状态形容词"。

语料库研究发现，状态形容词常做汉语中动句的附加语，而性质形容词不常用于汉语中动句。当然，汉语中动结构的附加语除了形容词之外，还有其他形式。根据对语料的分析，笔者在语料库中标注了以下六个类型：形容词、动词短语、主谓短语、介词短语、熟语（成语），以及复杂类型。上述各种类型的附加语在 CCL 和 SLC 中的分布情况如表 6.1 和 6.3 所示：

表 6.1　CCL 里中动句附加语的形式类型

	形容词	动词短语	主谓短语	介词短语	熟语	复杂类型	合计
数量（句）	1 378	311	220	98	77	94	2 178
比例（%）	63.27	14.28	10.10	4.50	3.54	4.31	100

如表 6.1 所示，CCL 里以形容词形式为附加语的中动句占半数以上，2 178 条中动句里有 1 378 条的附加语为各种形式的形容词，占中动句总数的 63.27%，其中绝大多数为复杂形式的形容词，或称状态形容词。上述 1 378 条以形容词为附加语的中动句里，有 1 224 条中动句的附加语为状态形容词，占形容词总数的 88.82%，只有 154 条中动句的附加语为简单形式的形容词，或称性质形容词，占形容词总数的 11.18%。状态形容词和性质形容词在 CCL 中动句里做附加语的情况如表 6.2 所示：

表 6.2　CCL 中动句里形容词的类型

	状态形容词	性质形容词	合　　计
数量（句）	1 224	154	1 378
比例（%）	88.82	11.18	100

鉴于汉语中动句一般表达言者对主语属性的评价和判断，带有主观色彩，而这种评价意义多由附加语来体现。因此，和简单形式的形容词相比，复杂形式的形容词更倾向于允当汉语中动结构的附加语，如例（3）所示：

（3）a. 主要原因是这些产品，穿着起来<u>非常舒适</u>，而且还可以洗涤

2~3次，有重复使用之便。
b. 鱼、虾、贝、蟹等，虽说是餐桌上的美味佳肴，却又脏又腥，拾掇起来颇为麻烦。
c. 电炊具使用起来快捷方便，且不污染环境。

以性质形容词为附加语的中动句一般用在表示对比、罗列，或否定意义的语境中，其他语境中较少使用，例如：

（4）a. 全面整顿，全面管理，说起来容易，做起来难。
b. 许多住户赞叹："这样的小区，真是住起来舒服，用起来方便，看起来顺眼，谈起来高兴呵！"
c. 几十年中，他反复惋惜一些很好的综合性大学被肢解，恢复起来可不容易。

除形容词之外，动词短语和主谓短语也频繁用作汉语中动句的附加语，在 CCL 中分别出现 311 和 220 例，占中动句总数的 14.28% 和 10.10%。前者多是动宾短语，以表示难易的"有难度""存在困难""会碰到困难"为主，其他类型包括"有不方便的地方""难读/做"等，如例（5）所示；后者主要是诸如"难度大""困难重重""效果佳""味道呛""威力惊人"等"名词+形容词"组成的短语，如例（6）所示：

（5）a. 国家队队员年龄较大，结婚的较多，住处比较分散，管理起来有难度。
b. 冯总说，"因为国内外的升船机都不多，试验较少，建起来将具有很大的挑战性。"
c. 男女合练对后勤保证是一大挑战，而且管理起来有很多不方便的地方。

（6）a. 过去农民军对官军作战常用的许多老办法，有的根本不能再用，有的用起来效果也比较小。
b. 班主任介绍，这种单亲家庭的孩子比其他孩子懂事早，个性强，教育起来难度大。
c. 占林地的案件达一万多起，其中不少甚至是乡、镇负责人所为，处理起来阻力较大。

此外，笔者在 CCL 中还发现了 98 条以介词短语为附加语的中动句和 77 条用熟语做附加语的中动句，分别占总数的 4.50% 和 3.54%。前者多是表示比较、类比、比喻等意义的短语，如"比……困难""像……""如……"等，如例（7）所示；后者多是四字成语，如例（8）所示：

（7）a. 这种车状如自行车拉一辆拖车，踏起来<u>比人拉轻快一些</u>。
　　　b. 富含纤维的"粗粮"尽管吃起来<u>不像"细粮"那样顺口</u>，却是难得的保健食品。
　　　c. 不说别的，单单是粮草，依朝廷目前的财力，筹措起来<u>就如登天一样难</u>啊！

（8）a. [民族歌曲]与原民族的曲调配合得紧密，还能够在汉语的韵律和语气上，能够唱起来<u>朗朗上口</u>，这是别人所难以做到的和难以替代的。
　　　b. 然而，恰恰是由于它的成熟，读起来<u>"轻车熟路"</u>，因而难免"成熟的"缺陷。
　　　c. 中央、国务院已出台的关于增加教育投入的不少政策，落实起来<u>举步维艰</u>。

汉语中动句的附加语有时不止一个，有些是两个或多个同种形式的附加语，如例（9a）中的两个附加语都是熟语，（9b）中的附加语都是形容词，（9c）都是主谓短语。有些是由不同形式组合而成的附加语，如例（10a）的附加语是形容词+动词短语，（10b）是形容词+主谓短语，（10c）是形容词+主谓短语+主谓短语。我们在统计复杂类型时，只考虑诸如例（10）中由不同形式组成的附加语，不考虑像例（9）一样的情况，例（9a）统计为熟语，（9b）统计为形容词，（9c）统计为主谓短语。以复杂形式为附加语的中动句在 CCL 中出现 94 例，占比 4.31%。由此可见，CCL 里中动句的附加语在形式上的排序为：形容词＞动词短语＞主谓短语＞介词短语＞复杂类型＞熟语。

（9）a. 韵谜是谜语中的一种，要求每条谜面应是符合韵律平仄的两句诗，读起来抑扬顿挫、朗朗上口，比其他谜语创作难度更大。

b. 与经纪人打交道比与单个保户沟通起来<u>更容易、更省力</u>,大家都是内行,站在同一层次上……

c. 这些通过中间商转口来的收音机,使用起来<u>灵敏度高,选择性强</u>。

(10) a. 许多书籍全是文字,既无图案,又无符号,读起来<u>枯燥乏味,缺乏形象感</u>。

b. 这种牙刷刷毛纤细柔软,刷柄有独特的竹节结构和必要的弯曲度,使用起来<u>轻巧灵便,口感舒适</u>。

c. 这是因为语言符号使用起来<u>最简便,容量最大,效果也最好</u>。

表 6.3 SLC 里中动句附加语的形式类型

	形容词	动词短语	主谓短语	介词短语	熟语	复杂类型	合计
数量(句)	207	36	32	48	3	9	335
比例(%)	61.79	10.74	9.55	14.33	0.90	2.69	100

如表 6.3 所示,SLC 里中动句的附加语也以形容词为主,335 条中动句里有 207 条的附加语为形容词形式,占中动句总数的 61.79%。其次为介词短语,有 48 条中动句的附加语为介词短语,占总数的 14.33%。再次为动词短语和主谓短语,以这两类短语为附加语的中动句分别有 36 条和 32 条,分别占总数的 10.74% 和 9.55%。最后为复杂类型和熟语,用该类型做附加语的中动句分别有 9 条和 3 条,分别占总数的 2.69% 和 0.90%。

可见,与 CCL 里的中动句相似,SLC 里的中动句也倾向于用形容词做附加语,其中状态形容词占绝大多数,207 条形容词附加语里有 186 条为状态形容词,占形容词总数的 89.86%,只有 21 条中动句的附加语为性质形容词,占总数的 10.14%,如表 6.4 所示。做中动句附加语的性质形容词一般为形容词的否定形式、对比或列举形式,如例(11)所示:

(11) a. 这种无实物练习看起来容易,做起来<u>难</u>。

b. 这种办法,实行起来<u>方便</u>,见效快。

c. 深入生活,进行创作教学,说说容易,认真做起来不<u>容易</u>。

例（11a）里的"难"为性质形容词，可以用在中动句中是因为该句用在对比结构中。例（11b）里的性质形容词"方便"能用在中动句里，因为该形容词处在列举的语境中。例（11c）里中动句的附加语为性质形容词"容易"，因为该词用了否定形式。

表 6.4 SLC 里中动句形容词的类型

	状态形容词	性质形容词	合计
数量（句）	186	21	207
比例（%）	89.86	10.14	100

与 CCL 里中动句不同的是，SLC 里以介词短语为附加语的中动句所占比例较大，比 CCL 高 9.83%，且以介词短语为附加语的中动句在比例上超过了动词短语和主谓短语，成为继形容词之后第二常用的附加语形式。这类附加语以比况短语为主，例如：

（12）a. 内燃机体积小，使用起来比蒸汽机方便多了。
　　　b. 一车子四百多斤重，十二里坡一溜抢上，推起来比扭秧歌还扭得厉害。

由表 6.3 可见，SLC 里中动句的附加语在形式上的序列为：形容词＞介词短语＞动词短语＞主谓短语＞复杂类型＞熟语。综合 CCL 和 SLC 的数据来看，汉语中动句的附加语在形式上一般为形容词，各类附加语在语料库中出现的频次及其所占的比例如表 6.5 所示，该表数据基于合并频率：

表 6.5 汉语中动句附加语的形式类型

	形容词	动词短语	主谓短语	介词短语	熟语	复杂类型	合计
数量（句）	1 585	347	252	146	80	103	2 513
比例（%）	63.07	13.81	10.03	5.81	3.18	4.10	100

由表 6.5 可见，2 513 条中动句里有 1 585 条以形容词为附加语，占中动句总数的 63.07%，其中 1 410 条为形容词的复杂形式（状态形容词），占形容词总数的 88.96%，只有 175 条为形容词的简单形式（性质形容词），占形容词总数的 11.04%，如表 6.6 所示：

表 6.6　汉语中动句形容词的类型

	状态形容词	性质形容词	合　　计
数量（句）	1 410	175	1 585
比例（%）	88.96	11.04	100

除形容词之外，动词短语和主谓短语做附加语的中动句所占比例也较大，分别出现 347 和 252 条，分别占中动句总数的 13.81% 和 10.03%；其次为介词短语和复杂类型，各出现 146 和 103 例，分别占中动句总数的 5.81% 和 4.10%；以熟语（成语）做附加语的中动句在语料库中出现 80 例，占中动句总数的 3.18%。如表 6.5 所示，汉语中动句的附加语在形式类型上的序列为：形容词＞动词短语＞主谓短语＞介词短语＞复杂类型＞熟语。可见，和曹宏（2005b）、何文忠（2007a）的观点不同，笔者发现不仅形容词可以用作汉语中动句的附加语，动词短语、主谓短语、介词短语、熟语等形式均可用作汉语中动句的附加语。事实上，形容词为附加语的汉语中动句仅占中动句总数的 63.07%，其他类型的附加语也占有一定的比例。

6.1.2　英语中动结构附加语的形式特征

英语中动句的附加语在形式上和汉语中动句不同，在语料分析的基础上，笔者对 COCA 和 BNC 里中动句的附加语从形式上标注为副词、介词短语、形容词、复杂类型、情态动词、强势动词、否定以及无附加语的形式。例如：

（13）a. Soft-shell steamers are your best choice, since they cook <u>quickly</u> and have a lot of flavor.

b. A piece of fish like this will cook in about three and a half minutes.
c. The jokes about my possibility as a Chancellor wore thinner and thinner.
d. Chinese cabbage does not keep well like regular cabbage.
e. I'm like 90% sure this show will sell!
f. But most of the less costly fossils, minerals, and meteorites did sell.
g. You know, good news just doesn't sell. It just does not sell!
h. The Shogun V-16 sells and sells.

例（13a）里中动句的附加语"quickly"为副词，（13b）里的附加语"in about three and a half minutes"为介词短语，（13c）里的附加语"thinner and thinner"为形容词短语，（13d）里的附加语为复杂形式，由副词"well"和介词短语"like regular cabbage"组成，例（13e）—（13g）没有传统意义上的附加语，其附加语都是通过其他形式来实现，其中例（13e）以情态动词的形式来实现，（13f）以强势动词"do"的形式来实现，（13g）以否定的形式来实现。例（13h）的动词为光杆形式，没有带任何形式的附加语。

可见，英语中动结构的附加语在形式上具有多样性，不像以往文献中所提到的只能用副词做附加语（Keyser & Roeper 1984; Fagan 1992; Lekakou 2005）。各种类型的附加语在 COCA 和 BNC 里的分布情况分别如表 6.7 和 6.9 所示：

表 6.7　COCA 里中动句附加语的形式类型

	副词	介词短语	形容词	复杂类型	其他形式	无附加语	合计
数量（句）	2 133	1 285	6	173	1 677	116	5 390
比例（%）	39.57	23.84	0.11	3.21	31.11	2.16	100

如表 6.7 所示，COCA 里的中动句一般有某种形式的附加语，5 390 条中动句里有 5 274 条带有附加语，占总数的 97.85%，只有 116 条中动句不带任何形式的附加语，占总数的 2.16%。带附加语的中动句里有

2 133 条的附加语为副词，占中动句总数的 39.57%，有 1 285 条为介词短语，占中动句总数的 23.84%，有 173 条为复杂类型，即不同形式的附加语的组合，占中动句总数的 3.21%。另有 1 677 条中动句的附加语以其他形式实现，如情态动词、强势动词、否定等，占中动句总数的 31.11%。各类型在 COCA 里的分布如表 6.8 所示：

表 6.8 COCA 里中动句附加语的其他实现形式

	情态动词	强势动词	否定	合计
数量（句）	802	21	854	1 677
比例（%）	47.82	1.25	50.93	100

由表 6.8 可见，COCA 里中动句附加语的其他实现形式有情态动词、强势动词和否定形式。其中，否定形式占比最大，有 854 条中动句的附加语以否定的形式实现，占 50.93%，其次为情态动词，共有 802 条中动句的附加语以情态动词的形式实现，占 47.82%，最后为强势动词"do"，有 21 条中动句的附加语以强势动词的形式实现，占 1.25%。

本书称上述形式为中动句附加语的其他实现形式，因为其和传统意义上的附加语有一定的区别。就语序而言，传统意义上的附加语，如副词、介词短语、形容词，位于动词后，而附加语的其他实现形式位于动词前。笔者将这些形式和附加语等同，因为它们的语用功能和附加语一样，都传达句子的新信息。

表 6.7 和 6.8 表明，COCA 里中动句的附加语在形式上的序列为：副词＞介词短语＞否定＞情态动词＞复杂类型＞无附加语＞强势动词＞形容词。BNC 里中动句附加语的形式类型及其分布情况如表 6.9 所示：

表 6.9 BNC 里中动句附加语的形式类型

	副词	介词短语	形容词	名词短语	复杂类型	其他形式	无附加语	合计
数量（句）	698	316	5	47	39	355	61	1 521
比例（%）	45.89	20.78	0.33	3.09	2.56	23.34	4.01	100

由表 6.9 可见，BNC 里中动句的附加语主要有以下几种类型：副词、介词短语、形容词、名词短语、复杂类型、其他形式，也有无附加语的中动句。其中，带附加语的中动句居多，共有 1 460 条中动句带某种形式的附加语，占中动句总数的 95.99%。只有 61 条中动句不带附加语，占中动句总数的 4.01%。

在带附加语的中动句里，以副词为附加语的中动句占比最大，有 698 条中动句的附加语为副词，占中动句总数的 45.89%。有 316 条中动句的附加语为介词短语，占总数的 20.78%。此外，在 BNC 中发现了 47 例以名词短语做附加语的中动句，以表示数量的词语以及 "the way" 和 "the same" 短语为主，其中表示数量的名词短语有 41 条，占该类附加语的 87.23%，例如：

（14）a. It seems, too, that certain specific proposals in *Caring for People* relating to the care of mentally disordered people are something of an afterthought; certainly they read that way.
　　　b. The book will read the same, irrespective of the dust-jacket.
　　　c. Twain's books still sell about five million copies a year.

笔者在 BNC 里发现 39 例中动句的附加语为复杂类型，即不同类型的复合形式，如例（15）所示：

（15）a. Some mass-produced goods may not sell well in regions which have their own styles or tastes.
　　　b. Think Pads do sell well, don't they?

例（15a）中句子的附加语为副词 "well" 和介词短语 "in regions which have their own styles or tastes" 的组合形式；例（15b）的附加语为副词 "well" 和强势动词 "do" 的复合形式。

除上述附加语类型之外，BNC 里中动句的附加语还有其他实现形式，如情态动词、强势动词、对比重音、否定等。上述各种实现形式在 BNC 里的分布情况如表 6.10 所示：

表 6.10 BNC 里中动句附加语的其他实现形式

	情态动词	强势动词	否定	对比、重音	合计
数量（句）	153	7	189	6	355
比例（%）	43.10	1.97	53.24	1.69	100

由表 6.10 可见，BNC 里中动句附加语的其他实现形式有四种类型，其中否定形式占比最大，有 189 条中动句的附加语以否定的形式实现，占 53.24%，其次为情态动词，附加语实现为情态动词的中动句有 153 条，占 43.10%，再次为强势动词 "do"，有 7 条中动句的附加语以强势动词的形式实现，占 1.97%，最后为对比、重音，有 6 条中动句，占 1.69%。

可见，BNC 里出现了在 COCA 中没有出现的形式，即对比和重音，如例（16）所示：

（16）a. When they get burned, the tops always burn, and the polythene always melts.

b. Believe it or not, it still COOKS!

例（16a）中句子的附加语以对比形式出现，即 "burn" 和 "melts" 的对比；例（16b）中句子的附加语以重音的形式出现，表现为重读的 "COOKS"，以及句末的感叹号。

由表 6.9 和 6.10 可见，BNC 里中动句的附加语在形式上的序列为：副词＞介词短语＞否定＞情态动词＞无附加语＞名词短语＞复杂类型＞强势动词＞对比、重音＞形容词。和 COCA 相比，BNC 里中动句的附加语也以副词和介词短语居多，但 BNC 里中动句的附加语在形式上更加多样，出现了 COCA 中没有的形式类型，如名词短语、对比和重音。

综合来看，英语中动句的附加语在形式上具有多样性。用作英语中动句附加语的形式类型包括副词、介词短语、形容词、名词短语、复杂类型及其他实现形式。也有部分中动句没有附加语，占总数的 2.56%。各类附加语在语料库中的分布情况如表 6.11 所示，该表数据基于合并频率。

表 6.11　英语中动句附加语的形式类型

	副词	介词短语	形容词	名词短语	复杂类型	其他形式	无附加语	合计
数量（句）	2 831	1 601	11	47	212	2 032	177	6 911
比例（%）	40.96	23.17	0.16	0.68	3.07	29.40	2.56	100

由表 6.11 可见，绝大多数的英语中动句带某种形式的附加语，占总数的 97.44%。其中，副词为最主要的附加语形式，占总数的 40.96%，其次为介词短语，占中动句总数的 23.17%。再次为复杂类型的附加语，占总数的 3.07%。最后为名词短语和形容词，分别占总数的 0.68% 和 0.16%。

此外，有 29.40% 的英语中动句的附加语以其他形式实现，包括情态动词、强势动词、否定形式、对比和重音。与 Lekakou（2005）和 Calude（2017）的观点不同，笔者发现英语中动句的附加语不总是以副词和介词短语的形式出现，还有其他实现形式，如表 6.12 所示，该表数据基于合并频率：

表 6.12　英语中动句附加语的其他实现形式

	情态动词	强势动词	否定	对比、重音	合计
数量（句）	955	28	1 043	6	2 032
比例（%）	47.00	1.38	51.33	0.29	100

由表 6.12 可见，以其他实现形式来实现附加语效应的英语中动句共有 2 032 例，其中否定形式占比最大，为 51.33%，其次为情态动词，占比 47.00%，再次为强势动词"do"，占比 1.38%，最后为对比和重音，占比 0.29%。

由表 6.11 和 6.12 可知，英语中动句的附加语在形式上的序列为：副词＞介词短语＞否定＞情态动词＞复杂类型＞无附加语＞名词短语＞强势动词＞形容词＞对比、重音。可见，用其他形式来实现附加语效应的中动句在语料库中出现的频率较高，不应该被看作非典型的中动句。

综上所述，汉语中动句的附加语以状态形容词为主，也包括其他类型，如动词短语、介词短语、主谓短语、熟语等。附加语是汉语中动结构的必要成分，即不存在不带附加语的汉语中动句，没有附加语的汉语中动句是不完整的，如例（17）所示：

（17）这些意见千差万别，*处理起来。

英语中动句的附加语在形式上更加多样，以副词和介词短语为主，也包括其他形式。值得一提的是，英语中动句允许出现不带附加语的形式。Fagan（1988：201）指出英语中动句必须带某种形式的附加语，唯一可以不带附加语的动词为"recycle"，如例（18）所示。而笔者发现，除"recycle"之外，其他动词也可以不带附加语，如"sell""adjust"等。

（18）Paper recycles.

"sell"是英语中动句中最常用的动词，笔者在COCA中发现562条以"sell"为谓语动词的中动句，在BNC里发现457例。以上述各类型为附加语的"sell"中动句在COCA和BNC两个语料库中的分布情况如表6.13和6.14所示：

表6.13 COCA中"sell"中动句的附加语分布

附加语类型	数量（句）	比例（%）
介词短语	307	54.63
副词	122	21.71
否定	29	5.16
情态动词	36	6.40
强势动词	3	0.53
复杂类型	24	4.27
无附加语	41	7.30
合计	562	100

由表 6.13 可见，COCA 中以 "sell" 为谓语动词的中动句一般带有某种形式的附加语，562 条 "sell" 中动句里有 521 条带附加语，占总数的 92.70%，有 41 条没有附加语，占总数的 7.30%。值得一提的是，"sell" 中动句的附加语以介词短语为主，这类中动句共有 307 条，占总数的 54.63%。介词短语附加语在数量和比例上超过了副词附加语（通常被认为是英语中动句附加语中最常见的形式），后者在 COCA 里出现 122 例，占总数的 21.71%。以介词短语为附加语的 "sell" 中动句主要表达价格、比况或时间和地点意义，分别如例（19）—（21）所示：

（19）a. They sell at prices from $150 to $250.
　　　b. The Brogan shoes sell for about $75 per pair.
　　　c. Her paintings are selling for as much as $24,000.

（20）a. If dresses don't sell as fast as tickets, there might not be a next year.
　　　b. He bought his mistresses at Frederick's and they now sell as openly as Cinnahons at the Victoria's Secret outlet in the big mall.
　　　c. If he grows Ugu then it will sell like wildfire.

（21）a. If it doesn't sell in the next month, I'm probably just going to go to a pawnshop.
　　　b. That doesn't mean it won't sell in America.
　　　c. Buchanan's ideologically far right views won't sell beyond New Hampshire.

除了介词短语和副词之外，COCA 里 "sell" 中动句的附加语也常以其他形式实现，如情态动词、否定、强势动词等，合起来占总数的 12.09%。此外，"sell" 中动句的附加语也可以是复杂类型，占总数的 4.27%。

表 6.14　BNC 中 "sell" 中动句的附加语分布

附加语类型	数量（句）	比例（%）
介词短语	248	54.27
副　词	89	19.47

续表

附加语类型	数量（句）	比例（%）
名词短语	25	5.47
否　定	20	4.38
情态动词	18	3.94
强势动词	2	0.43
复杂类型	18	3.94
无附加语	37	8.10
合　计	457	100

如表 6.14 所示，介词短语是"sell"中动句最常见的附加语形式，457 条"sell"中动句里有 248 条以介词短语为附加语，占总数的 54.27%。这类附加语主要以 like- 短语、as- 短语、at- 短语、for- 短语、in- 短语为主，表达比较、价格、时间、地点等意义。副词也是"sell"中动句常用的附加语形式，占总数的 19.47%。

与 COCA 不同的是，BNC 里的"sell"中动句有 25 例以名词短语为附加语的句子，一般表达数量，如例（22）所示：

（22）a. Books may sell 1 000 copies and still be considered successful.
　　　b. The tape could even sell 9 or 10 million copies if our momentum held.

BNC 里的"sell"中动句有 37 例为无附加语的光杆形式，占总数的 8.10%，可见，虽然该类中动句所占比例较小，但能说明"recycle"不是唯一能以光杆形式出现在中动句里的动词。

事实上，在广告语篇中，不带附加语的中动句所占比例甚至超过了带附加语的中动句。如在美国西尔斯罗巴克百货 1986 年的产品目录中，不带附加语的中动句占总数的一半以上，如表 6.15 所示：

表 6.15　西尔斯罗巴克百货 1986 年产品目录里中动句的附加语形式

附加语类型	数量（句）	比例（%）
介词短语	302	27.71
副　词	167	15.32
否　定	21	1.93
其他类型	9	0.82
无附加语	591	54.22
合　计	1 090	100

如表 6.15 所示，无附加语的中动句在西尔斯罗巴克百货 1986 年的产品目录中占中动句总数的 54.22%，比 COCA 和 BNC 里无附加语的中动句高 51.66%。可见，语篇类型或语域在中动句附加语的选择中起重要作用，即是否带附加语在更大程度上依赖于语用因素。

和英语中动结构不同，汉语中动结构不存在不带附加语的光杆形式，但其附加语也可以用其他形式来实现，即情态动词"能"或"可以"，如例（23）所示：

（23）a. 含水量较低的土壤能种红薯。
　　　b. 这件事可以做，但有一定的难度。

例（23）里的这类中动句是"起来"句的变体，在语料库中出现的频率较低，因此，本书主要关注"起来"中动句，没有单独研究这类"能/可以"结构。

6.2　英汉中动结构对其附加语的意义限制

以往对英汉附加语意义类型的研究不多，学界一般认为中动句的附加语不能是自主（volitional）形容词或副词。自主形容词和非自主形容词的区分是袁毓琳（1993）所提出来的。他认为自主形容词（volitional adjectives）在语义上能够表达由人自主控制的性状，即人能够有意识地或自主地表现或不表现出来的某些特性，如"文雅""认真""谨慎""谦虚""马虎"等。非自主形容词（nonvolitional adjectives）在语义上表达人所不能控制的性状，即人无意识地表现出来的特性，如"可笑""年轻""聪明""愚蠢""难看""可爱"等，这类形容词所表达的特性是人无法有意识地表现或不表现出来的（袁毓琳 1993）。

可以用以下两个办法来区别自主形容词和非自主形容词：第一，前者能用"从（来）不"否定，而后者不能；第二，前者可以用在祈使句中，而后者一般没有这种用法。试比较：

（24）a. 从（来）不认真／马虎。
　　　b. *从（来）不年轻。
（25）a. 认真一点儿！别不认真！别马虎！
　　　b. *愚蠢一点儿！*别（不）愚蠢！

例（24）和（25）说明，"认真"和"马虎"可以用"从不"来否定，可以进入祈使结构，而"年轻"和"愚蠢"不能用"从不"否定，也不能进入祈使结构，因此，"认真"和"马虎"是自主形容词，"年轻"和"愚蠢"是非自主形容词。

英语形容词也可以按照上述方法分成自主形容词和非自主形容词，前者可以用在祈使句和表达目的的"(in order) to"结构中，后者不能，如例（26）—（27）所示：

（26）a. Be cautious!
　　　b. *Be easy!
（27）a. He is cautious in order to avoid danger.
　　　b. ? He is easy in order to impress people.

例（26）和（27）表明，"cautious"能够进入祈使句和目的句，而"easy"不能，因此，"cautious"是自主形容词，而"easy"是非自主形容词。事实上，前者在语义上多指向人，而后者多指向事件，如例（28）

所示：

(28) a. Lynette is cautious when walking across the hall.
　　 b. Books on theoretical physics are not easy to read.

例（28a）中的形容词"cautious"描述主语"Lynette"的行为，而（28b）中的形容词"easy"描述动作"read"的性质。由自主形容词构成的副词也有自主意义，而由非自主形容词构成的副词有非自主意义，和形容词一样，表达自主意义的副词在语义上指向人，即动作发出者，表达非自主意义的副词在语义上指向动作。如例（29a）中的副词"cautiously"表达的意义类似于例（28a），在语义上以动作的施事"Lynette"为中心，例（29b）中的副词"easily"所表达的意义类似于例（28b），在语义上以动作"read"为中心，即例（29b）意为"Reading books on theoretical physics is not easy"，强调"读理论物理学的书"这件事不容易，不强调"读书人"的行为，由此可见上述两类副词的区别。

(29) a. Lynette walked cautiously across the hall.
　　 b. Books on theoretical physics do not read easily.

就英汉中动句而言，表达自主意义的词汇不能用作中动句的附加语，即中动附加语不能表达由施事自主控制的特征，不能强调施事的能力，如例（30）和（31）中的句子都不是合格的中动句，因为其附加语都是具有自主意义的词。

(30) a. *"氢动一号"驾驶起来相当用心。
　　 b. *狗不理包子很好吃，包起来也很认真。
　　 c. *古装戏可以演义可以戏说，无须深入生活，编起来比较谨慎，演起来也比较专业。
(31) a. *Books on theoretical physics read cautiously.
　　 b. *The new Tesla drives carefully.
　　 c. *The ZX rides expertly for a light car.

这些在语义上指向施事的附加语不能用于中动句，因为它们和中动结构的核心语义相冲突。如前文所述，中动句是以非施事成分为主语的属性归因句（dispositional ascriptions），具有施事无关性，事件的发生归因于非施事主语的属性，施事的特征和能力不重要，即中动句强调非施事主语的属性，同时弱化施事的地位和作用。因此，附加语不能描述或强调和施事相关的属性或能力。

在语料分析的基础上，笔者对语料库里中动句的附加语在意义类型上做出了标注，将其分成以下七大类：难易（difficulty）、适意性（experience）、性质（quality）、时空（tempo and space）、结果（result）、方向（direction）以及复杂类型（combination of types）。下面来一一讨论。

6.2.1 难易类附加语

难易类附加语是指表达"困难"或者"容易"意义的附加语。汉语中动句里典型的难易类附加语一般为形容词的复杂形式、动词短语或主谓短语，分别如例（32a）、（32b）和（32c）所示；英语中动句里的难易类附加语一般通过副词形式来表达，如例（33）所示：

（32）a. 505神功元气袋、张小泉的剪子、王二麻子的刀，因为出名，推销起来当然<u>容易得多</u>。
b. 人力三轮车到底有哪些优点呢？一是操作起来<u>容易掌握</u>……
c. 班主任介绍，这种单亲家庭的孩子比其他孩子懂事早，个性强，教育起来<u>难度大</u>。

（33）a. Figs are fragile but peel easily.
b. One concern about the NNT metric is that it will not translate easily to settings with different failure rates.
c. I hugely enjoy driving this boat. It planes quickly and handles easily.

一般而言，含有难易类附加语的中动句可以转换为难易句（tough constructions），如例（32）中的句子可以转换为例（34），例（33）中的句子可以转换为例（35）。

（34）a. 505神功元气袋、张小泉的剪子、王二麻子的刀，因为出名，<u>当然容易推销</u>。

b. 人力三轮车到底有哪些优点呢？一是<u>容易操作</u>……

c. 班主任介绍，这种单亲家庭的孩子比其他孩子懂事早，个性强，<u>难教育</u>。

（35）a. Figs are fragile but <u>easy to peel</u>.

b. One concern about the NNT metric is that <u>it is not easy to translate it to settings with different failure rates</u>.

c. I hugely enjoy driving this boat. <u>It is easy to handle</u>.

当然，带难易类附加语的中动句和难易句的意义只是大体相当，尤其是汉语中动句和难易句的意义其实有一定的区别，即例（34）中的句子所表达的意义和例（32）并不完全等同，即例（34a）失去了（32a）中的"比较"意义，（34b）中"容易操作"和（32b）的"操作起来容易掌握"在意义上也有一定的区别。

然而，在中动句诸多类型中，只有这种带难易类附加语的句子可以转换成难易句，尽管其意义有所不同。据笔者粗略估计，英汉中动句里表达"困难"意义的附加语要比表达"容易"意义的多，这可能是因为难度大的事情更有讨论的价值。

6.2.2 适意类附加语

适意类是指通过隐性施事的感受来间接评价主语属性的附加语，一般带有较强的主观性。这类附加语在汉语中动句里较常见，而在英语中动句里不太常用，因为汉语中动句较英语而言，更倾向于通过言者的感受来评判事物的特性，因此较多使用适意类附加语。这类附加语在汉语中动句里常用形容词来表达，如"方便""舒服""轻松""顺手""省事"等，如例（36a）和（36b）所示；动词短语，如"费力""费劲"[1]也较常见，如例（36c）所示；有时也用表示比较、类比或比喻的介词短语，如例（36d）所示：

---

[1]《现代汉语词典》第5版将"费力"定义为动词，意思是"耗费力量"，"费劲"被解释为"费力"，同样定义为动词。这两个词虽然也具有"困难"义，但它们主要强调施事做某件事的感受，因此我们把"费力"和"费劲"归为适意类。

（36）a. 日本的公共厕所都配有专用手纸，柔软吸水，用起来舒适，而且不容易堵塞下水道。
　　　b. 这种测试工具包使用起来十分方便，人们无须经专门培训，可直接按说明书指导自行使用。
　　　c. 赛后队员们反映，女曲奥运会比赛场地比较软，奔跑起来比较费劲。
　　　d. 老年人耳背眼花身体差，照顾起来要比小孩辛苦得多。

英语中动句里的适意类附加语主要通过副词和比况短语 like- 来表达，这类附加语在英语中动句中所占比例较小，如例（37）所示：

（37）a. This tent sleeps more comfortably than a regular camp bed.
　　　b. His new motorcycle rides like a nightmare.

用适意类附加语的中动句与其他类型相比有一定的特殊性，具体表现为其隐性施事具有双重身份：对动词而言，它是动作的施事，对附加语而言，它又是感事。如例（36d）的隐性施事"护工或保姆"既是"照顾老年人"这个动作的施事，又是"辛苦"这种感觉的感事，例（37a）的隐性施事"people"既是"sleep"的施事，又是"comfortable"的感事。

6.2.3 性质类附加语

性质类是指描述非施事主语特性的附加语，但这些特性不是非施事主语的固有属性，一般是通过动作（由中动句动词来表达）的实施而展现出来的特性。性质类附加语范围较广，形式多样，在汉语中动句里可以用形容词、动词短语、介词短语、主谓短语、熟语等多种形式进行表达，分别如例（38）中各句所示；在英语中动句中可以通过副词、介词短语、情态动词、名词短语、否定词、强势动词等形式来进行表达，如例（39）所示：

（38）a. 目前全球每年产生的危险有毒废物约五亿吨，这些废物处理起来非常复杂，费用很高……

b. 冯总说，"因为国内外的升船机都不多，试验较少，建起来将具有很大的挑战性。"

c. "南尼兰""李尼丽""孙存春""柯克和"，读起来像不像绕口令？

d. 若是掺入了淀粉，[月饼]吃起来口感滑软，却失去了莲子的原香原味，实不足取。

e. 规定了股份后，在公司运营中的人际关系变得十分明确，执行起来顺理成章，非常理性。

（39）a. Thieves favor small, zippy cars because they handle well on the dense streets and are ideal for doughnuts.

b. Obviously, that's a very specific milieu, but it can read differently as long as we know to read it differently.

c. The course plays smoothly this winter.

d. His autobiography reads like a fiction.

e. This painting sells for up to $7,000,000.

f. But as we've learned, some poems don't translate.

g. The back doors will open if you push them hard.

h. His records sell about a million copies a year.

i. Sex and violence do sell!

例（39）中各句的附加语表达的都是该句主语的性质，例（39a）表达这些汽车具有"好操作"的特点，例（39b）表达它可以"用不同方式解读"的特征，例（39c）表达球场"打起来很顺滑"的特点，例（39d）表达他的自传有"读起来像小说"的特点，例（39e）描述画的价格，例（39f）描述某些诗歌具有"不可译"的特点，例（39g）表达后门具有"可开性"，例（39h）描述唱片售出的数量，例（39i）表达性和暴力的"可售性"特点。

可见，性质类附加语可以表达多种意义，可以用多种形式来表达，如例（39a）—（39c）为副词，（39d）和（39e）为介词短语，（39f）为否定形式，（39g）为情态动词，（39h）为名词短语，（39i）为强势动词。

需要注意的是，带有性质类附加语的汉语中动句需要和类似例（40）中的句子区别开来。

（40）a. 梁星明<u>看起来有点儿憨</u>，平时不声不响，分配他做刨工，他就守着小刨床；让他改做钳工，他就重新开始，不显山不露水……

b. 这些事情<u>听起来怪诞</u>，但它却是发生在罗马街头的真实事情。

c. 这些人生的小事实，<u>说起来很平凡</u>，却是绝少人能够发现那其中隐伏着的一个大原则……

从表面上看，例（40）中的句子应该属于带性质类附加语的汉语中动结构，事实上二者有较大的区别。例（40）各句中的"起来"短语属于插入语，因此，其后成分不是附加语，而是谓语。"起来"短语可以从句中删除，也可以前置到主语之前，分别如例（41）和（42）所示：

（41）a. 梁星明有点儿憨……

b. 这些事情怪诞……

c. 这些人生的小事实很平凡……

（42）a. 看起来，梁星明有点儿憨……

b. 听起来，这些事情怪诞……

c. 说起来，这些人生的小事实很平凡……

可见，例（40）中"起来"短语后的形容词性成分虽然也描述主语的性质，但这些性质都是主语所固有的属性，不需要通过施事的动作表现出来。句中的"看起来""听起来"与"说起来"没有实际的意义，表达从某方面评说某事物的性状（吕叔湘 1999）。也即上例中的"看""听"与"说"原本的动词义都已经虚化，因此，例（40）中各句是形容词谓语句，没有隐含施事，不属于中动结构。

同样，以性质类为附加语的英语中动句需要和诸如例（43）的句子区别开来：

（43）a. He sings really well.

b. Rocks sink quickly when put into water.

例（43）中的句子在表面上和以性质类为附加语的英语中动句类似，都具有"NP+V+Adv"的形式，都表达主语的属性，都具有类指意义，因此 Massam（1992）曾把这类句子归在中动结构范畴之内。但事实上，两类句子有较大区别。例（43a）和（43b）都没有隐含施事，二者的主语都是动作的发出者，其中前者的主语为动作的施事，后者为自发动作。因此，它们都不是中动句，前者为非作格句，后者为非宾格句。

6.2.4 时空类附加语

时空类附加语包含时间类和空间类两个子类别，其中时间类附加语表达做某件事的速度或所需要的时间，空间类附加语表达某事件所发生的空间或地点。这类附加语在英汉中动句中所出现的频率不高，尤其是在汉语中动句里出现的频率较低。汉语里没有以空间类为附加语的中动句，表达时间和速度的附加语主要是形容词或动词短语，也有较少的介词短语和主谓短语，分别如（44）中各句所示：

(44) a. 出现的问题纠正起来也很快，宣传工作也做得很好，保证了医药经济的健康发展。
b. [某品牌的录影机]操作起来只需一二秒钟，比普通录像机快捷得多。
c. 与表音文字相比，表意文字最大的优势在于阅读速度，这种文字阅读起来比表音文字至少快十倍。
d. 所以文科和理科分开，学起来入门更快。

以时空类词语为附加语的英语中动句主要用介词来表达，多数为 in- 短语，如例（45）所示；也有部分表达速度快慢的附加语用副词来表达，主要是"quickly""fast"和"slowly"，如例（46）所示：

(45) a. This French country recipe also works well with chicken and will cook in about half the time.
b. TruRoots's new Sprouted Lentil Trio cooks in just 5 to 7 minutes.
c. I'm pretty sure the model will sell in the Christmas season.
d. It doesn't mean that this book will not sell in America.
e. This game will sell in this market crazy for computer games.

（46）a. Small to medium oysters (such as the Kumamoto and Olympia varieties) cook <u>more quickly</u> than larger ones.
　　　b. Vegetables cook <u>more slowly</u> than meat and poultry in this appliance.
　　　c. Stand the neck up, like a horseshoe, against the bird, or it will cook <u>too fast</u>.

例（45a）和（45b）的附加语表达做某件事所需要的时间，例（45c）的附加语表达某事发生的时间，例（45d）和（45e）表达某事发生的地点或场所。例（46）中各句的附加语"more quickly""more slowly"和"too fast"都表达事件的快慢或用时的长短。

6.2.5 结果类附加语

结果类附加语表达做某件事的结果。这类附加语在英汉中动句中出现的频率也较低。汉语中动句里表达结果义的附加语主要是介词短语（主要表达比较或类比），也有较少量的形容词（包括带补语的形容词）和动词短语，如例（47a）的附加语为介词短语，（47b）为形容词，（47c）为动词短语。

（47）a. 若将它们全部写到厚 0.1 毫米的纸上，每张写 1 万位，这些纸张堆起来将<u>比珠穆朗玛峰还高</u>。
　　　b. 炒之前将肉片用少量食油和生粉拌一下，这样炒起来<u>更嫩</u>。
　　　c. 实际上是一块实心的鼓状石碑，敲起来<u>并不能发出很大的声响</u>。

英语中动句里表达结果意义的附加语一般由副词"up""out""on""off"等来表达，有时也通过形容词来表达，和动词一起组成动结构式（resultative construction）。能跟这类附加语结合的动词较少，笔者在 COCA 和 BNC 中仅发现少数几个动词，如"sell""cook""bolt""slide""zip""fold"等，如例（48）所示：

（48）a. You'll probably find that nonstop flights to popular cities <u>sell out</u> first.
　　　b. The game <u>sold off</u> when we got there.

c. Use the zipper! It zips up.
d. And it's simple to install. It simply bolts on.
e. The drawers slide open.
f. The inside security pocket zips closed.
g. The back seats in the car fold forward.

由例（48）可见，英语中动句里的结果附加语通常是由动结构式来表达，即"动词＋结果"结构。事实上，表达结果义的附加语在汉语中动句里也是由动结构式来表达的，只不过动词和结果之间有个中动标记"起来"。

6.2.6 方向类附加语

方向类附加语表达事件发生的方向，通常由介词短语来表达。笔者在汉语语料库中没有发现带这类附加语的中动句，方向类附加语在英语中出现的频率也较低，例如：

（49）a. Between 1992 and 2007, sales of farm goods sold directly to consumers through channels like farmers markets.
b. This poem does not translate into Slavic languages.
c. Main verbs raise to INFL in French but not in English.
d. The chair adapts to your figure.

例（49）中各句的附加语都表达方向或目标，也可以称为"目标类"（goal）附加语，这类附加语在英语中动句里多通过介词短语 to-、into- 或 onto- 来表达。

6.2.7 复杂类型附加语

复杂类型是指带两个或多个附加语，且每个附加语都表达不同意义的类型。有的中动句虽然带两个或多个附加语，但这些附加语表达同类意义，这类附加语不属于此处所讨论的复杂类型，如例（50）中的句子虽然都有两个附加语，但例（50a）中的"方便"和"舒适"都表达适意性，因此将其归为适意类，例（50b）中的"well"和"like hot cakes"都表达性质，因此将其归为性质类。

此处讨论的复杂类型专指带两个或多个意义类型不同的附加语，如例（51）和（52）所示。这些附加语在形式上可以是同类的，也可以是不同类的，如例（51a）中的"很难"和"很慢"都是形容词形式，分别表达难易和时间，例（51b）的两个附加语"轻松"与"速度也快"在形式上分别属于形容词和主谓短语，分别表达适意性和时间意义。例（52a）的两个附加语"smoothly"和"into the wall"在形式上分别属于副词和介词短语，分别表达性质和方向意义，例（52b）的两个附加语"up"和"fairly quickly"在形式上都是副词，在意义上分别表达结果和时间。

(50) a. 在生产工艺上，由单片型卫生巾发展成的蝶翼型卫生巾，使用起来更加<u>方便</u>、<u>舒适</u>。

b. I do think the new PowerBook G4 Titanium will sell <u>well, like hotcakes</u>.

(51) a. 我们有多少好的规划、好的方针政策，就是落实不了，或者落实起来<u>很难</u>、<u>很慢</u>……

b. 一名推车进棚的学生自豪地对记者说，这种车骑起来<u>轻松</u>，<u>速度也快</u>。

(52) a. The inner door slides <u>smoothly</u> <u>into the wall</u>.

b. Next time I'm going to try this over barley, which also cooks <u>up</u> <u>fairly quickly</u>.

此外，还需要将意义上的复杂类型和前文提到的形式上的复杂类型区别开来。虽然二者都指带有两个或多个附加语的情况，前者指表达两种或多种意义的附加语，而后者指用两种或多种形式的附加语。从语料库中的数据来看，意义上的复杂类型要比形式上的复杂类型出现的频率更高。这大概是因为，在很多情况下，言者对事件的评价不是单方面的，可以涉及多种意义类型。

综上所述，英汉中动结构的附加语都可以表达难易、适意性、性质、时间、结果等意义，有时也会将它们叠加起来，表达复杂意义。英语中动结构的附加语还可以表达空间和方向意义。各种意义类型在CCL中出现的数量和比例如表 6.16 所示：

表 6.16　CCL 里中动句附加语的意义类型

	难易	适意性	性质	时间	结果	复杂类型	合计
数量（句）	1 053	527	440	39	18	101	2 178
比例（%）	48.35	24.20	20.20	1.79	0.83	4.63	100

如表 6.16 所示，CCL 里中动句的附加语以难易类为主，占总数的 48.35%，其次为适意类附加语，占总数的 24.20%，再次为性质类附加语，占总数的 20.20%。上述三种意义类型是 CCL 中动句最常用的附加语，合起来占比 92.75%。其他意义类型包括时间类、结果类以及复杂类型，这三类附加语所占比例较低，分别为 1.79%、0.83% 和 4.63%。

由此可见，CCL 里中动句的附加语在意义类型上的序列为：难易类＞适意类＞性质类＞复杂类型＞时间类＞结果类。各意义类型在 SLC 中的分布情况如表 6.17 所示：

表 6.17　SLC 里中动句附加语的意义类型

	难易	适意性	性质	时间	结果	复杂类型	合计
数量（句）	137	81	86	10	2	19	335
比例（%）	40.90	24.18	25.67	2.99	0.59	5.67	100

由表 6.17 可见，SLC 里中动句的附加语也以难易类、适意类和性质类为主，以这三类为附加语的中动句合起来共有 304 条，占总数的 90.75%。其中以难易类为附加语的中动句有 137 条，占总数的 40.90%，以性质类为附加语的中动句有 86 条，占总数的 25.67%，以适意类为附加语的中动句有 81 条，占总数的 24.18%。以其他三种类型为附加语的中动句在 SLC 中也占比较低，其中复杂类型附加语有 19 例，占总数的 5.67%，时间附加语有 10 例，占总数的 2.99%，结果附加语有 2 例，占总数的 0.59%。

可见，SLC 里中动句的附加语在意义类型上的序列为：难易类＞性质类＞适意类＞复杂类型＞时间类＞结果类。与 CCL 不同的是，SLC 里以性质类为附加语的中动句在频率上超过了以适意类为附加语的中动句，不过差额不大，前者比后者仅多 5 例，在比例上仅高 1.49%，可以认为二者在 SLC 中出现的频率基本相当。

综合来看，汉语中动句的附加语就意义而言主要有六种类型，各类附加语的分布情况如表 6.18 所示，该表数据基于合并频率：

表 6.18 汉语中动句附加语的意义类型

	难易	适意性	性质	时间	结果	复杂类型	合计
数量（句）	1 190	608	526	49	20	120	2 513
比例（%）	47.35	24.19	20.93	1.95	0.80	4.78	100

由表 6.18 可见，难易类、适意类和性质类附加语占绝大多数，合起来占总数的 92.47%，其中有 1 190 例中动句的附加语表达难易意义，占总数的 47.35%，有 608 例中动句的附加语表达适意性意义，占总数的 24.19%，有 526 例中动句的附加语表达性质意义，占总数的 20.93%。其他三类附加语在汉语中动句中不太常用，其中以复杂类型为附加语的中动句有 120 条，占总数的 4.78%，以时间类为附加语的中动句有 49 条，占总数的 1.95%，以结果类为附加语的中动句有 20 条，占总数的 0.80%。

可见，汉语中动句的附加语在意义类型上的序列为：难易类＞适意类＞性质类＞复杂类型＞时间类＞结果类。该结果和邓云华、尹灿（2014b）的研究结果有所不同。

邓云华、尹灿（2014b）所用的语料库包括 CCL、MLC 和 SLC，在上述三个语料库中分别检索到中动句 1 200 条、670 条和 345 条，并对这些中动句的附加语按照易性、特性、对比性和定义特征进行了标注，所得数据如表 6.19 所示，该表数据基于合并频率：

表 6.19 汉语中动句附加语的类型（基于邓云华、尹灿 2014b）

	易性中动句	特性中动句	对比性中动句	谓语结构中动句	合 计
数量（句）	1 240	656	96	223	2 215
比例（%）	55.98	29.62	4.33	10.07	100

如表 6.19 所示，邓云华、尹灿（2014b）将中动句的附加语分成四种类型，但没有说明其分类标准，也没有对上述四种类型的附加语进行定义。据笔者的判断，易性中动句和本书中的难易类附加语相对应，特性中动句与性质类中动句对应，对比性中动句和谓语结构中动句分散于本书中的各类附加语之中。事实上，对比性中动句不应单独列出来，可以归于其他类型之中，如例（53a）可以归入易性中动句，（53b）可以归入特性中动句。

（53）a. 大家都认为历史学起来比物理容易。
　　　b. 这种现代化的小区住起来比传统小区方便。

邓云华、尹灿（2014b）所谓的"谓语结构中动句"实际上是以谓语结构为附加语的中动句，这是附加语在形式上的特征，不是意义上的特征，因此可以合并到其他类型当中。

如前文所述，英语中动句的附加语在语义类型上比汉语丰富，以上述各意义类型为附加语的中动句在 COCA 中的分布情况如表 6.20 所示：

表 6.20　COCA 里中动句附加语的意义类型

意义类型	数量（句）	比例（%）
难易类	1 346	25.52
适意类	75	1.42
性质类	3 093	58.65
时空类	276	5.23
结果类	257	4.87
方向类	72	1.37
复杂类型	155	2.94
合　计	5 274	100

需要注意的是，本部分对附加语意义类型的讨论不包含不带附加语的中动句。因此，表 6.20 里中动句的总数为 5 274，即中动句总数 5 390 条减去不带附加语的中动句 116 条。由该表可见，COCA 里中动句的附

加语以性质类居多，共有 3 093 条中动句的附加语表达性质类意义，占总数的 58.65%。其次为难易类附加语，共有 1 346 条中动句的附加语表达难易类意义，占中动句总数的 25.52%。再次为时空类和结果类附加语，有 276 和 257 条中动句的附加语分别表达时空类和结果类意义，分别占中动句总数的 5.23% 和 4.87%。

其他意义类型的附加语所占比例较小，其中有 155 条中动句的附加语表达多种意义，属于复杂类型，占中动句总数的 2.94%，有 75 条中动句的附加语表达适意性意义，占总数的 1.42%，最后有 72 条中动句的附加语表达方向类意义，占中动句总数的 1.37%。

可见，性质类和难易类附加语是 COCA 里中动句最常见的附加语类型，合起来占总数的 84.17%。以其他类型为附加语的中动句均不超过总数的 10%。COCA 里中动句的附加语在意义类型上的序列为：性质类＞难易类＞时空类＞结果类＞复杂类型＞适意类＞方向类。

以上述各类型为附加语的中动句在 BNC 中的分布情况如表 6.21 所示，该表数据也不包括不带附加语的中动句，因此总数为 1 460 条（＝中动句总数 1 521 减去不带附加语的中动句 61 条）。

表 6.21 BNC 里中动句附加语的意义类型

意 义 类 型	数量（句）	比例（%）
难易类	243	16.64
适意类	35	2.40
性质类	932	63.84
时空类	90	6.16
结果类	87	5.96
方向类	21	1.44
复杂类型	52	3.56
合　计	1 460	100

由表 6.21 可见，BNC 里中动句的附加语也以性质类为主，共有 932 条中动句的附加语表达性质类意义，占总数的 63.84%。其次为难易类

附加语，共有 243 条中动句的附加语表达难易类意义，占中动句总数的 16.64%。再次为时空类和结果类附加语，分别有 90 和 87 条中动句的附加语表达时空类和结果类意义，分别占中动句总数的 6.16% 和 5.96%。

其他意义类型的附加语所占比例较低，其中有 52 条中动句的附加语表达多种意义，属于表 6.21 中的复杂类型，占中动句总数的 3.56%，有 35 条中动句的附加语表达适意性意义，占总数的 2.40%，最后有 21 条中动句的附加语表达方向类意义，占中动句总数的 1.44%。

可见，BNC 里中动句的附加语也是以性质类和难易类为主，合起来占总数的 80.48%，其他类型的附加语所占比例较小。BNC 里中动句的附加语在意义类型上的序列为：性质类＞难易类＞时空类＞结果类＞复杂类型＞适意类＞方向类。

综合来看，英语中动句的附加语不像学界流行的"以难易类为主"（何文忠 2007a；严辰松 2011；Joh 2016）。事实上，表达性质类意义的附加语在中动句里所占的比例远远超过难易类附加语。各类附加语在英语中动句里的出现频率与所占比例如表 6.22 所示，该表数据基于合并频率：

表 6.22　英语中动句附加语的意义类型

意 义 类 型	数量（句）	比例（%）
难易类	1 589	23.60
适意类	110	1.63
性质类	4 025	59.77
时空类	366	5.44
结果类	344	5.11
方向类	93	1.38
复杂类型	207	3.07
合　　计	6 734	100

由表 6.22 可见，以性质类为附加语的中动句占总数的 59.77%，以难易类为附加语的中动句占 23.60%，前者比后者所占的比例高 36.17%，

可见，性质类附加语比难易类更常用于英语中动句中。其他意义类型的附加语在英语中动句里出现的频率较低，其中时空类附加语占总数的5.44%，结果类附加语占5.11%，复杂类型的附加语占3.07%，适意类占1.63%，方向类出现的频率最低，共有93例，占比1.38%。

可见，英语中动句的附加语在意义类型上的序列为：性质类＞难易类＞时空类＞结果类＞复杂类型＞适意类＞方向类。其中，性质类和难易类是英语中动句中最常见的附加语形式，两类合起来占总数的83.37%，其他五类附加语所占比例较低，合起来仅占16.63%。

本书结论和邓云华、尹灿（2014b）的结论有所不同。邓云华、尹灿（2014b）根据杨晓军（2006）[1]的观点，把英语中动句的附加语分成易性、特性、对比性和定义特征类四种类型，并用COCA、BNC和COHA三个语料库统计了上述各类附加语在英语中动句里的出现频率。其研究结果显示，英语中动句附加语的分布等级为易性附加语＞特性附加语＞对比性附加语＞定义性特征附加语。

邓云华、尹灿（2014b）没有说明上述四类附加语的分类标准和标注方法。根据杨晓军（2006）的观点，易性附加语表达事件的难易，和本研究中的"难易类附加语"类似，特性附加语描述主语的性质，和本研究中的"性质类附加语"类似，对比性附加语指以比况短语来实现的附加语，如例（54）所示。事实上，这类附加语是按其形式来定义的，不宜和按意义来定义的易性和特性附加语并列在一起，如例（54）中的三例中动句都是对比性附加语，但表达不同的意义，例（54a）表达难易，（54b）和（54c）表达性质。可见，这类附加语应该按照所表达的意义进一步分类，并归入其他类型之中。定义性特征中动句多用在广告语篇中，指商品的设计性特征，很多都是不带附加语的光杆形式，因此，无法讨论其附加语的类型，如例（55）所示。

（54）a. Boneless chicken thighs cook <u>as easily as chicken breasts</u>.
　　　b. Jagged rocks could cut <u>like knives</u>.
　　　c. Kim Rich's life reads <u>more like a television story line than reality</u>.
（55）a. This dress zips <u>in the back</u>.

---

[1] 邓云华、尹灿（2014b）将杨晓军（2006）误写为杨晓军（2007）。

b. Leveling glides adjust.

可见，笔者和邓云华、尹灿（2014b）的结论之所以出现较大差异，是因为对英语中动句的附加语采取了不同的分类标准，且所用语料来源于不同的语料库。

综上所述，就意义类型而言，英语中动句的附加语包括七种类型，即性质类、难易类、时空类、结果类、适意类、方向类和复杂类型的附加语，汉语中动句的附加语包括六种类型，即难易类、适意类、性质类、时间类、结果类以及复杂类型的附加语。以上述各类型为附加语的英汉中动句在语料库中的分布情况如表6.23所示，该表数据基于合并频率：

表 6.23 英汉中动句附加语的意义类型对比（1）

意义类型	英语中动句		汉语中动句	
	数量（句）	比例（%）	数量（句）	比例（%）
难易类	1 589	23.60	1 190	47.35
适意类	110	1.63	608	24.19
性质类	4 025	59.77	526	20.93
时空类	366	5.44	49	1.95
结果类	344	5.11	20	0.80
方向类	93	1.38	0	0.00
复杂类型	207	3.07	120	4.78
合　计	6 734	100	2 513	100

由表6.23可见，有三种类型的附加语在汉语中动句中比英语中动句中所占比例更高，即难易类、适意类和复杂类型附加语。难易类附加语在英语中动句中所占比例相对较低，为23.60%，在汉语中动句中所占比例较高，为汉语中动句最常用的附加语类型，占总数的47.35%，比英语中动句高23.75%。此外，适意类附加语在英语中动句中并不常用，仅占总数的1.63%，但在汉语中动句中较为常见，是继难易类附加语之后第二常用的附加语类型，占总数的24.19%，比英语中动句高22.56%。复

杂类型的附加语在汉语中动句里的出现频率也超过了英语中动句，前者为4.78%，后者为3.07%，前者比后者高1.71%。

其他类型的附加语在汉语中动句里所出现的频率比英语中动句低。首先为性质类附加语。该类附加语是英语中动句最常用的附加语类型，占英语中动句总数的59.77%，在汉语中动句里所占比例则相对较低，为20.93%，比英语中动句低38.84%。事实上，性质类附加语的出现频率是英汉中动句附加语中差比[1]最大的一种，说明英语中动句更倾向于通过事件来描述其主语的性质，这类附加语所表达的意义较多样，如价格、数量、方式、状态等都包含在内，汉语中动句一般较少表达上述类型的意义，因此性质类附加语在英语中动句里所占比例较高，在汉语中动句里所占比例较低。

时空类附加语和结果类附加语在汉语中动句里所出现的频率也低于英语中动句。如前文所述，就时空而言，汉语中动句只有表达时间或速度快慢的附加语，没有表达地点或处所的附加语，因此时空类附加语在英语中动句里所占的比例比汉语中动句高，两者分别为5.44%和1.95%，汉语中动句比英语低3.49%。结果类附加语在英语中动句里占比5.11%，在汉语中动句里占比0.80%，汉语比英语低4.31%。

方向类附加语在英语中动句里占总数的1.38%，在汉语中动句里没有出现。可见，该类附加语在英语和汉语中动句里都不常见。各类型的附加语在英汉中动句里所占比例的差额如表6.24所示，该表数据基于合并频率：

表6.24　英汉中动句附加语的意义类型对比（2）

意义类型	英语中动句 比例（%）	汉语中动句 比例（%）	差　　比 比例（%）
难易类	23.60	47.35	23.75
适意类	1.63	24.19	22.56
性质类	59.77	20.93	−38.84

---

[1] 此处的"差比"指汉语中动句的各类附加语与英语中动句各类附加语在比例上的差额，即"差比＝各类型的汉语中动句附加语所占的比例−各类型的英语中动句附加语所占的比例"。

续表

意义类型	英语中动句 比例（%）	汉语中动句 比例（%）	差 比 比例（%）
时空类	5.44	1.95	−3.49
结果类	5.11	0.80	−4.31
方向类	1.38	0.00	−1.38
复杂类型	3.07	4.78	1.71
合 计	100	100	—

英汉中动结构的附加语之所以会在意义类型上表现出较大的差异，可能是因为汉语中动结构的评议性或主观性比英语中动结构强。难易类和适意类附加语所带的评价性最强，因此最常用于汉语中动句里。时空类、结果类、方向类附加语多为客观描述，评议性较弱，因此不常用于汉语中动句。性质类附加语所包含的意义类型较为多样，其中表达价格、数量、方式等意义的附加语在汉语中动句里较少出现，因此性质类附加语在汉语中动句里所出现的频率比英语中动句低很多。

6.3 本章小结

本章集中讨论了英汉中动结构对其附加语的选择限制。从形式上来看，汉语中动结构的附加语不限于形容词，还有动词短语、主谓短语、介词短语、熟语等多种形式，也有不少中动句用不止一种形式的附加语，本书称之为"复杂类型"。在各种形式中，形容词占比最大，为63.07%。需要注意的是，汉语中动句的附加语较少使用性质形容词（形容词的简单形式），较多使用状态形容词（形容词的复杂形式），只有在表示对比、否定、罗列等意义的情况下才使用性质形容词。动词短语和主谓短语也是较为常见的附加语，其他类型占比较小。

英语中动结构的附加语也可以用不同的形式来充当，如副词、介词短语、形容词、名词短语等，也有不同形式的复合形式，即复杂类型。其中，副词为最主要的附加语形式，以副词为附加语的中动句占总数的40.96%，其次为介词短语，占中动句总数的23.17%。其他类型的附加语所占比例较低。

除上述提到的附加语类型之外，英语中动结构的附加语有时可以用其他手段来代替，常见的有情态词、否定词、对比、强势动词 do、重音强调等，分别如例（56）中各句所示：

（56）a. If we said terrible things or stabbed each other, the scene would cut.
　　　b. Shows like this never sell.
　　　c. This dress buttons, while that one zips.
　　　d. Their figures prove that with the right approach houses do sell.
　　　e. This is difficult to prepare, but it still COOKS!

关于汉语中动结构附加语的替代形式，文献中几乎没有提及，付岩（2012）曾指出汉语中动句不同于英语，前者的附加语没有替代形式，但是通过多方面的语料考察和分析，笔者发现，汉语中动句的附加语也有替代形式，只是其替代形式较英语而言比较单一，只能通过情态词来表达，具体表现为"能/可"句，如例（57）所示：

（57）a. 塑胶跑道防滑性能好，即使下过雨也能跑。
　　　b. 这种野菜不只叶子能吃，根也可以吃。

笔者在界定汉语中动结构时曾指出它包含两种结构类型，即"起来"句和"能/可"句。事实上，应该将其看作一种结构，其中"能/可"句是"起来"句的变体，用情态词"能"或"可以"代替了"起来"句中的附加语。没有了附加语（补语），作为补语标记词的"起来"也就没有存在的必要，因此从句中消失。语料库数据分析表明，"起来"中动句出现的频率远大于"能/可"句，因此在上述两种结构中，"起来"句为无标记形式，"能/可"句为有标记的形式。

需要注意的是，并不是所有的"起来"句都能转换成"能/可"句，如例（58）中的 a 和 b 都不能转换为 a'和 b'。这是因为车能发动、能跑，餐具能收拾和清洗是他们的设计性特征。换句话说，若不能发动、不能跑就不能称之为车，一般的餐具都能收拾和清洗。因此，只讨论"能不能"是没有意义的事。

（58）a. 这种车和电动汽车一样，发动起来没有声音，跑起来很安静。
a'．*这种车和电动汽车一样，能发动，能跑。
b. 这么多的餐具收拾和清洗起来很费事儿，但日本人丝毫不会因怕麻烦而敷衍了事。
b'．*这么多的餐具可以/不能收拾和清洗……

此外，有的"能/可"句也可以带补语，通常是结果补语，如例（59）所示。因为有了"能/不能"或"可以/不可以"的插入，补语可以直接跟在动词之后，如例（59b），也可以出现在补语标记词"得"之后，如例（59a）。但是，中动的"能/可"和"起来"不兼容，二者呈互补分布。

（59）a. 仙女座距地球过于遥远，观测起来十分困难，但若利用设在美国本土、夏威夷等地的 10 台射电望远镜组<u>能观测得到</u>。
b. 这些杯子是玻璃的，<u>可以摔碎</u>。（电影里的某场景，需要演员摔碎杯子）

如前文所述，"起来"中动句的动词多以光杆形式出现，排斥任何形式的补语。这是因为在该结构中，"起来"可以看作像"得"一样的补语标记词，其后的附加语充当补语，如例（60a）不合语法，可以用（60b）来表达。因此，有的文献中汉语中动结构排斥结果补语的说法（如何文忠 2007b）不符合语言事实，只是它需要放在补语标记"起来"之后。

（60）a. *这种牛肉炒嫩起来不容易。
b. 这种牛肉炒起来不容易嫩。

因此,"NP+能/可以+VP"结构是"NP+V起来+AP[1]"结构的变体,宜看作同一构式,因为二者对其组成成分有相似的选择限制。需要注意的是,"起来"句为非标记形式,其理解不需要特殊语境,若转换成"能/可"句则可能需要较多的语境信息,而且有些"起来"句不能转换成"能/可"句。因此本书对汉语中动结构的研究主要针对"起来"句进行。

从形式上来看,英语中动句附加语的等级序列为:副词(40.96%)>介词短语(23.17%)>否定(15.09%)>情态动词(13.82%)>复杂类型(3.07%)>无附加语(2.56%)>名词短语(0.68%)>强势动词(0.40%)>形容词(0.16%)>对比、重音(0.09%),汉语中动句附加语的等级序列为:形容词(63.07%)>动词短语(13.81%)>主谓短语(10.03%)>介词短语(5.81%)>复杂类型(4.10%)>熟语(3.18%)。

可见,英汉中动句的附加语在形式上有较大区别,这主要是由两种语言不同的句法结构形式决定的。首先,附加语在英汉中动句中所充当的句法成分是不同的,在英语中动句里一般做状语,在汉语中动句里做补语。其次,形容词、动词短语与主谓短语可以在汉语中做补语,而英语的状语通常由副词、介词短语等形式充当。

英汉中动句的附加语可以表达丰富的意义,除了文献中提到较多的难易意义之外,还有适意性、性质、时空、结果等其他意义,有的附加语还能表达两种或多种意义,形成复杂的意义类型。在汉语中动句中,难易类、适意类和性质类占比最大,合起来占总数的92.47%,因此汉语中动句主要表达言者对事件难易或事物特性的评价,以及言者执行某动作的体验或感受。此外,复杂类型也占有一定的比例(4.78%),超过了时间类和结果类附加语的总和,也即非施事主语的属性有时通过两种或者多种意义类型的附加语来体现,言者较少通过事件的结果和做某事所需的时间来评价事物的属性。汉语中动句的附加语在意义类型上的序列为:难易类(47.35%)>适意类(24.19%)>性质类(20.93%)>复杂类型(4.78%)>时间类(1.95%)>结果类(0.80%)。

英语中动句的附加语在意义上有以下七种类型:性质类、难易类、适意类、时空类、结果类、方向类以及复杂类型。其中性质类和难易类

---

[1] 汉语中动句的附加语不止形容词短语(AP)一种形式,还有动词短语、主谓短语、介词短语等形式,但形容词短语占比较高,因此,为了简便,本书用AP标记附加语。

是英语中动句中最常见的附加语形式，两类合起来占总数的 83.37%，其他五类附加语所占比例较低，合起来仅占比 16.63%。英语中动句的附加语在意义类型上的序列为：性质类（59.77%）＞难易类（23.60%）＞时空类（5.44%）＞结果类（5.11%）＞复杂类型（3.07%）＞适意类（1.63%）＞方向类（1.38%）。

可见，英语中动句的附加语比汉语中动句多空间类和方向类两种类型。比较来看，有三种类型的附加语在汉语中动句中比英语中动句中所占比例更大，即难易类、适意类和复杂类型附加语。其他类型的附加语在汉语中动句里所出现的频率比英语中动句低。因此，汉语中动结构的评议性比英语中动结构强。难易类和适意类附加语所带的评价性最强，因此最常用于汉语中动句里。时空类、结果类、方向类附加语评议性较弱，因此在汉语中动句里不常用。

第七章

英汉中动结构范畴：典型与非典型

中动结构作为一个语义语法范畴[1]是原型范畴，有些中动句是范畴的原型，有些位于范畴的边缘，即有些是典型的中动句，有些是非典型的中动句。事实上，把中动结构看作原型范畴并不是全新的理念，如 Legenhausen（1998）就曾指出中动结构范畴有原型核心（prototypical core）和模糊的边界（fuzzy boundaries）。此外，就中动结构在整个英汉构式系统中的位置而言，它可能属于不同的上位范畴（superordinate categories），如受事主语结构、低及物结构、话题结构等，体现了构式语法中的"多重链接"。

作为一种原型范畴，中动结构不是一个同质的范畴，即它本身包含了不同的类型，各类型在范畴中处于不同的地位。要判断哪种类型处于核心地位（原型）需要首先确

---

[1] 语义语法范畴指的是一定的语义内容结合相应的语法形式（胡明阳1994），中动结构作为一个独立的构式，是形式和意义的组合，因此，可以看作一种语义语法范畴。

定英汉中动结构的原型性特征。

根据英汉中动句的句法语义特征，结合大量的实际语料，本书总结出英汉中动结构的四个原型性特征：

1）主语的责任性。主语的属性可以促进、阻碍或阻止事件的发生。

2）动词有［＋自主］、［＋完成］、［＋及物］的语义特征。然而，在中动结构义的压制下，动词失去动作性，表现出低及物的性质，一般只有动词的内论元在句法中得到投射。

3）隐性施事的相对任指性。中动结构的施事一般是隐含的，在指称上可以指向某个群体中的任何人。

4）情态性和类指性。中动结构不汇报已发生的事件，因此，它不用进行体和完成体，不能和表示特定时间点的成分共现。

这些特征可以用来判断英汉中动句的典型性。若某句具备上述所有的原型性特征，那么该句是原型性中动句，或称"典型中动句"；若不具备某个或某几个特征，则是非典型中动句，或称"边缘性中动句"。原型性中动句位于中动结构范畴的核心，非典型性中动句也是中动结构范畴的成员，因为它们和原型性中动句有家族相似性。下面将依据上述原型性特征分别讨论汉语中动结构和英语中动结构，并探讨各自的语义类型。

7.1 汉语中动结构范畴

7.1.1 原型性汉语中动句

如前文所述，原型性中动句是指具备中动结构范畴所有典型性特征的中动句。因为附加语是中动句的信息焦点，所以它最能体现中动句的意义类型。根据附加语不同的语义特征，原型性中动句可以分成如下六类：

第一类为"难易中动句"。如前文所述，汉语中动句多表示事件的难易，此类中动句在语料库中占比最大。其附加语一般是表示"困难"或"容易"意义的形容词词组、动词词组、主谓短语等，例如：

(1) a. 中小企业本身具有灵活性，调整起来比较容易。
　　b. 秦陵如此大的封土层，挖掘起来难度很大。

第二类为"性质中动句"。性质中动句表达的意义范围较广，包括价值、结构、大小、形状等各方面的意义。其附加语描述主语的性质，但这种性质需要通过动词所表达的动作来展现，如例（2a）中的句子表达的是"处理危险废物程序繁杂、花费高"，若没有"处理"这个动作，"危险废物"无法呈现出"复杂"和"费用高"的特性；例（2b）意为"输送高压电费用低"，因此，主要描述"高压电"的性质，该性质需要通过"输送"来体现。

(2) a. 这些危险废物处理起来非常复杂，而且费用很高。
　　b. 当电压升高到11万伏，甚至高达22万伏时，输送起来就更加经济。

第三类为"适意性中动句"。此类中动句通过隐性施事的感受来间接描述主语的属性，其附加语在语义上指向隐性施事。如例（3a）句中感到痛苦的是伤者，例（3b）中的"不舒服"描述骑车人的感受。这类中动句在汉语中较为常见，其目的不是描述隐性施事，而是通过其感受或体验间接描述主语的属性。如例（3a）强调的是主语"这种伤"的严重性；例（3b）描述的是"该类车"的设计对用户不友好。

(3) a. 这种伤从生理和心理上恢复起来都很痛苦。
　　b. 该类车车把高，车座低，骑起来不舒服。

第四类为"时间中动句"，主要表达主语属性对动作速度或所需时间的影响，其附加语一般表达速度快慢或具体的时间，但这种对时间的描述也是为了凸显主语的属性，如例（4）所示：

(4) a. 各队竞争非常激烈，申诉频繁，而且双方情绪激动，<u>解决起来耗费时间较长</u>。
　　b. "贵国建国，应优先发展空军。<u>空军发展起来比较快</u>，所需经费,较海军为少。"

第五类为"结果中动句"。表达动作作用于主语时所产生的结果。这类中动句在语料库中出现的频率较低,但它具备中动结构的所有典型性特征,因此,也属于原型性中动句,例如:

(5)炒之前将肉片用少量食油和生粉拌一下,这样炒起来更嫩。

第六类为以受事为主语的"能/可"句。"能/可"句没有"起来"标记,也没有附加语,但它备中动结构的所有原型性特征,如例(6)中"榆钱、榆树的叶子和皮本身的属性"为事件"能吃"的发生负主要责任;其动词"吃"具有[＋自主]、[＋及物]的语义特征,在该句中失去了动作性,表现出低及物的性质;两个小句都只有一个参与者得到句法投射,分别为"榆钱"和"榆树的叶子和皮";句子有一个隐含施事,且具有任指性,指"一类人";句子不汇报某具体事件,具有情态性和类指性,在时间特征上具有恒时性。例如:

(6)不仅榆钱能吃,榆树的叶子和皮也能吃。

此外,"能/可"句对其组成成分的限制和"起来"句类似。一般而言,其主语是受事,也有少量以非受事为主语的情况,如例(7)所示,当然,只有以受事为主语的"能/可"句属于原型性中动句。

(7)这把刀能剁骨头。

和"起来"句一样,"能/可"句的动词也一般是自主的及物动词,非自主动词不能用于"能/可"句,如例(8)中的句子不符合语法:

(8)a.*他的话不能懂。
　　b.*这种楼房能塌。

7.1.2 非典型性汉语中动句

汉语中的非典型性中动句指违反了中动结构一个或两个原型性特征的情况，这类中动句在语料库中出现的频率较低。根据所违反的特征不同，非典型性中动句可分为以下三大类型：

第一类为"非内论元主语中动句"或"旁格主语中动句"，指主语不是内论元（经受者或成事）的句子，违反了原型性特征 B。例（9）—（14）中各句的主语分别为处所、工具、方式、当事、与事和时间：

（9）这种自然的、手工的建筑与人的关系更直接，更亲切，住起来也就更舒适。
（10）出门在外要记备忘录时，铅笔用起来实在非常方便。
（11）离地1厘米左右确实跑起来很轻松，因为几乎就没有抬脚。
（12）国家总理当起来可不容易。
（13）项目成员具有当地的生活经历，交流起来比较通畅。
（14）夏天虽然天气热跑起来很难受，但正是由于天气热，才可以出更多的汗。

不及物动词做谓词和句中出现两个论元的情况也属于这一类，分别如例（15）和（16）所示：

（15）沙发坐起来是比较舒服，因而思考力会随之减弱，判断反应就不如平日那般敏捷。
（16）这种刀切起冻肉来很舒服。

例（15）中的动词"坐"是不及物动词，不具备[＋及物]的语义特征，因而属于非典型性中动句。例（16）强调的是工具的内在属性，动词所带的宾语明确了工具的用途，即用这种刀切冻肉舒服，切其他东西未必舒服。此外，例（16）中的动词没有受到中动结构义的压制而变成派生的不及物动词，因此该句为非典型性中动句。

第二类为"施事不隐含的中动句"，指通过"对……而言"等方式引出施事的情况，违反了原型性特征 C。例如：

（17）对他而言，汉语作为有声语言学起来不算太难。

例（17）中"学"的施事"他"出现在句子中，因而在指称上失去了任指性，也降低了主语的责任性。此时，句子的焦点不仅是主语"汉语"的属性，施事"他"的能力也得到了一定的强调。

第三类为"已然事件中动句"，表达主语在过去时段的某种属性，不具备原型性特征 D。例如：

（18）在旧社会，历史条件不同，再加上专业技术有限，这个问题解决起来极为困难。

例（18）不表达恒时的一般状况，表达主语在过去某段时间内所具有的特征，而且这种特征往往已经丧失，即"这个问题"现在可能不具备"解决起来困难"的特征。这类句子不表达事件发生的可能性，表达的是对过去某件事的难易、性质等特征的评价，往往没有情态性，因此不是典型的中动句。这类中动句除了强调主语属性之外，也强调了其他外部条件，如例（18）中导致"问题解决起来困难"的原因除了问题本身的特性之外，还有其他环境因素（历史条件和专业技术）。

可见，上述三类中动句都在某方面违反了汉语中动结构的原型性特征，因此属于非典型性中动结构。汉语中动结构范畴的内部结构如图 7.1 所示：

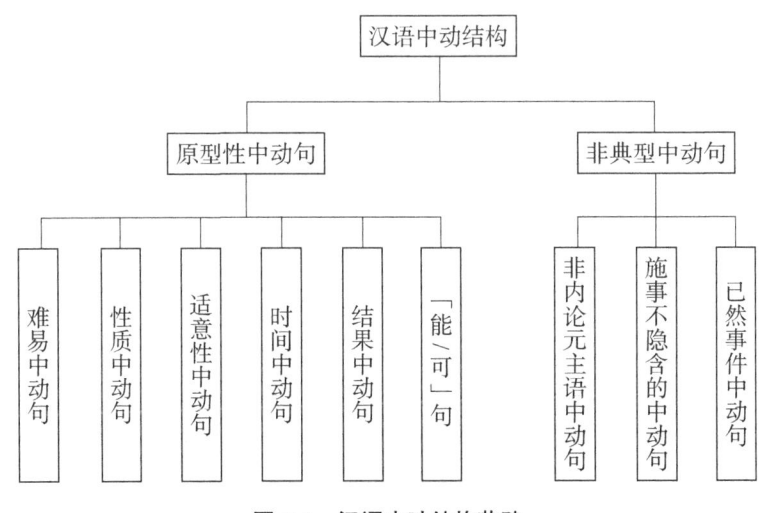

图 7.1　汉语中动结构范畴

7.2 英语中动结构范畴

7.2.1 原型性英语中动句

原型性英语中动句同时具备中动结构的四个原型性特征。在语料考察和 Davidse & Heyvaert（2007）对英语中动句分类的基础上，本书把英语原型性中动结构分成以下七种意义类型：

第一类为"过程中动句"。这类句子的附加语为传统附加语的其他实现形式，如情态动词、否定、强势动词、对比重音等，也可以是不带附加语的光杆形式。过程中动句只表述事件能否发生，不对事件发生的方式进行评价，例如：

(19) a. ... there's a certain politeness to the sound and personality that might not translate.
　　　b. The window is old and rusty, but it OPENS!

第二类为"难易中动句"，关注主语[1]的属性对事件所起的促进或阻碍作用，用以评价动作执行的难度。例如：

(20) a. Routine means that they play very easily.
　　　b. Those computers handle with great difficulty.

第三类为"性质中动句"，通过动作过程来描述主语的性质，该类中动句是对主语特性的性质判断，如例（21）所示：

(21) a. This pen writes very smoothly.
　　　b. The hollow-ground blade will cut cleanly through branches of three-inches in diameter.
　　　c. Programs attempting to teach thinking skills sell like hotcakes.

---

[1] 为了简便起见，本书提到的"主语"也表示其所指，即"主语所表达的实体"。

第四类为"时间中动句",通过描述执行某动作所花的时间来评价主语的性质,其附加语一般表示时间或速度,如例(22)所示:

(22) a. This meal cooks rapidly, although it is slow to prepare.
   b. It (cheese) grates, slices, shreds, cubes and melts in seconds.

第五类为"处所中动句",描述主语的典型处所,如例(23)所示:

(23) a. This small, wall-powered unit installs almost anywhere.
   b. The Live Board uses a wireless pen that writes directly on the surface.

第六类为"结果中动句",描述动作作用于句子主语而产生的结果,如例(24)所示:

(24) a. Colombian coffees blend well.
   b. It (wood) cuts well, and splits beautifully.

第七类为"方向中动句",描述动作事件的典型方向或目标,如例(25)所示:

(25) a. You will see that this fridge opens from right to left.
   b. Bryan's books sell mostly to fundamentalists.
   c. Main verbs raise to INFL in French but not in English.

可见,英语中的原型性中动句可以表达多种意义。下面来探讨英语中的非典型性中动句。

7.2.2 非典型性英语中动句

以往研究往往依据主语或附加语的类型来划分原型性和非典型性英语中动结构(何文忠 2007a;杨佑文 2011)。笔者认为,确定中动句的典型性应当以中动结构的原型性特征为标准,因此,英语中的非典型性中动句指不完全具备原型性特征的情况,可以分成以下四个类别:

第一类非典型性英语中动句为"非内论元主语中动句"或"旁格主语中动句"。指违反了原型性特征 B 的句子,即不以动词内论元为主语的中动句。例(26)中各句的主语分别为感事、工具、处所和材料:

(26) a. Maggie scares easily.
　　　b. The new pen does not write smoothly.
　　　c. This court plays well even when it is raining.
　　　d. This bamboo makes great rafts.

该类中动句还包括谓语动词为不及物动词的情况。不及物动词没有内论元,因此这类句子也是"非内论元主语中动句",例如:

(27) a. This new mattress sleeps comfortably.
　　　b. The boots she just bought don't walk.

句中出现两个论元的情况也属于该类中动句。例(28)中各句的主语分别为材料、工具和处所。

(28) a. That wood builds wonderful houses.
　　　b. These knives cut metal without any difficulty.
　　　c. This tent sleeps five (people).

第二类非典型性英语中动句为"含有施事的中动句"。因其施事以"*for*- 短语"或者其他形式在句中出现,而违反了原型性特征 A 和 C,例如:

(29) a. This poem translates easily for Amy.
　　　b. The piano handles well when Tony plays it.

例（29a）强调了动作施事"Amy"的能力，弱化了"the poem"本身对事件的促进作用；同样，例（29b）强调"the piano"的属性的同时也强调了"Tony"的个人能力（如对钢琴较熟悉、钢琴演奏水平高等）。

第三类非典型性英语中动句为"设计特征中动句"。该类中动句违反了原型性特征 A 的主语责任性和特征 D 中的情态性，表达主语的设计性特征，无情态性和评价意义。例如：

（30）This unit installs at the end of your bed.

例（30）不表达"Anybody can install this unit at the end of your bed"的意义，而表达"This unit is designed to be installed at the end of your bed"的意义。

第四类非典型性中动句为"已然事件中动句"。该类中动句不具备特征 D 中的情态性和类指性，表达已然事件，不表示未来事件发生的可能性，因而其谓语动词不用一般现在时。例如：

（31）a. His albums <u>sold</u> as many as 100,000 copies before we could know it.
　　　b. RIO <u>was not selling</u> as well as we had thought it would.

如前文所述，英语中动句虽然可以用过去时，但它不和表示时间点的成分连用，诸如例（32）中的句子可接受程度较低。

（32）? Those items translated easily in yesterday's literature class.

非典型性英语中动句的各类型都在某方面违反了中动结构的原型性特征，但在其他方面和原型性成员有家族相似性，因此，它们是英语中动结构范畴的非典型成员。英语中动结构范畴的内部结构如图 7.2 所示：

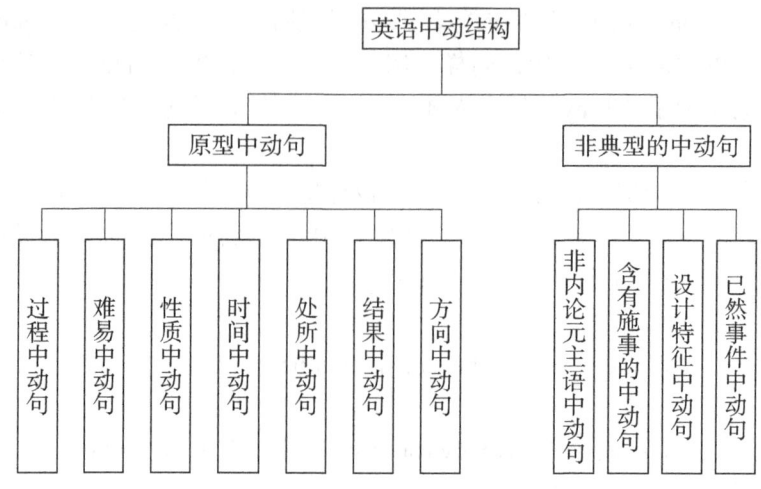

图 7.2　英语中动结构范畴

7.3　英汉中动结构范畴的异同

由上文的分析可见,英汉中动结构都是原型范畴,都有原型性中动句和非典型性中动句之分。就原型性中动句而言,英汉语中都有"难易中动句""性质中动句"和"结果中动句";但是汉语中缺乏与英语"过程中动句""处所中动句"和"方向中动句"相对应的意义类型,而英语中则很少出现"适意性中动句"。就非典型中动句而言,除了汉语中缺乏"设计特征中动句"之外,其他意义类型区别不大。汉语中动句不表达"过程""处所""方向""设计特征"等意义,这表明汉语中动句的评价性强于英语。事实上,基本上所有的汉语中动句都表达评价意义。

值得注意的是汉语中动句主语的类型比英语中动句丰富得多,如工具、处所、成事、当事、与事、目标、方式,甚至是时间成分等都可以做汉语中动句的主语,而英语中动句主语的使用则要受到很大的限制。英汉中动结构的主语在语义类型上的异同如表 7.1 所示,其中,"√√"表示该类型的主语在中动句里出现的频率较高,"√"表示该类型的主语在中动句里出现的频率一般,"×/√"表示该类型的主语在中动句里出现的频率较低,"×"表示不存在以该类型为主语的中动句。

表 7.1 英汉中动句主语的语义类型对比

类　　型	英语中动结构	汉语中动结构
经受者主语	√√	√√
工具主语	√	√
处所主语	√	√
材料主语	√	×
方式主语	×/√	√
成事主语	×/√	√√
当事主语	×	√
与事主语	×	√
时间主语[1]	×	×/√

由表7.1可见，经受者（包括受事和对象）主语在英汉中动句里都最为常见，工具主语和处所主语也常常出现在英汉中动句中。英汉中动句的主语在语义类型上的区别主要有以下几个方面：

首先，英语中动句很少以成事为主语，多数情况下以成事为主语的句子不是合格的英语中动句。这是因为英语中动句的主语一般事先存在，不依赖于动作，此外，英语中动句所表达的动作需要可以重复操作，而以成事为主语的句子多表达不具有重复性的动作，因此较少用于英语中动结构，试比较：

（33）a. *This stone field does not build easily.
　　　b. 石子田不仅保收，产量也比当地一般农田要高得多，但它<u>建造起来很麻烦</u>。

其次，英语中动句没有以当事[2]为主语的情况，因为"当"这个意

---

[1] 英语在特定语境中也允许时间成分做中动句主语，如两个售货员在讨论销售的最佳时段，其中一个说"Early evening sells better than morning"。但是，这类句子需要特殊语境，不能脱离语境使用。
[2] 当事指某人在生活或工作中所扮演的角色。

义在英语中不是通过动作动词来表达，而是通过状态动词"be"来表达，即使用"act"也不可接受。例如：

（34）*President does not act easily.

另外，与事也不能做英语中动句的主语。如例（35a）的主语暗含了一个"与"或"和"字，表达的意思是，"与/和玛丽沟通起来很容易"。而英语需要用介词"with"来表达这种意义，若从字面上翻译汉语中动句，则没有中动义，如例（35b）所示：

（35）a. 玛丽会汉语，沟通起来很容易。
　　　 b. Since Mary speaks Chinese, *she communicates easily.

例（35a）是合格的汉语中动句，但若翻译成例（35b）则是不合语法的形式。

汉语中动句主语的类型之所以比英语中动句丰富，或许是因为汉语主语具有较强的话题性。即汉语主语可以容纳能够做话题的多种语义角色，如"台下坐着评委团""一锅饭吃八个人""这些土豆切丝"等。此外，汉语的宾语类型也较其他语言更丰富，具有强焦点性的很多非受事成分都可以做汉语的宾语（陆丙甫等 2015），如"吃官司/食堂/大碗/软饭/父母/那一套"等。

7.4　本章小结

本章细致研究了英汉中动结构范畴的原型性及其类别，指出英汉中动结构范畴都属于原型范畴，其内部成员具有不同的典型性。本书首先从语义和句法两个角度提出了该范畴的四个典型性特征，并以此为依据分别将汉语中动结构和英语中动结构分成原型性中动句和非典型性中动句。

就语义而言，中动句的核心语义特征是属性类指性，因此，原型性中动句具有主语责任性、情态性、类指性等语义特征，而非典型性中动句不完全具备上述语义特征。就中动结构对其组成成分的限制而言，原型性中动句的主语为动词内论元（一般是动作的受事或对象，也可能是成事）；其动词表现出构式义的压制，由自主义较强的及物动词变成派生的不及物动词，也即只有一个论元（受事、对象或成事）在句法上得到投射，但这不意味着另一个论元（施事）被删除，它只是被抑制，以隐性论元的形式出现。非典型性中动句对其组成成分的限制可能在某方面不同于原型性中动句，如主语不是内论元，动词不是及物动词，没有表现出构式义和动词义的互动等。

根据不同的语义类型，汉语原型性中动句可以分成难易中动句、性质中动句、适意性中动句、时间中动句、结果中动句，以及"能/可"句。鉴于附加语是中动句的话语核心，各类中动句在意义上的差别主要体现在附加语上。前五类原型性中动句的附加语分别表示难易、性质、适意性、时间和结果意义，因此，整个句子也表达上述五种评价意义。第六类原型性中动句的附加语被情态词"能"或"可以"替代，因此，它所表达的评价义不是事件的难易等意义，而是事件本身能否发生。

非典型性中动句的分类是依据该句对原型性特征的违反情况。依据四个原型性特征，本应将其分成四类，但据观察，所有违反动词特征的句子也同时违反了主语特征，因此，笔者将两类句子整合成一大类，统称为"非内论元主语中动句"。其他两类违反了语义方面的特征，其中"施事不隐含的中动句"削弱了句法主语的责任性；而"已然事件中动句"不具备情态义和类指义。

需要注意的是，汉语中动结构作为原型范畴，其界限并不分明，也即中动结构和其他结构可能会有重叠，表现出构式语法中的多重链接，如例（36）可以解释为中动句，也可以解释为宾语省略的主动句，分别如例（37a）和（37b）所示。可见，一个句子是否为中动句，有时需要依赖语境。

（36）这种兔子能吃。
（37）a. 这种兔子能吃，红烧尤其好吃！
　　　b. 这种兔子能吃，一次能吃一碗饲料。

原型性英语中动句包括七种类型，即过程中动句、难易中动句、性质中动句、时间中动句、处所中动句、结果中动句和方向中动句；而非典型英语中动句则包含非内论元主语中动句、含有施事的中动句、设计特征中动句和已然事件中动句四种类型。

和汉语中动结构一样，英语中动结构范畴的边界也不清晰，和其他结构，如非宾格结构与非作格结构，有交叉重叠之处，如例（38a）在不同的语境中既可以解释成中动句，如例（39a）所示，也可以解释成非宾格句，如例（39b）所示，前者有隐性施事，后者没有隐性施事。例（38b）既可以解释成中动句，如例（40a）所示，也可以解释成非作格句，如例（40b）所示，前者的动作发出者为隐性施事，后者的动作发出者为句子主语"the colt"，没有隐性施事。

（38）a. The door does not open in winter.
　　　b. The colt gallops easily.
（39）a. The door is not openable in winter.
　　　b. The door remains closed in winter.
（40）a. It is easy to make the colt gallop.
　　　b. The colt usually runs very fast.

对比英汉原型性中动结构可以发现，难易中动句和性质中动句在英汉两种语言中都较常见。一般而言，英语中动句所表达的意义类型比汉语丰富，汉语中没有表达过程、处所、方向等意义类型的中动句，但"适意性中动句"在汉语中较为常见，在英语中则很少见。

英汉原型性中动句各类型的异同如表7.2所示，其中，"√√"表示该类型的中动句出现频率较高，"√"表示该类型的中动句出现频率一般，"×/√"表示该类型的中动句出现频率较低，"×"表示不存在该类型的中动句。

表7.2　英汉原型性中动句的类型对比

类　　型	英语中动结构	汉语中动结构
难易中动句	√√	√√
性质中动句	√√	√√
结果中动句	√	√

续 表

类　　型	英语中动结构	汉语中动结构
过程中动句	√	×
时间中动句	√	×/√
处所中动句	√	×
适意性中动句	×/√	√√
方向中动句	×/√	×

具体而言，难易中动句在汉语中出现的频率最高，其所占比例超过了50%，该类中动句在英语中所出现的频率低于汉语，其所占比例不足40%，而性质中动句在英语中出现的频率最高，其所占比例超过了40%，该类中动句在汉语中出现的频率低于英语，所占比例不足30%。此外，适意性中动句在汉语中出现的频率较高，是继难易中动句之后最常见的一类中动句，但该类中动句在英语中较少见，其所占比例不足10%。过程中动句、处所中动句和方向中动句可以出现在英语中，但不能出现在汉语中。结果中动句和时间中动句在英汉两种语言中都可以出现，但时间中动句在汉语中较少出现。

英语与汉语里的非典型性中动结构表现出较大的共性，如英汉中动结构范畴内都有旁格主语中动句、施事不隐含的中动句和已然事件中动句。但设计特征中动句在英语中动结构中存在，在汉语中动结构中不存在。

汉语之所以没有设计特征中动句，是因为汉语中动句的附加语具有某种评价意义，不对主语的设计特征做客观描述。可见，"评价性"对汉语中动句的意义比对英语重要。英汉非典型性中动结构在类型方面的异同如表7.3所示：

表7.3　英汉非典型性中动结构的类型对比

类　　型	英语中动结构	汉语中动结构
旁格主语中动句	√	√
施事不隐含的中动句	√	√

续 表

类　型	英语中动结构	汉语中动结构
已然事件中动句	√	√
设计特征中动句	√	×

由此可见，英汉中动结构在句法表现和类型上有一定的区别，但在语义方面相似度较高，再一次说明英汉中动结构不是同一构式，而是同类构式。

第八章

英汉中动结构的"中动"本质

　　文献分析表明,以往研究较少关注中动结构之所以被定义为"中动"的原因,且对英汉中动结构的构式地位、构式类别、构式特点的专门研究在文献中尚未出现。在构式语法的框架下对中动结构的研究主要集中在构式义和动词义的互动上(熊学亮、付岩 2013;徐峰 2014 等),且据笔者所知,以往对中动结构的构式语法研究多以印欧语言里的中动结构为研究对象,对汉语中动结构的研究较少,而且汉语中动结构是否存在本身就是一个有争议的话题,如严辰松(2011)、沈家煊(2018)、吴怀成(2020)等认为汉语中没有中动结构,因而有必要对汉语中动结构的构式性进行分析,从而为汉语中动结构的存在提供一个佐证,同时也为其他结构的构式语法分析提供一个研究框架。

　　本章拟首先讨论英汉中动结构的"中动"解读及其构句本质,然后在构式语法的框架下进一步探讨其本质属性。本章主要回答以下四个问题:1)中动结构为何被称为"中动"? 2)英汉中动结构是不是独立的构式? 3)英汉中动结构属于哪种构式类别？4）英汉中动结构在维度上（包括复杂度、语音具体度与概念类别三个维度）和要素上（包括图式性、能产性与组构性三个要素）具有哪些构式特点？

8.1 英汉中动结构的"中动"解读

8.1.1 以往文献分析

"中动"现象是跨语言存在的一种语言现象，它既可以被定义为一种形式范畴（Valfells 1970），又可以被定为一种意义范畴（Lyons 1968）。作为形式范畴的中动现象来源于中动语态的最初用法，即古希腊语动词的一种曲折变化形式。作为意义范畴的中动现象是用纯语义的方法来定义的，如Lyons（1968：373）将其定义为表达"动作或状态影响动词的主语或其利益"的结构。

迄今为止，学界对"中动"现象没有统一的解释，有些学者将其解释为中动语态（Kemmer 1988; Calude 2017），有些学者将其解释为中动构式（Lekakou 2005; Joh 2016）。事实上，前者的范围比后者广，后者是前者的一种类型。Kemmer（1988: iv）从类型学的角度指出，中动语态是一个复杂却具有一致性（coherent）的语言范畴，在很多语言中都有语法实现形式（grammatical instantiation）。这个范畴有一个清晰可辨的语义核心，即指"动作或状态影响动词主语本身或其利益"（Lyons 1968: 373），例如：

（1）a. loúo-mai tàs chêiras   "I wash my hands"
      b. hàllo-mai   "I leap"
      c. boúlo-mai   "I wish"
（2）a. hann klæddi-st   "He got dressed"
      b. ég vona-st til að fara   "I hope to go"
      c. bókin fann-st   "The book was found"
（3）a. Ce papier se recycle.   "The paper is recyclable"

  b. Le ciel se fait somber　　　　"The sky is becoming overcast"
  c. Le riz se cultive en Chine　　　"Rice is cultivated in China"
（4）a. The fiction reads well.
  b. The door closed.
  c. The soup eats like a meal. （Kemmer 1988: 2）

  上面的例（1）为古希腊语，例（2）为现代冰岛语，例（3）为法语，例（4）为英语。以上四个例子里的句子无论在形式上还是在意义上都没有任何同质性。首先，它们不表达共同的语义，即使是同一语言中的例子也似乎包含了不同的意义类型。其次，上述结构的形式标记各异，例（1）和例（2）中句子的形态标记是动词词缀，分别是"-mai"和"-st"，例（3）中句子的形态标记是附着性代词（pronominal clitic）"se"，例（4）中的句子没有任何可以将其和主动句区分开来的形态标记。由此可见，中动语态没有统一的形式标记，也没有一致的意义内容。

  通过以语义为基础的类型学历时研究，Kemmer（1988）确定了中动语态的两个核心特征：1）中动事件的动作发出者同时也是动作的终结点（cndpoint）或受影响的实体；2）中动事件的可分割性较弱，即中动事件通常被看作一个整体，其中的次级事件或不重要的参与者不受关注。如古希腊语里的"hàllo-mai""I leap"的动作发出者"I"也是事件的影响对象，即该事件的动作发出者和动作终结点为同一个实体，如图 8.1 所示，其中"A"指动作发出者，"B"指动作终结点，"A=B"表示作为动作发出者和动作终结点的两个参与者是不可分割的实体（non-distinguished entities）。

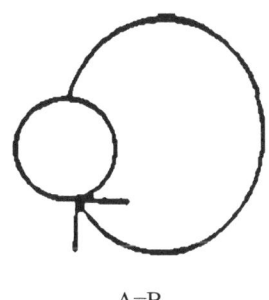

A=B

图 8.1 "hàllo-mai"的情状类型（Kemmer 1988: 98）

事实上，图 8.1 反映的是动作发出者和受影响对象重合的一种情况，该图无法描述类似于例（4）中"The fiction reads well"的句子，该句的动作发出者和受影响对象不是重合的，其中动作发出者为隐性施事，受影响对象为句子主语"the fiction"，因此，可以用图 8.2 来表述这类句子的情状类型。

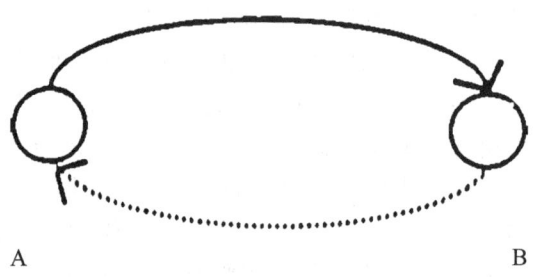

图 8.2 "The fiction reads well"的情状类型（1）

由图 8.2 可见，动作发出者 A 发出动作，作用于受影响对象 B，同时动作又反作用于动作发出者，对其造成影响。在"The fiction reads well"中，动作发出者 A 被降级为隐性论元，受影响对象 B 被提升到主语位置上，好像动作是由其发出一样，因此，图 8.3 可以更精确地表述这类句子的情状类型，其中动作发出者 A 作用于受影响对象 B 的动作在句子中失去了动作性或事件性，因此用虚线来表达该动作。同时，因为动作发出者 A 被隐含，所以动作似乎是由受影响对象 B 发出一样，但该动作不是作用于 A，而是作用于 B 自己。事实上，B 的属性决定了事件发生的情况，即 B 的属性为动作的发生负主要责任，因此，用虚线表达这个类似于由 B 发出的动作。

图 8.3 "The fiction reads well"的情状类型（2）

值得注意的是，这类句子的情状类型和类似例（4）中"The door closed"的句子不同，后者表达自发事件，没有动作发出者，因此其情状类型可以用图 8.4 来表达。

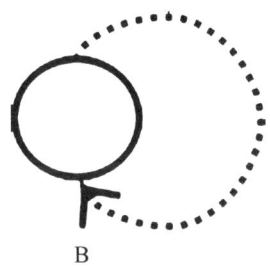

图 8.4 "The door closed"的情状类型

对揭示中动结构的"中动"性有重要意义的是，Kemmer（1988：322）指出语态和及物性密切相关。Kemmer 把及物性看成一种语义范畴，即及物事件指有两个参与者的事件，不及物事件指有一个参与者的事件。此外，及物性不是一个二分的范畴（binary category），而是一个连续统，即及物性范畴是一个原型范畴。

虽然 Kemmer（1988）所研究的中动语态和本书所研究的中动结构所包含的范围不同，本书所讨论的中动结构只是中动语态的一个类型。但是，她对中动语态的跨语言研究为探究中动结构的"中动"性提供了一个参考模型，如及物性、参与者数量等都可能和"中动"的本质相关。

Lekakou（2005：68）认为"中动"在本质上是一种语义现象，有以下三个特点：1）表达一种"归因"（"in virtue of"）的推理方式；2）使用动词层面的类指算子（VP-level Gen）；3）以主语为中心。可以用上述三个特点来解释下面的例（5a），首先，它表达一种归因的推理方式，属于归因类指句，即句子（命题）的真值取决于主语的属性，因此，例（5b）中的句子是正确的推理方式。其次，例（5a）为类指句，其类指性是针对事件而言，因此可以解释为例（5c）。再次，例（5a）是以主语为中心的，因此例（5d）中的句子可接受程度较低，因为该句强调了除主语以外其他参与者的特性，这和例（5a）以主语为中心的特点相违背。

（5）a. Designer shoes sell well.
　　　b. Designer shoes sell well, in virtue of its design.

c. It is generally true that designer shoes are good to sell.
d. ? Designer shoes sell well because the designer is famous.

表达上述语义特征的结构为中动结构，从跨语言来看，中动结构没有独立的实现形式，在不同的语言中寄生在不同的结构中，如希腊语和法语用非完成体来表达类指性，因此中动语义在上述两种语言中实现为非宾格结构。英语和德语不用体的形态变化来标记类指性，因此中动语义在英语和德语中实现为非作格结构。

由此可见，Lekakou（2005）揭示了中动结构与其他结构之间的关联，如非宾格结构和非作格结构。如 Kemmer（1988: 6）所述，若同一形式表达不同的意义，那么这些意义都是相互关联的，进一步说，两种意义之间的关系越紧密，其由同一种结构来实现的可能性就越大。因此，英语中动结构和非作格结构之间的关系较密切，中动结构可能是非作格结构的一个类型。

Lekakou（2005）从语义出发，系统讨论了中动语义在不同语言中的实现形式，指出了中动结构的共同特点，但是她没有指出中动结构之所以为"中动"的原因。本书下一节将细致探讨这个问题。

8.1.2 "中动"的本质特征

如前文所述，不同的学者对"中动"二字有不同的解释，且中动结构在不同语言中有不同的表现方式，但那些结构为什么都能被称为"中动结构"？原因在于它们都有中动结构的下列特征：1）就语态而言，中动结构介于主动语态和被动语态之间；2）就及物性而言，中动结构介于及物结构和不及物结构之间，即就参与者而言，中动结构介于一个参与者事件和两个参与者事件之间；3）就主语的语义类型而言，中动结构的主语介于施事和受事之间。下面来分别阐述。

8.1.2.1 语态属性

从语态上来看，中动结构既有主动语态的特征也有被动语态的特征。和主动语态类似的是其动词在形式上为主动形态；和被动语态类似的是其主语不是动作发出者，而是受影响的对象。因此，不少学者认为中动结构是主动形式表达被动意义（Fagan 1992；曹宏 2005a；宋红梅 2008；蔡淑美 2013；李修江、吴炳章、张国 2018；李强 2019）。事实上，这种解释方式是不合理的，主要是因为中动结构并不表达被动意义，试比较：

（6）a. The window does not close.
  b. The window is not closed.

例（6a）为中动结构，意为窗户由于某种原因关不了，其主语的属性在事件中起决定作用；例（6b）为被动结构，意为窗户没有被关上，其主语完全处于被动地位。如例（7）所示：

（7）a. The window does not close. It is stuck.
  b. The window was not closed. Some one left it open.

由例（7）可见，中动句所表达的事件能否成立取决于其主语的属性，即其主语有某些特征可以促使或阻碍事件的发生，而被动句的主语在事件中不起任何作用，事件的发生不依赖于主语的特征。由此可见，中动句和被动句在意义上有较大的不同，中动句不表达被动意义。

因此，中动结构有被动语态的特征不在于它表达被动意义，而在于其主语是受动作影响的对象。如下面例（8a）的主语"非常现实的问题"不是动作"回答"的执行者，而是受该动作影响的对象，同样例（8b）的主语"the kitchen door"也不是动作"open"的发出者，而是受其影响的对象。

（8）a. 这是一个非常现实的问题，回答起来却不简单。
  b. With that the kitchen door opens easily.

但是，中动结构并不等同于被动结构。二者在形式和意义上均有不同，主要表现在以下几个方面：1）就主语而言，尽管中动结构和被动结构都以非施事为主语，但二者有较大区别，前者的主语具有责任性，即事件的发生主要取决于其主语的属性，后者的主语在事件中完全处于被动地位；2）就动词而言，中动结构没有被动标记，较少使用除简单体之外的其他体形式，而被动结构有被动标记，且可以使用各种时体；3）就附加语而言，中动结构一般需要某种形式的附加语，被动结构不需要附加语；4）就施事而言，中动结构的施事为隐性论元，不能以论元的形式出现在句中，被动结构的施事可以以论元的形式出现在句中；5）就意义而言，中动结构描述主语的属性，具有类指性、情态性、非事件性等特征，被动结构表达事件，具有较强的动作性。

中动结构有主动语态的特征表现在其动词的主动形态上，无论是英语中动结构还是汉语中动结构在动词形态上都和主动语态没有区别，但中动结构和主动结构也不完全相同，主要表现在如下几个方面：1）就主语而言，中动结构的主语为非施事成分，而主动结构的主语为动作发出者；2）就施事而言，中动结构动词的施事不能以论元的形式出现在句中，而主动结构动词的施事在句中做主语；3）就动词形式而言，尽管二者都用主动形态，中动结构一般用简单体，而主动结构则可用各种时体；4）就附加语而言，中动结构一般需要某种形式的附加语来实现信息性，而主动结构不需要附加语；5）就意义而言，中动结构具有静态性、类指性、情态性与非事件性，而主动结构具有动态性与事件性。由此可见，中动结构和主动结构也有较大区别。

中动结构、被动结构与主动结构的异同如表 8.1 所示：

表 8.1　中动结构、主动结构和被动结构的异同

	主语	动词	附加语	施事	语义
中动结构	非施事，责任性	无被动标记，多用简单体	一般需要附加语	不能以论元的形式在句中出现	主语责任性、类指性、情态性、非事件性
被动结构	非施事，被动性	有被动标记，可用各种时体	不需要附加语	可在句中出现	事件性
主动结构	施事，主动性	主动态，可用各种时体	不需要附加语	做句子主语	事件性

由表 8.1 可见，中动结构既有主动结构的特征，也有被动结构的特征，但又与二者有较大区别。因此，就语态而言，中动结构既不是主动语态，也不是被动语态，而是介于二者之间的一种语态形式。

8.1.2.2 及物性特征

及物性可以从不同的角度来讨论，可以分为形态句法方面的及物性和语义上的及物性，前者和语法形式有关，后者和参与者的数目有关。就形态句法而言，带宾语的动词为及物动词，如例（9a）所示，不带宾语的动词为不及物动词，如例（9b）所示。就语义而言，有两个参与者的事件为及物事件，如例（9a）包含"Jill"和"her parents"两个参与者，因此为及物事件；有一个参与者的事件为不及物事件，如例（9b）中的事件只有"Maggie"一个参与者，因此为不及物事件。可见，在形态句法上的定义把及物性看成动词的特征，而在语义上的定义把及物性看成整个句子的特征。

（9）a. Jill loves her parents.
　　　b. Maggie smiled from the bottom of her heart.
（10）a. 这样一套改革，操作起来具有相当难度。
　　　b. 他一声不响地走了。
（11）a. Olivia's new car handles well.
　　　b. Wangero left without a word.

一般而言，具体到某个句子，形式和意义上的及物性是一致的，如例（9a）无论从形式上，还是从意义上都是及物的，例（9b）是不及物的。但这个一致性在中动结构中却有不同表现。就形式而言，中动结构的动词一般不带宾语，可看作不及物动词，因此，例（10）中的句子在形式的及物性上没有区别，例（11）也是如此。可见，就句法形式而言，中动结构属于不及物结构，如图8.5所示。

但就意义而言，例（10）中的两个句子在及物性上有所区别，其中例（10a）所表达的事件有两个参与者，即"改革"和"实施改革的人"，例（10b）只有"他"一个参与者。因此，前者在语义上是及物的，后者是不及物的。

同样，例（11a）所表达事件也有两个参与者，即"Olivia's new car"和"the driver"，例（11b）中只有一个参与者，即"Wangero"，在这个层面上讲，前者是及物的，后者是不及物的。

由此可见，中动结构在语义上而有两个参与者，但它与真正有两个

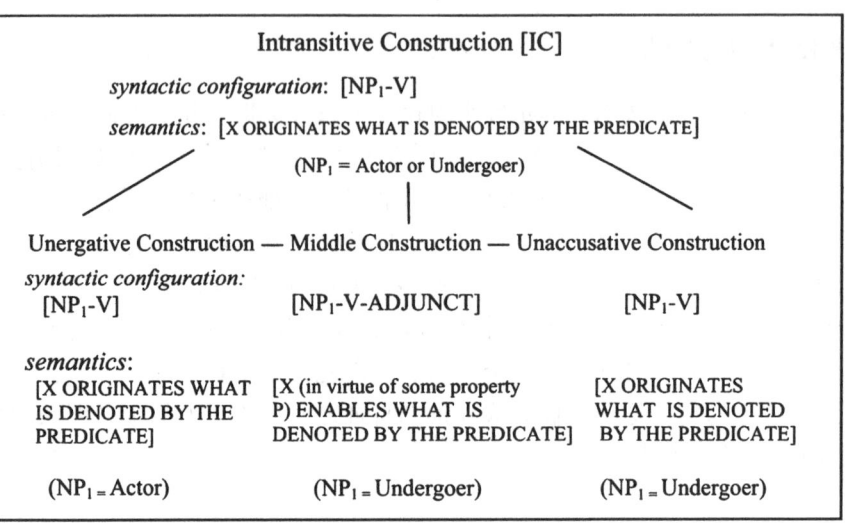

图 8.5　中动结构与不及物结构之间的承继关系（Yoshimura 1998: 175）

参与者的结构有所不同，如例（12）所示：

（12）a. The window slides open easily.
　　　b. Sara slided open the window.

例（12a）所表达的事件中的两个参与者"the window"和"people in general"只有一个在句法上得到投射，即位于主语位置上的非施事参与者"the window"，动作的施事变成一个隐性论元，在指称上具有任意性。因此，该句的事件性或动态性变弱，动词由表动作变成了表状态。例（12b）所表达事件的两个参与者"Sara"和"the window"都有句法地位，其中动作发出者"Sara"位于主语位置上，受动作影响的对象"the window"位于宾语位置上。

由此可见，中动结构的形式和意义具有不匹配性，它既不同于及物结构，也不同于不及物结构，其及物性介于二者之间。这个观点是基于及物性的相对性而提出的。Hopper & Thompson（1980）指出，及物性不是一个具有二值属性（binary properties）的范畴，即对某个具体结构而言，它可能既不是及物结构，也不是不及物结构，而是介于二者之间的结构。

因此，除了及物与不及物的概念之外，还有低及物、中及物、高及物等介于二者之间的概念。Hopper &Thompson（1980）提出了判断及物性高低的十个标准，包括参与者的数量、动作性的强度、体态特征、瞬时性程度、肯定程度、语气特点、自主性特征、施动性强度、宾语的受影响程度与宾语的个体化程度，如表 8.2 所示：

表 8.2　及物性高低的判断标准（Hopper & Thompson 1980: 252）

	低 及 物	高 及 物
参与者	一个	两个或更多
动作性	非动作	动作
体　态	无界	有界
瞬时性	非瞬间动词	瞬间动词
肯定性	否定形式	肯定形式
语　气	非现实	现实
自主性	非自主	自主
施动性	弱	强
宾语的受影响程度	不受影响	完全受影响
宾语的个体化程度	非个体化	高度个体化

由表 8.2 可见，中动结构属于低及物结构，是一种介于及物结构和不及物结构之间的结构，其在及物性连续统中的地位如图 8.6 所示：

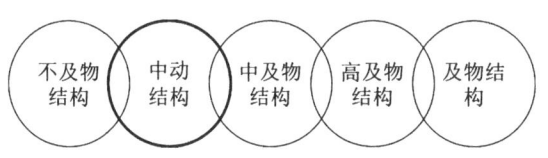

图 8.6　中动结构的及物性地位

如前文所述，及物性也可以从语义上按照参与者的数量来进行定义，即及物结构有两个参与者，不及物结构有一个参与者，典型的两个参与者事件的情状类型如图 8.7 所示；典型的一个参与者事件的情状类型如图 8.8 所示：

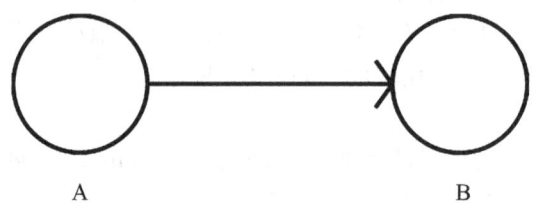

图 8.7　典型的两个参与者事件

由图 8.7 可见，典型的两个参与者事件，即及物事件，包含动作发出者（A）和受动作影响的对象（B）两个参与者，动作由 A 发出，直接作用于 B。如在"John killed the fish"中，"John"是动作发出者，"the fish"是受动作影响的对象，动作"kill"在没有任何中介的情况下直接作用于"the fish"。

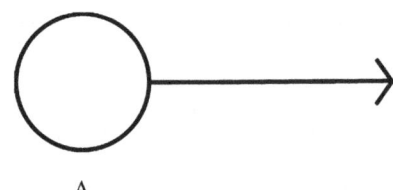

图 8.8　典型的一个参与者事件

由图 8.8 可见，典型的一个参与者事件，即不及物事件，只有动作发出者（A）一个参与者，动作由 A 发出，没有直接的受力者。如"John laughed"句中只有一个参与者"John"，动作"laugh"由其发出，不存在受该动作直接影响的实体。

中动结构既不属于典型的两个参与者事件，也不属于典型的一个参与者事件，而是介于两者之间的一种事件类型，因为动作发出者（A）的地位在中动句中被背景化，而受力者（B）的地位被前景化，虽然动作仍是由 A 发出，但由于 B 在句中充当主语，且其属性对事件的发生起主要作用，因此动作像是由 B 发出，如图 8.9 所示：

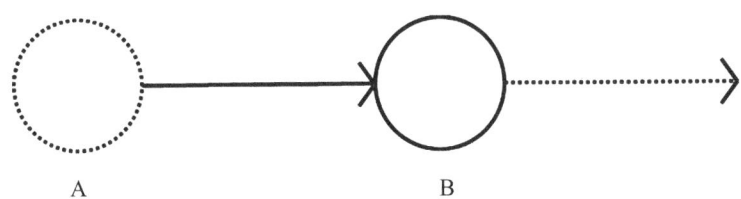

图 8.9 中动结构的事件类型

8.1.2.3 主语的语义角色

Givón（1993: 46）指出在包含两个参与者的事件中，第一个参与者倾向于是具有自主控制能力、为事件的发生负责的动作发出者，第二个参与者倾向于是没有自主控制能力、受到动作影响的实体。因此前者是事件发生的主要原因，后者是受力者。因此，从语义角色上讲，第一个参与者为（原型）施事，第二个参与者为（原型）受事。

van Valin（1999: 151）指出语义角色是一个连续统，其中，施事和受事是原型性语义角色，处于连续统的两端，其他角色分布于施事和受事之间，如图 8.10 所示：

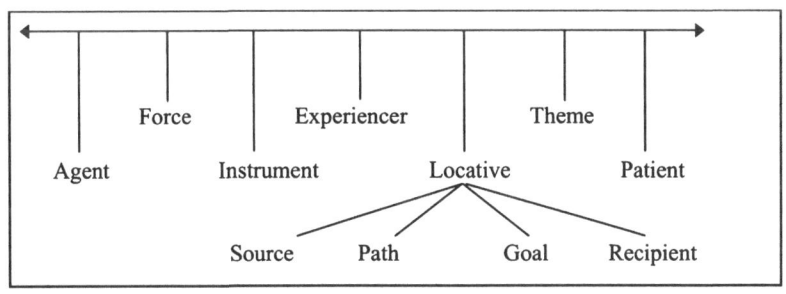

图 8.10　语义角色连续统（van Valin 1999: 152）

原型性施事是动作的发出者，具有意愿性、控制性、责任性等特征（Givón 1993），其中责任性是其最重要的特征，如 van Oosten（1986: 326）曾指出，"原型性施事的核心特征在于它对事件发生的责任性，在责任性面前，施事的其他特征，甚至是生命性特征都显得不再重要"。Lakoff（1977）也持类似观点。在这个层面上讲，中动结构的主语类似于施事，因为它具有原型性施事的责任性特征，如例（13）里中动句的主语"this rice"的内在特征是中动事件"cook quickly"能够发生的主要原因,因此,"this rice"对事件的发生具有责任性和控制力,即它拥有原型施事的核心特征。

(13) Intensely aromatic and flavorful, this rice cooks quickly.

但是,这种施事性特征的转移不是完全的,如例(13)的句子主语"this rice"并不能像原型性施事一样独立执行动作,即中动句的主语不是动作发出者,因此,如 Croft(1994:106)所述,"这种受事主语结构的主要特征是不凸显外力的控制,而不是受事主语本身发出控制力",可见,中动句的主语不是动作的施事。

从逻辑上来看,中动句的主语是动词的宾语,就意义而言,它是受动作影响的对象,因此很多学者认为中动句的主语是受影响者(Sung 1994;何文忠 2007a)。事实上,中动句的主语并不是原型受事,试比较例(14)中的两个句子:

(14) a. The Mitchell frame doesn't handle well.
　　　b. The dog was hit by a car.

例(14a)和(14b)的主语均为受事,但二者在事件中的作用完全不同。例(14a)的主语"the Mitchell frame"的属性是它"doesn't handle well"的主要原因,因此,该主语的属性对事件的发生有较强的致使性。例(14b)的主语"the dog"在事件中完全处于被动地位,它受到动作"hit"的完全影响,对事件的发生没有任何致使性,因此它是一种原型受事。

Dowty(1991)指出原型受事的五个特征,即受动性、渐成性、变化性、依附性与静态性。中动结构的主语具备其渐成性、变化性和依附性特征,但不具备受动性和静态性。如前文所述,中动句主语的属性是事件发生的主要动因,具有一定的致使性,因此,其在事件中不是被动地接受动作影响的角色,即中动句的主语不是原型受事。

由此可见,中动句的主语既有原型性施事的特征,又有原型性受事的特征。一方面该主语对事件的发生其重要作用,另一方面它不是动作发出者,而是受力者,但是,在中动句中,"动作的方式或结果不是由隐性施事所控制的,句子主语的属性是施事以规定的方式执行动作的主要原因"(Fellbaum 1985:29)。可见,中动句的主语是一种介于原型施事和原型受事之间的语义角色，如表 8.3 所示，其中"√√"代表具有较强的该特性，"√"代表具有该特性，但强度一般，"×/√"指具有该特性的情况较少，"×"指不具有该特性。

表 8.3　中动句主语的语义特点

	原型施事	中动句主语	原型受事
自主性	√√	×	×
责任性	√√	√√	×
自立性	√√	√	×
控制性	√√	√	×
感知性	√√	×/√	×

综上所述，就语态而言，中动结构介于主动语态和被动语态之间；就及物性而言，中动结构介于及物结构和不及物结构之间；就参与者数量而言，中动结构介于一个参与者事件和两个参与者事件之间；就语义角色而言，中动结构的主语介于施事和受事之间。因为上述几个特征，中动结构获得了较强的"中间性"，因此被称为"中动结构"或"中间结构"。

可见，中动结构作为一种介于二者之间的结构，和其他结构有诸多联系，甚至有学者（严辰松 2011）认为它不是一个独立的构式，即中动结构依附于其他结构而存在。鉴于此，下文将详细探讨中动结构作为一种构式有何本质特征。

8.2　英汉中动结构的构式本质分析

8.2.1　英汉中动结构的构式地位

Hilpert（2014：14-22）根据构式的定义指出了构式的四种鉴定方法：

1）该结构在形式上是否不同于已有结构？这个策略是根据 Goldberg

(1995)的"形式不可预测性"标准来提出的。若某结构的形式在某方面和已有结构不同,该结构就可以称为构式。例如,从形式上看"by and large"是由介词、连词和形容词组成的短语,这种组合方式的短语在英语中是独一无二的。虽然在类似"familiar with and supportive of the school aims"的句子中可以看到"介词+连词+形容词"的组合,但是"with and supportive"在该结构中不是独立的成分。此外,若把"by and large"中的"large"换成其同义词"big",该结构则完全不能理解。因此,在形式上看,"by and large"具有不同于其他结构的特殊性。

2)该结构在意义上是否具有非组构性?这个策略是根据Goldberg(1995)的"意义不可预测性"标准而提出的。非组构性是指整个结构的意义无法通过将其组成成分的意义相加而得出。若结构的意义不是其各部分意义的总和,那么它就可以称为一个构式。非组构性在习语中有较好的体现,如"pull one's legs""tie the knots"的意义不是其组成成分意义的总和。此外,例(15)—(17)也展现了意义的非组构性:

(15) During the game John broke a finger.
(16) The result was not much of a surprise.
(17) The Royal Shakespeare Company is a tough act to follow.

例(15)中的"a finger"并不是不定指的"一个手指",它只能指"a finger of John's",不能指"a finger of another player's";例(16)中的"not much of a surprise"不是指"a small part of a surprise",而是指"no surprise at all";例(17)中的"The Royal Shakespeare Company"不是"a tough act",该句的意思是"following an act such as the Royal Shakespeare Company is considered a tough challenge"。

此处需要提及一个和意义非组构性相关的概念,即压制(coercion),指词汇意义和结构意义有冲突的情况,Michaelis(2004:25)提出了"压制原则"(principle of coercion),即若某词汇的意义跟其形态-句法语境不相容,那么该词汇的意义需要去迎合其所在结构的意义。即构式义可能凌驾于词汇义之上。如例(18)中的"beer"是不可数名词,却用了复数形式,且用表达数量的"two"来修饰。此处的"beer"受到构式义的压制,临时改变了其语法属性和意义,获得了"bottles of beer"或"glasses of beer"之意。

(18) Two beers please!

3)该结构对其组成成分是否有特殊的限制？此策略既和形式相关，又和意义相关。如例（19）中的句子从结构上看没有特殊性，"the dog over there"是定指性名词短语结构，和"the lamp on the desk"没什么两样，整个结构可以看成表语结构，类似于"the lamp on the desk is new"。但是，该句仍有一定的特殊性，表现在形容词"asleep"的用法有特殊限制，该词不能做定语，即"a new lamp"是符合语法的结构，但是"the asleep dog"不符合语法。这方面的限制是语言知识的一部分，因此可以将其看作一个构式。例（20）属于"双及物构式"，也表现出构式对其组成成分的限制。一般而言，双及物构式的间接宾语需要具有 [+animate] 的语义特征，经常是人，即"I brought the desk an interesting book."是不符合语法的。

(19) The dog over there is asleep.
(20) I brought John an interesting book.

4)该结构是否有搭配上的偏向（collocational preferences）？Hilpert（2014:21）指出，即使一个结构的形式规则、意义明显，也没有显而易见的选择限制，它也可能是一个独立的构式，如例（21）所示：

(21) I will call you tomorrow.

例（21）中的句子是英语"*will* 将来时构式"的一个实例。从形式上看，它完全符合"情态动词+动词原形"结构的限制，可以看作其一个实例；从意义上看，其意义完全可以通过各组成部分的意义相加得出；从选择限制来看，"will"好像可以自由地和动词原型进行组合。既然如此，"will 将来时"为什么可以称为一个构式呢？原因在于有些动词（如"be"）在"will 将来时"中出现的频率远远高于其他动词（如"procrastinate"）。Hilpert（2008）发现表达将来时的"will"和"be going to"有不同的搭配偏向，前者多和具有非施事性、连续性和低及物特征的动词连用，而后者多和具有施事性、瞬时性、高及物性特征的动词连用。下面按照上述四个标准来考察英汉中动结构。

8.2.1.1 形式上的不可预测性

首先来考察汉语中动结构里的"NP_{非施事}+V 起来+AP"结构。该结构的主语 NP 不是动作的发出者,而是受影响的实体,即它和动词的关系不是主谓关系,而是动宾关系,如例(22)的主语"甲型肝炎"是"治疗"的受事,不是其施事,但从语序上看,作为受事的"甲型肝炎"出现在动词之前。可见,它的语序和一般的汉语句子不同,如例(23)符合汉语的语序规则,属于"主语+谓语+宾语"结构,在语义上为施受结构,是最常见的主动结构。另一方面,例(22)也和例(24)不同,例(24)句中的主语"武僧一龙"虽然和例(22)中的"甲型肝炎"一样,都是动作的受事,和动词形成动宾关系,但前者的动词有被动标记"被",因此属于被动结构。

(22)甲型肝炎治疗起来,相对地比乙型肝炎容易。
(23)粉丝攻击明星,在机场狂喊……
(24)武僧一龙被西提猜暴揍,从此神话结束。
(25)泥巴球滚下了山。

例(22)不同于例(23)和(24)的另一个方面是其施事不能在句中出现,因此可以称之为"隐性施事"。但是该句又和例(25)不同,例(25)句中的主语"泥巴球"可以理解成在重力的作用下滚下山,不需要任何施事的参与,是一种自发事件,文献中称之为"作格结构"。例(22)在句法层虽然没有施事,但是"治疗甲型肝炎"不是自发事件,必须有施事的参与,因此可以说其施事在语义层存在。

不仅如此,例(22)的动词也有一定的特殊性,即它一般以光杆形式出现,其后不带任何形式的补语,也不和体标记"着""了""过"共现。一般的汉语句子并没有这方面的限制,如例(23)和(24)可以分别转换成例(23b)和(24b):

(23b)粉丝攻击了/过/着明星……
(24b)武僧一龙被西提猜暴揍了一顿/揍得满地找牙……

此外,例(22)还有一个不可或缺的成分:"容易"。这个特点也是无法从例（23）—（25）中推测出来的。大部分汉语的句子并不需要这样一个强制的附加语（补语），而它在"起来"结构中却不能省略。可见，从形式上看，作为中动句的例（22）既不能由主动句推测出来，也不能从被动句或作格句中推测出来，分别如例（23）—（25）中各句所示，即"NP_{非施事}+V起来+AP"结构是一个独立的构式。

然后来看"NP+能/可以VP"结构。试比较例（26）中的两个句子：

（26）a. 芹菜的叶子能吃。
　　　b. 高等师范院校的学生学习教育学，是为了在走上中学教师岗位后能做好教育工作。

例（26a）和（26b）之间的不同之处表现在以下三个方面：首先，例（26a）中的"叶子"和"吃"是动宾关系，作为受事的"叶子"却出现在了主语位置上，在语序上"叶子"先于"吃"，而例（26b）的主语"高等师范院校的学生"和"能做好教育工作"之间是主谓关系。其次，和例（22）一样，例（26a）中的施事虽然在语义中存在，却不能出现在句子表层，而例（26b）句中的主语是动作的施事。最后，例（26a）中"吃"后一般不能再有附加成分，包括宾语和补语，所以"芹菜的叶子能吃好/吃得容易/吃十个人"不符合语法，而例（26b）中的动词"做"之后有补语"好"和宾语"教育工作。"可见，"NP+能/可以VP"结构的形式无法通过诸如例（26b）的结构推测出来，该结构是一个独立的构式。

最后来看英语中动结构。和汉语中动结构一样，英语中动结构的主语NP也不是事件的发出者，如例（27a）的主语"this painting"和谓语动词"read"不是主谓关系，而是动宾关系，因此，它和例（27b）里的主动结构不同。例（27b）句子的主语"Pablo Picasso"是动作"paint"的施事，因此，二者是主谓关系。

作为中动句的例（27a）也不同于例（27c）中的被动结构，前者的动词为主动形态，而后者的动词为被动形态；前者不能和表达具体时间的成分连用，后者可以，如例（27c）中的"in 1953"在例（27a）中可接受性差。此外，前者需要附加语，而后者不需要。同样，中动结构和作格结构也不同，首先，前者在时体上多用一般现在时，而后者可用各种时体形式;其次,前者不和时间点连用,后者没有这个限制,如例(27d)中的"twenty minutes ago"放在例(27a)中是不可以接受的;再次,前者需要某种形式的附加语,而后者不需要。

(27) a. This painting reads very differently from Midadernoon Winter Pine.
b. Pablo Picasso painted this painting in 1953.
c. This painting was painted by Pablo Picasso in 1953.
d. This painting fell off the wall twenty minutes ago.

由此可见,就形式而言,英语中动结构和主动结构、被动结构、作格结构等都有一定的区别,其形式无法从上述结构中推测出来,因此跟汉语中动结构的"起来"结构和"能/可"结构一样,英语中动结构也是一个独立的构式。

8.2.1.2 意义上的非组构性

如前文所述,"NP$_{非施事}$+V 起来 +AP"和"NP+ 能/可以 VP"结构的主要功能不是汇报具体事件,而是描写主语 NP 的属性。如例(22)意为"甲型肝炎具有比乙型肝炎容易治疗的特性",例(26a)的意义为"芹菜的叶子具有可食用的特征"。上述意义不是其组成成分相加的总和。

事实上,"NP$_{非施事}$+V 起来 +AP"和"NP+ 能/可以 VP"结构的意义不仅不是其成分意义的总和,而且和其组成成分的意义有一定的冲突。一般而言,上述两种结构的动词在定义中多是及物动词,具有较强的动作性和自主性,试比较:

(28) a. 小件的日用百货,装卸起来既不费力又不脏。
b. 他们正为日本船只装卸货物,忽然……
c. *小件的日用百货,装起来很努力。
d. *小件的日用百货,卸起来很认真。

(29) a. 这自行车虽然已经锈迹斑斑,但还可以骑。
b. 他见站台上停着一辆给餐车送餐料的三轮车,便飞身上车,骑着它在站台上横冲直撞……

例（28b）表达的是一个事件，可以作为事件链的子事件出现，反映了"装卸"的一般用法，具有自主性、高及物性等语义特征，如可以说"故意装卸货物"或"认真地装卸货物"。而例（28a）中"装卸"的意义不同，它已失去及物性，变成了派生的不及物动词。

此外，它也不再具有动作性和自主性，即例（28a）不能作为事件链的子事件出现，不能和具有强施事性语义特征的词语共现，如例（28c）和（28d）是不符合语法的。可见，由于动词的意义和结构的整体意义不相融，"NP_{非施事}+V 起来 +AP"结构中的动词 V 受到结构意义的压制，临时改变了其意义和语法功能，表现出构式义对动词义的压制。因此，该结构的意义不是其组成成分意义的总和，也无法通过动词的意义推测出来。

同样，例（29a）中"骑"的意义也不同于其一般用法，该动词在其他语境中一般是及物动词，如例（29b）所示。例（29a）没有事件义，不能成为事件链的一环，不具备高及物性的特征，而例（29b）正与此相反。可见，"NP+ 能 / 可以 VP"结构的意义也无法通过动词的意义推测出来，且其意义也不是各组成成分意义的总和。因此，汉语中动结构的意义是非组构的，具有意义上的低组构性。

英语中动结构也具有类似的特征。和汉语中动结构一样，英语中动结构也是一种描述句，不是事件句，如例（27a）意为"this painting"的某些特点使之读起来和"Midadernoon Winter Pine"很不同，可见，该句的意义不是其组成成分意义的总和。

英语中动句的构式义也不来源于动词义，前者是一种属性义，具有静态性；而后者是一种动作义，具有动态性。因此，前者不能作为事件链的一环，后者可以，如例（30）所示：

（30）a. ? The Four Wheeler drives well in the snow, when he saw a bear in front of him.
　　　b. Tony was driving the Four Wheeler in the snow when he saw a bear in front of him.

由此可见，英语中动结构的意义也不是其组成成分的意义组合，即英语中动结构在意义上具有非组构性，因此，就意义而言，和汉语中动结构一样，英语中动结构也是一个独立的构式。

8.2.1.3 对组成成分的限制

先来看"NP_{非施事}+V 起来 +AP"结构。该结构由三个部分组成,即主语 NP,谓语动词短语"V 起来"和附加语 AP。就其主语 NP 而言,并不是所有的名词短语都可以充当该结构的主语,如不定指的名词不能做该结构的主语,如(31)所示:

(31)? 一些诗歌翻译起来很容易。

此外,该结构对动词有严格的选择限制。从形式上看,V 和"起来"之间一般不能插入任何成分,如例(32)中的"摔碎"为动补结构,不能进入该结构;从意义上看,成就词项(achievement verbs)和状态词项(state verbs)也不常用在该结构中,如(33)—(34)所示。其中,例(33)的动词"发现"为成就词项,例(34)的动词"喜欢"为状态词项。这两个动词不能进入中动结构的另一个重要原因是二者均为非自主动词。事实上,本书研究表明所有的非自主动词都不能进入该结构。

(32)*玻璃杯摔碎起来很容易。
(33)*这种幸福发现起来很容易。
(34)*可爱的孩子喜欢起来很容易。

不仅是动词,该结构对其附加语也有特殊限制。首先,性质形容词一般不能进入该结构,除非是用在比较句中,试比较例(35)中各句;其次,在语义上指向施事的自主形容词也无法用在该结构中,如例(36)所示:

(35)a. 系统的"离析"分析起来容易,但综合起来难。
　　　b. 系统的"离析"分析起来很容易。
　　　c.? 系统的"离析"分析起来容易。
(36)*这本书读起来非常仔细。

可见,"NP_{非施事}+V 起来 +AP"结构对其组成成分有较严格的选择限制,因而是一个独立的构式。虽然"NP+ 能 / 可以 VP"结构对其组成部分的限制不如"NP_{非施事}+V 起来 +AP"结构严格,但也表现出其独特的选择限制。首先，和"起来"结构一样，"能/可"句的主语也不能用非定指成分，如例（37a）所示；其次，不及物动词和状态动词无法用在"能/可"句中，分别如例（37b）和（37c）所示：

（37a）？一些诗歌能翻译。
（37b）*这个观点可以笑。
（37c）*这些自私的人能恨。

同样，英语中动结构对其组成成分也有较严格的选择限制，这种选择限制主要表现在主语、动词和附加语上。就其主语而言，英语中动结构倾向于选择经受者为主语，成事为主语的中动句在英语中较为少见，很多以成事为主语的中动句在英语中是不符合语法的，如例（38）所示：

（38）*This wardrobe makes easily.

就动词而言，英语中动结构也倾向于选择动作性较强、及物性较高的自主动词，如例（39a）句中的动词"read"为自主动词，具有较强的动作性和及物性，因此可以用在中动句里；例（39b）的动词"lost"虽然为及物动词，且具有一定的动作性，但不具有自主性，因此不能进入中动句；例（39c）的动词"love"虽为及物动词，但自主性和动作性较弱，因此不能进入中动句。

（39）a. The menu reads well, and the chef proved his talent in Berkeley.
　　　b. *Small purses lost easily on the bus.
　　　c. *Cute little babies love easily.

就附加语而言，英语中动结构多选择具有非自主意义的副词或介词短语。在语义上指向施事的附加语不能用作英语中动结构的附加语，如例（40a）句中的附加语"more like a memoir than fiction"是主语受动作作用以后所表现出来的特点，该特点不受施事的控制，因此该句为合格的中动句。与此不同，例（40b）的附加语"more carefully"在语义上指向隐性施事，因此不能用在中动句里。

（40）a. The book reads more like a memoir than fiction.
　　　b. ? The book reads more carefully than a memoir.

由此可见，和汉语中动结构一样，英语中动结构对其主语、动词和附加语也有较严格的选择限制，因此，英语中动结构也是一个独立的构式。

8.2.1.4　搭配偏向

英汉中动结构在搭配上也表现出一定的偏向性（preference）。就其主语 NP 的形式特征而言，虽然名词短语、代词、疑问词、数词等形式都可以用作英汉中动句的主语，但中动句更偏向于选择名词短语做主语，该类主语占英语中动句总数的 82.40%，占汉语中动句总数的 67.09%。英汉中动结构对其主语的选择在形式上的偏向性如表 8.4 所示，该表数据基于合并频率：

表 8.4　英汉中动句主语的形式特征

	英语中动句		汉语中动句	
	数量（句）	比例（%）	数量（句）	比例（%）
名词短语	5 695	82.40	1 686	67.09
代　　词	1 203	17.41	30	1.19
动词短语、小句	0	0.00	135	5.37
疑问词	11	0.16	12	0.48
数　　词	2	0.03	0	0.00
省略形式	0	0.00	650	25.87
合　　计	6 911	100	2 513	100

就语义类型而言，虽然经受者、处所、工具、时空场景等语义角色都可以充当英汉中动句的主语，上述语义角色在语料库中出现的频率有较大差别。英汉中动句对其主语的选择在意义上的偏向性如表 8.5 所示，该表数据基于合并频率：

表 8.5　英汉中动句主语的语义类型

	英语中动句		汉语中动句	
	数量（句）	比例（%）	数量（句）	比例（%）
经受者	6 499	94.04	2 078	82.69
成　事	6	0.09	194	7.72
与　事	0	0.00	30	1.19
工　具	233	3.37	40	1.59
处　所	155	2.24	111	4.42
方　式	1	0.01	32	1.27
时　间	0	0.00	16	0.64
目　标	0	0.00	5	0.20
感　事	12	0.17	2	0.08
当　事	0	0.00	3	0.12
来源/材料	5	0.08	2	0.08
合　计	6 911	100	2 513	100

由表 8.5 可见，英汉中动句都偏向于以经受者为主语，该类主语占英语中动句的 94.04%，占汉语中动句的 82.69%。此外，语料分析表明指物的名词比指人的名词更倾向于用在中动句中。就人称而言，英汉中动句都偏向于用第三人称做主语，第一人称和第二人称几乎不能进入中动句。可见，英汉中动句对其主语的选择有较大的偏向性。

就动词的语义类型而言，虽然活动词项、目标词项、成就词项和状态词项都能用于英汉中动句，但其在语料库中出现的频率有所不同。英汉中动句在动词选择上的偏向性如表 8.6 所示，该表数据基于合并频率：

表 8.6　英汉中动句的动词类型

		活动词项	目标词项	成就词项	状态词项	合　计
英语中动句	数量（句）	6 124	305	331	151	6 911
	比例（%）	88.61	4.41	4.79	2.19	100
汉语中动句	数量（句）	2 116	299	77	21	2 513
	比例（%）	84.20	11.90	3.06	0.84	100

可见，英汉中动句都偏向活动词项，以该类动词为谓语动词的中动句占英语中动句总数的 88.61%，占汉语中动句总数的 84.20%。相反，虽然状态词项也可以进入英汉中动结构，但以该类动词为谓语动词的中动句出现的频率较低，仅占英语中动句总数的 2.19%，占汉语中动句总数的 0.84%。可见，英汉中动句对其动词的选择也有较大的偏向性。

就附加语而言，虽然表示难易、适意性、性质、时间等意义的词汇或短语都可以进入英汉中动句，其出现频率却大有不同。英汉中动句在附加语上的偏向性如表 8.7 所示，该表数据基于合并频率：

表 8.7　英汉中动句附加语的意义类型

意义类型	英语中动句		汉语中动句	
	数量（句）	比例（%）	数量（句）	比例（%）
难易类	1 589	23.60	1 190	47.35
适意类	110	1.63	608	24.19
性质类	4 025	59.77	526	20.93
时空类	366	5.44	49	1.95
结果类	344	5.11	20	0.80
方向类	93	1.38	0	0.00
复杂类型	207	3.07	120	4.78
合　计	6 734	100	2 513	100

由表 8.7 可见，英语中动句偏向性质类和难易类附加语，上述两类附加语合起来占总数的 83.37%，而汉语中动句偏向难易类和适意类附加语，两类附加语合起来占总数的 71.54%。可见，英汉中动句对附加语的选择也有较明显的偏向性。

综上所述，英汉中动结构在形式和意义上均具有不可预测性，对其组成成分有特殊限制，在主语、动词和附加语的选择上有明显的偏向性，因此应该将其看作独立的构式。

8.2.2 英汉中动结构的构式属性

8.2.2.1 论元结构构式的类别

早期的构式语法研究主要围绕在结构和意义上具有特殊性的习语而展开，如 Fillmore et al.（1988）对"let alone"的研究。然而，习语不是构式语法关注的唯一对象，有些从表面上看较为规则的"简单句"也得到了关注，如 Goldberg（1995）所研究的句子：

（41）a. Pat gave Bill a book.
　　　b. John threw the ball over the fence.
　　　c. Bob hammered the metal flat.

从表面上看，例（41）中各句在形式和意义上并无特殊之处，好像并不符合上文所提到的构式标准。而 Goldberg（1995）将其称为"论元结构构式"（argument structure constructions），原因是例（41）中的句子都展现出特殊的论元结构特点，分别属于双及物构式、致使移动构式和动结构式。论元结构也被称为"价位"（valency），根据其论元结构或价位的变化，可以将论元结构构式分成增价构式和减价构式两种类型。

增价构式是指构式增加动词价位的情况，如双及物构式、致使移动构式、WAY 构式、动结构式，分别如（42a）—（42d）所示：

（42）a. John wrote me an email.
　　　b. Mary sneezed the napkin off the table.

c. Frank cheated his way into Harvard.
　　d. Tom played the piano into pieces.

　　例（42a）句中的动词"write"本是二价动词，带有施事和受事两个论元，而在该句中却有三个论元出现，即该构式为"write"增加了一个接收者（recipient）论元。例（42b）中的"sneeze"原为不及物动词，即一价动词，而在该句中增加了一个对象（theme）论元和一个路径（path）。例（42c）中的"cheat"本身没有位移的意义，一般和一个直接宾语共现，其后没有表达路径或目标的成分，但是 WAY 构式蕴含了位移义，如"Frank dug his way out of prison"蕴含了"He has left"，因而"Frank dug his way out of prison, but he hasn't gone yet."不是合语法的表达。可见，WAY 构式赋予了"cheat"一种位移义，为它增加了一个路径，同时"cheat"也获得了方式（manner）义，表达"Frank went to Harvard by cheating"的意义。例（42d）中的"play"和"cheat"一样，也是二价动词，没有致使义，但在该句中获得了致使义，增加了一个表达结果的成分。

　　和增价构式相反，减价构式指使动词论元数量减少的构式。主要有被动构式、反身（reflexive）构式、相互（reciprocal）构式、祈使构式、零宾语构式（null instantiation）等，分别如例（43a）—（43e）所示：

　　（43）a. The paper was rejected.
　　　　b. John shaved.
　　　　c. Let's meet again soon.
　　　　d. For next time, please read chapters three and four.
　　　　e. Tigers only kill at night.

　　例（43a）句中的动词"reject"本为二价动词，而该句中没有出现施事，变成了一价动词；例（43b）和（43c）中的"shave"和"meet"也是二价动词，而句中没有出现受事；例（43d）中"read"的施事在该句中没有出现；而例（43e）中被减掉的是动词的受事。

8.2.2.2　作为减价构式的中动结构

　　中动结构也是一种论元结构构式，具体来说它属于减价构式，如下面例（44a）中的"制作"在进入中动句之前是二价动词，而在该句中表现为一价动词。在价位改变的同时,动词的意义也有一定程度的改变。"制作"在词库中是自主性的动作动词,而在中动句里却变成了非自主性的状态动词,即主语"此类广告"不能自主地控制"制作",且该句不叙述"制作广告还是不制作广告"这个事件,而是描述"广告制作起来怎么样",因此,句子的语义核心是表达"怎么样"的附加语"省时省力"。同样,例(44b)句中的动词"sell"在进入中动句之前也是二价的动作动词,在中动句中失去了动作性,在价位上变为一价动词,即该句意为"The properties of objects and furniture under a value of around \$200,000 make them easy to sell",不表达"sell objects and furniture"这个事件。因此,该句的语义核心是具有描述性或评价性意义的附加语"easily",即该句不具有事件性。

(44) a. 此类广告制作起来省时省力。
　　　b. Objects and furniture under a value of around \$200,000 sell easily.

可见,如前文所述,动词进入中动结构以后,不仅失去了及物性,也失去了自主性和动作性,这就是中动结构义对动词义的压制,原型性中动结构对其谓语动词的压制过程如图 8.11 所示:

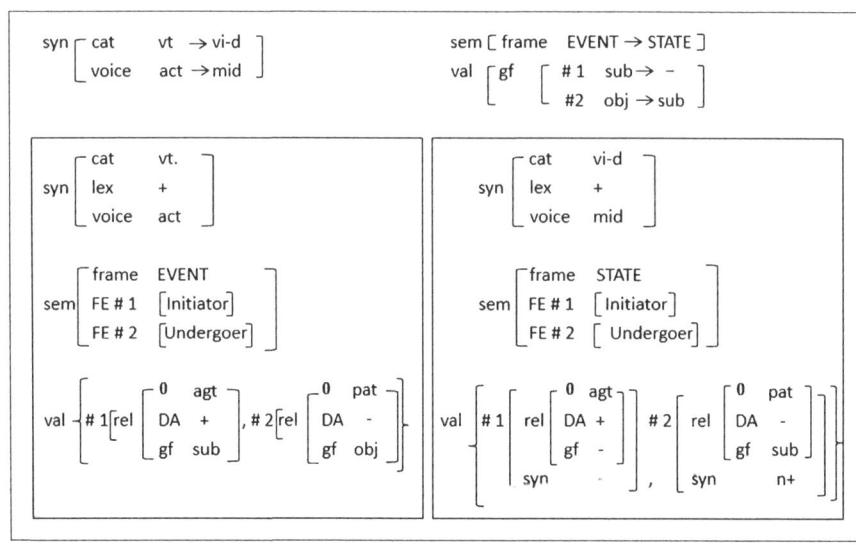

图 8.11　原型性中动结构对其动词的压制

如图 8.11 所示，在进入中动结构之前，动词在句法上（syn）是一个用于主动语态（act）的及物动词（vt），其语义框架（frame）为事件（EVENT），至少有两个参与者（FE）：一（#1）为事件发出者，二（#2）为动作经受者。在价位上（val）来看，它是一个二价动词，其事件框架中有施事（agt）和受事（pat）两个参与者，前者在主动语态中投射到主语位置上（DA+），后者不投射到主语位置上（DA−），在语法功能（gf）上分别作主语（sub）和宾语（obj）。

在进入中动结构之后，动词在范畴上（cat）变为派生的不及物动词（vi-d），在语态上变为中动语态（mid），在语义框架上变成了状态（STATE），其两个参与者虽然在语义中继续存在，在价位上却发生了变化。首先，作为事件发出者的 1 号论元失去了语法功能（gf），在句法上（syn）没有得到投射。其次，作为经受者的 2 号论元在语法功能上做主语（sub），由名词性成分（n+）来实现。

总体来看，动词在进入中动结构之后，由及物动词变成了派生的不及物动词（vt → vi-d），由主动语态变成了中动语态（act → mid），其语义框架由事件变成了状态（EVENT → STATE），原先做主语的 1 号论元失去了其语法功能（sub → −），而原先做宾语的 2 号论元则变成了主语（obj → sub）。

可见，动词进入中动结构之后，受到中动结构构式义的压制，在句法、语义和价位信息上均发生一定的改变。通过这些变化，动词的参与者角色和构式的论元角色实现了融合。

8.2.3 英汉中动结构的构式特点

8.2.3.1 英汉中动结构的构式维度分析

构式是形式和意义的结合体，这个结合体可以由多个具有级差性的维度来体现，如大小（size）、语音具体度（degree of phonological specification）、概念类别（type of concept）等（Traugott & Trousdale 2013: 11）。就构式的大小而言，一个构式可以有单形的、中间型和复杂的之分；就构式的语音具体程度而言，一个构式可能是有实质语音内容的构式，也可能是高度图示化的构式或部分有语音内容、部分图示化的构式；就概念类别而言，构式可以分为三种类型：表达具体意义的构式、表达语法意义的构式和表达介于词汇意义和语法意义之间的构式。各维度的分类如表 8.8 所示：

表 8.8　构式的维度

大　小	单形的 "un-""book"	复杂的 "on top of"	中间型 "cranberry"
语音具体度	有实质的 "red""-s"	图式性的 N、SAI	中间型 "V-able"
概念类别	实义的 "pen"、V	语法性的 "-s"、PASSIVE	中间型 "What's X doing Y?"

由表 8.8 可见，就大小而言，构式可以是单形的（atomic）或者复杂的（complex），也可以介于二者之间。单形构式指单语素的情况，如"un-""-dom""red""book"；复杂构式是由多个可分析语块组成的，如"on top of""John hit Mary"；介于二者之间的构式指部分可分析的结构，如"bonfire"的"fire"是一个独立语块，而"bon"不是。

语音具体度描述构式是否有语音实质，包括有语音实质的（substantive）构式、图式性的（schematic）构式和介于二者之间的（intermediate）构式三种类型。有实质的构式有具体的语音内容，如"red""may""dropout""-s"等；完全图式化的构式是抽象的语言单位，如 N、SUBJECT-AUXILIARY INVERSION 等；介于二者之间的构式既有实质性的部分也有图式化的部分，如"V-able""the Xer, the Xer"等。

概念类别指构式的语义内容，既可以是实义的（contentful），又可以是语法性的（grammatical），也可能介于二者之间。实义的语言单位具有指称性，在形式上由名词、动词、形容词等图式化范畴来表达；语法性的构式用于表达视角、语言单位之间的关系等方面的意义。实义单位和语法单位的区别不仅是级差的，而且是可以变化的（如"be going to"由实义单位变成了语法单位）。事实上，构式语法认为词汇和语法是一个连续统，没有截然的区别（Langacker 2011b: 96）。

用上面的维度分析中动结构，可以发现它是一个复杂的、图式性的、语法性的构式。首先，中动结构由多个可分析语块构成（NP+VP+AP），在承继（inheritance）关系上，这些语块和中动结构之间体现了次部分链接（subpart links），即上述语块是中动结构的组成成分。此外，它是一个抽象的语言单位，没有具体的语音表现形式；最后，它在概念方面也是非指称性的，可以看作一个语法性的构式。其维度特点见表8.9：

表 8.9　中动结构的维度特点

大　　小	复杂构式
语音具体度	图式性构式
概念类别	语法性构式

8.2.3.2　中动结构的构式要素分析

Trousdale（2012）指出，和构式架构（architecture）紧密相关的要素有三个，即图式性（schematicity）、能产性（productivity）和组构性（compositionality）。如前文所述，图式性指语言单位在形式和意义上的抽象程度。能产性和图式（schema）有关，包含两个方面的内容：第一，它在多大程度上可以允准（sanction）图式性较低的构式；第二，它在多大程度上是受限制的（constrained）。构式的能产性多由其出现频率来体现。组构性是指一个语言单位的形式和意义的关系在多大程度上是明显的。在构式语法中，组构性最好理解为形式和意义之间的匹配（match）或不匹配（mismatch）关系。同构式的维度一样，以上三个要素也都是级差概念。下文从以上三个方面来考察中动结构的特点。

就图式性而言，中动结构处于构式系统的高层，属于高图式性的构式。典型的汉语中动结构是受事主语结构的下位范畴，而它本身又包含"起来"句和"能/可"句两种类型，是它们的上位范畴。"起来"句又可以细分为易性"起来"句、特性"起来"句、适意性"起来"句等类型。而且易性"起来"句还可以继续分为"容易"和"困难"两种语义类型。汉语中动结构在构式系统中的地位如图8.12所示：

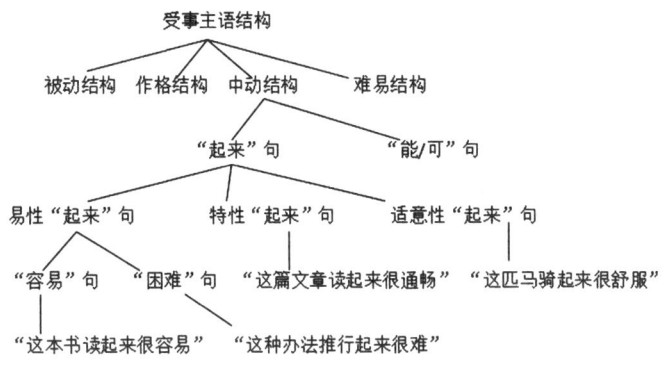

图 8.12 汉语中动结构的图式性

由图 8.12 可见，受事主语句、中动结构、"起来"句、难易"起来"句、"容易"句在承继关系上表现为实例链接（instance links），下义范畴为上义范畴的实例。

原型性英语中动结构也是受事主语结构的下位范畴，包括难易类、性质类、适意类、时空类、结果类和方向类等类型，因此英语中动结构是上述类型的上位范畴。而且上述六类原型性英语中动句也可以继续进行分类，如难易类有"难"和"易"两种类型，性质类有数量、价值、方式等各种意义类型，时空类包括时间、处所、速度三种类型。可见，英语中动结构也是一种高图式化的构式。英语中动结构的图式性如图 8.13 所示：

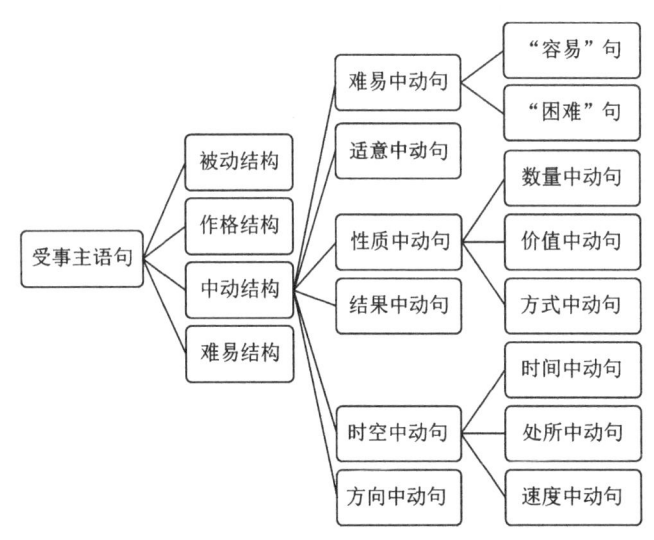

图 8.13 英语中动结构的图式性

中动结构在能产性上的表现如何？要回答这个问题，首先来看其对图式性较低的结构的允准程度。如前文所述，中动结构在主语上可以允准受事、方式、工具、处所等多种语义类型；在附加语上可以允准易性、特性、适意性等多种意义。因此，可以按照主语的语义类型将中动结构分为受事主语中动句和旁格主语中动句（包括方式主语中动句、工具主语中动句、处所主语中动句等类型），也可以按照附加语的意义将其分为易性中动句、特性中动句、适意性中动句等类型。由此可见，中动结构有较丰富的意义类型。这些意义类型在承继关系上体现为多义链接（polysemy links）。在这个层面上讲，中动结构具有较高的能产性。

然而，我们还需要分析其受限制的程度。上文提到，中动结构对其动词和附加语都有较严格的选择限制。非自主动词不能进入中动结构，不及物动词与状态动词也较少用在中动结构中。不仅如此，事实上有些动作动词也不能进入中动结构，如"出卖""批评"等施事性较强的动词一般不能用在中动句中，如例（45）和（46）所示：

（45）a. ? 这种朋友出卖起来很难。
　　　b. ? Friends like this betray easily.
（46）a. ? 小学生批评起来很容易。
　　　b. ? Pupils criticize easily.

此外，在语义上指向施事的自主形容词也无法用在中动结构中，如"认真""仔细""马虎""感动"等形容词都不能用在汉语中动句中，同样"carefully""cautiously""thankfully"等副词也不能用在英语中动句中。事实上，绝大多数的汉语中动句都以表示难易或适意性意义的成分做附加语，而英语中动句倾向于用表示难易或性质意义的成分做附加语。在这个层面上讲，中动结构的能产性较低。

就出现频率而言，汉语中动句在 SLC 和 CCL 中出现的频率并不太高，分别为 1.29% 和 1.73%。英语中动句在 COCA 和 BNC 中出现的频率也较低，分别占比 1.28% 和 2.03%。英汉中动句在语料库中所占频率如表 8.10 所示：

表 8.10　英汉中动句在语料库中的频率

	总数（句）	中动句数（句）	频率（％）
SLC	25 984	335	1.29
CCL	125 644	2 178	1.73
COCA	420 674	5 390	1.28
BNC	74 897	1 521	2.03

综上所述，英汉中动结构在能产性上均呈现出中等能产的特点。它一方面能在较高程度上允准各种类型的中动句，另一方面又受到较为严格的限制。此外，它在语料库中出现的频率也反映了其中度能产的特点。

就其组构性而言，英汉中动结构具有低组构性的特点，即它的形式和意义之间呈现出不匹配的特点。Troseth（2009）认为中动构句的本质就是动词价位和构式价位的不匹配。这种不匹配性表现为上文所讨论的"压制"。

8.3　本章小结

本章首先探讨了中动结构的"中动"本质，然后以构式语法为理论框架系统研究了中动结构的构式性本质。研究发现，中动结构的"中动性"本质有三个表现形式：就语态而言，中动结构介于主动语态和被动语态之间；就及物性而言，中动结构介于及物结构和不及物结构之间；就参与者的数量而言，中动结构介于一个参与者事件和两个参与者事件之间；就主语的语义角色而言，中动结构的主语介于施事和受事之间。可见，中动结构表现出较强的"中间性"，因此被称为"中动"结构。

对中动结构构式性本质的研究包含以下几个方面的内容：首先，本章按照构式的定义从形式和意义的不可预测性、构式对其组成成分的特殊限制，及其搭配偏向性等方面考察了中动结构的构式地位。研究表明，英汉中动结构是独立的构式，无法通过其他构式推测出来，也不依赖于其他构式而存在。

然后,本章确定了中动结构所属的构式类别,指出中动结构是一种论元结构构式,并按照动词价位的增减把论元结构构式分成增价构式和减价构式,进而将中动结构界定为减价构式。中动结构的"属性义"和谓语动词的"动作义"相冲突,因此,动词义为了迁就构式义在句法和语义上临时做出了改变,体现了构式义和动词义的互动(吴可、王文斌 2020: 80)。

最后,本章从构式的维度和要素两个方面分析了汉语中动结构的构式特点。在维度上来看,中动结构是一个图式性、复杂性的语法单位。它由多个独立的语块构成,在形式和意义上具有较高的图式性。从影响构式架构的要素来看,中动结构表现为高图式性、中度能产性、低组构性的特点。

从以上分析可见,英汉中动结构一方面表现出构式义对动词义的压制,另一方面也表现出和其他构式之间的承继关系,如中动结构和受事主语句之间表现出实例链接,和其组成成分之间为次部分链接,其各种意义类型之间体现为多义链接。事实上,中动结构也是一种多重性(multiple)链接,如汉语中动结构不仅可以看作受事主语句的一个实例,也可以看作低及物结构、"起来"结构[1]、评价结构等构式的实例,而英语中动结构既可以看作受事主语句的实例,也可以看作低及物结构、评价结构、致使结构等构式的实例,表现出构式之间的多重性链接关系。上述各种相互关联的构式共同构成英汉语言中的构式系统。

---

[1] 此处的"起来"结构指具有"NP+V 起来 +AP"形式的结构。除中动结构之外,"起来"结构还包括以施事为主语的"起来"句,以及以感觉类动词或评说类动词为谓语动词的"起来"句,例如:"李四唱起歌来很动听""他算起来也有四十多岁了"。

第九章

结 语

9.1 本书的主要内容与观点

本书以语料库为依托，以构式语法和原型范畴理论为指导探讨了中动语义及其在英汉两种语言中的实现。主要内容包括中动结构的语义基础、英汉中动结构对其组成成分的限制、英汉中动结构范畴的原型性，以及中动结构的"中动"本质四方面的内容。

根据构式语法的观点，句法表现是由语义决定的，即英汉中动结构是中动语义在英语和汉语两种语言里的实现。因此，本书从中动语义出发，重新解读了中动语义的各项特征，并指出其核心是中动属性义。属性义之所以能被看作中动语义的核心，是因为它能统领其他特征，即作为属性类指句的中动句一般具有以下四个特征：1）以非施事主语为中心，描述主语属性，具有主语责任性；2）不强调施事的能力，具有施事无关性；3）不是叙述句，而是描写句，具有非事件性；4）所表达的动作具有未来发生的可能性，因此，具有情态性。

此外，属性义还能将中动结构和类指性被动结构区别开来。不仅如此，它还能揭示中动构句的本质，因为中动句的句法形式也和属性义有关，反映了中动结构义和动词义之间的互动关系。

在此基础上，本书以语料库为依托细致讨论了英汉中动结构对其组成成分的选择限制。就其论元实现而言，英汉中动结构只有一个论元（非施事）有句法实现，充当句法主语，另一个论元则以隐性论元（隐性施事）的形式出现。隐性施事一般不出现在语篇中，且具有相对任指性。

英汉中动结构对其主语的选择限制表现在形式、语义类型、指称、人称、施受关系等方面。从形式来看，英语中动句的主语多为名词短语，其次为代词；汉语中动句的主语一般是有复杂修饰语的名词短语，此外，汉语中动句的主语经常可以省略。可见，英汉中动句都倾向于用名词短语做主语，二者不同的是汉语中动句的主语常常省略，而英语中动句的主语一般不省略；此外，代词在英语中动句中做主语的频次明显超过汉语中动句。

就语义类型而言，以经受者（包括受事和对象）为主语的英语中动句占绝对优势，其次为工具和处所，其他语义角色较少见。与此类似，绝大多数的汉语中动句也以动词的内论元为主语，包括受事、对象和成事，其次为处所和工具。总体而言，汉语中动句主语的语义类型较英语更加丰富。

从指称上来看，英语中动句的主语一般指向具体物体，其次为指人主语，再次为抽象主语。汉语中动句的主语也多指向具体物体，但也有不少汉语中动句的主语指向抽象事物。除此之外，笔者发现汉语中动句的主语还可以指向事件或人，而英语中动句的主语一般不指向事件。

从人称上来看，英语中动句的主语多为第三人称，第一人称很少在英语中动句中做主语，第二人称几乎不能用作英语中动句的主语。同样，汉语中动句的主语也一般指向第三人称，汉语中以第二人称和第一人称为主语的中动句极少见。

在是否有确定的指称方面，英语中动句的主语一般是定指的，其中类指性主语占绝大多数，其次为特指性主语。绝大多数汉语中动句的主语在指称上也是有定的，其中类指性主语和特指性主语占较大的比例。可见，英汉中动句都倾向于选择定指性主语，这是因为英语和汉语里的句子，尤其是受事为主语的句子，都倾向于用定指的形式做主语。

就施受关系而言，英汉中动句的主语表现出较大的相似性，英汉中动句都倾向于选择受事性较强的语义角色充当主语，但该主语不是完全被动的角色，其属性是导致事件发生的主要原因，因此它也具有一定的施事性。英汉中动句主语的责任属性一般是隐藏的。当然，也有不少的中动句将其致使事件发生的属性明示在句中。可见，属性是否隐藏不是中动语义所规定的内容。

英汉中动结构对其动词的选择限制表现在其形式、意义和及物性上。在形式方面，本书讨论了其时体特征和复杂程度。就时间特征而言，英汉中动结构都倾向于用一般现在时。就体特征而言，汉语中动结构表达的是一种非完成体，不能带诸如"着""了""过"等任何体标记，英语中动结构的动词绝大部分以简单体的形式出现，尽管进行体、完成体，甚至进行体和完成体的复合形式也可以和英语中动结构共现，但其出现频率较低。就动词的复杂程度而言，绝大多数英语和汉语中动句的动词是光杆形式。

在意义方面，本书讨论了英汉中动句动词在自主性、及物性、体类型（过程结构），和物性结构类型等四个方面的特点。就自主性而言，只有自主动词才能进入英汉中动结构。就及物性而言，英汉中动句的动词在进入中动结构之前一般为及物动词，进入中动结构之后受到构式义的压制，变成了派生的不及物动词。

就动词的过程类型而言，Vendler（1967）所提到的四类动词都可以进入英汉中动结构，但英汉中动句的动词都以活动词项为主。就其表达的物性角色而言，英汉中动句都倾向于表达其主语的处置角色和功用角色，其他角色较少见。可见，英汉中动句多表达受事主语的用途及隐性施事对受事的处置，强调处置过程中的感受及对受事功用的评价。

英汉中动结构一般需要附加语。从形式上来看，汉语中动结构的附加语主要有形容词、动词短语、主谓短语、介词短语、熟语等形式，也有不少中动句用不止一种形式的附加语，即复杂类型。在各种形式的附加语中，形容词占比最大，其次为动词短语和主谓短语，其他类型占比较低。

英语中动结构的附加语也可以由不同的形式来充当，如副词、介词短语、形容词、名词短语等，也有不同形式的复合形式，即复杂类型。其中，副词为最主要的附加语形式，其次为介词短语，其他类型所占比例较低。

　　除上述附加语类型之外，英语中动结构的附加语有时可以用其他手段来代替，常见的有情态词、否定词、对比、强势动词 do、重音强调等。汉语中动句的附加语也有替代形式，只是其替代形式较英语而言比较单一，只能通过情态词来表达，具体表现为"能/可"句。

　　英汉中动句的附加语可以表达丰富的意义，除了文献中提到较多的难易意义之外，还有适意性、性质、时间、结果等其他意义，有的附加语还能表达两种或多种意义，形成复杂的意义类型。汉语中动句的附加语在意义类型上包括六大类，即难易类、适意类、性质类、时间类、结果类和复杂类型，其中难易类、适意类和性质类占比最大，因此汉语中动句主要表达言者对事件难易或事物特性的评价，以及言者执行某动作的体验或感受。英语中动句的附加语在意义上有以下七种类型：性质类、难易类、适意类、时空类、结果类、方向类以及复杂类型，其中性质类和难易类是英语中动句中最常见的附加语形式，其他五类附加语所占比例较低。可见，英语中动句的附加语比汉语中动句多空间类和方向类两种类型。

　　在了解英汉中动结构对其组成成分的限制之后，本书系统研究了英汉中动结构范畴的原型性及其类别，指出英汉中动结构范畴都属于原型范畴，因此，其内部成员具有不同的典型性。研究发现，英汉中动结构范畴有四个典型性特征，以此为依据可将汉语中动结构和英语中动结构分成原型性中动句和非典型性中动句。

　　根据不同的语义类型，原型性汉语中动句可以分成难易中动句、性质中动句、适意性中动句、时间中动句、结果中动句，以及"能/可"句。非典型性汉语中动句包括"非内论元主语中动句""施事不隐含的中动句"和"已然事件中动句"。原型性英语中动句包括"过程中动句""难易中动句""性质中动句""时间中动句""处所中动句""结果中动句"和"方向中动句"七种类型；非典型的英语中动句则包含"非内论元主语中动句""含有施事的中动句""设计特征中动句"和"已然事件中动句"四种类型。英汉中动结构作为原型范畴，其界限并不分明，即中动结构和其他结构可能会有重叠，表现出构式之间的多重性链接。

　　最后，本书对中动结构的"中动"本质进行了探讨，研究发现，中动结构的"中动性"本质表现在以下几个方面：就语态而言，中动结构介于主动语态和被动语态之间；就及物性而言，中动结构介于及物结构和不及物结构之间；就参与者的数量而言，中动结构介于一个参与者事件和两个参与者事件之间；就主语的语义角色而言，中动结构的主语介于施事和受事之间。因此，中动结构表现出较强的"中间性"，因此被称为"中动"结构。

就其构式性本质而言，本书指出英汉中动结构是独立的构式，属于论元结构构式中的减价构式。就构式的维度而言，中动结构是一个图式性、复杂性的语法单位。就影响构式架构的要素而言，中动结构表现出高图式性、中度能产性、低组构性的特点。可见，英汉中动结构一方面表现出构式义对动词义的压制，另一方面也表现出和其他构式之间的承继关系，各种相互关联的构式共同构成英汉语言中的构式系统。

9.2 本书的主要创新点与学术贡献

第一，本书指出中动语义的核心是中动属性义。把属性义看成中动语义的核心有重要的意义。首先，能够厘清中动语义各特征之间的内部联系；其次，能够将中动结构和其他类似结构区别开来；再次，能够解释中动句的动词失去动作性的原因；最后，能够揭示中动结构句法、语义限制背后的动因。

第二，本书以语料库为依托，详细讨论了英汉中动结构的主语、隐性施事、动词、附加语在形式和意义方面的特征，并对其各种类型在语料库中所占比例进行了统计和分析。其中，本书对主语指称、人称的探讨，对动词体类型（过程结构），及其所表达物性角色的探讨，以及对附加语形式类型的探讨都是以往文献中未曾研究的。其他方面的研究结果也大多与已有研究不同。

第三，本书指出英汉中动结构为原型范畴，确定了其原型性特征，将其分成原型性中动句和非典型性中动句，并分别探讨了其意义类型。本书为原型性中动句和非典型性中动句的区分提出了不同以往的标准，以和原型性中动句的家族相似性为标准确定中动结构范畴更加符合认知语言学的基本理念。

第四，本书首次确定了中动结构的中动性本质，确定了中动结构的构式地位，指出了其构式类别及构式特点，分析了其构式义与动词义之间的互动关系，并指出英汉中动结构是同类构式，不是同一构式，因此二者在句法、语义、及其组成成分的限制等方面既表现出同一性，也表现出差异性。

9.3 本书的不足之处

第一，本书没有探讨英汉中动结构的来源及其发展历程。笔者指出"起来"作为汉语中动句的标记词是语法化的结果，但没有详细探讨其语法化动因和过程。此外，本书也没有探讨英语中动句来源于非作格结构还是非宾格结构。

第二，本书以原型范畴理论和构式语法为理论依据，因此，没有探讨英汉中动结构的生成过程。不少学者对英语中动结构的生成方式进行过研究，然而，对汉语中动结构生成过程的研究就相对较少。本书也未能在转换生成语法的框架内进行这方面的研究，只是在文献回顾时提及前贤的研究成果。

第三，本书没有深入探讨英汉中动结构和难易结构、受事主语句、反身结构等其他低及物结构之间的承继关系，英汉中动结构与其他语言里中动结构之间的异同也有待进一步的研究。

第四，本书没有细致讨论语篇类型在英汉中动结构的出现频率中所起的作用，仅提到附加语的类型可能受到语篇类型的影响，但没能探讨语篇类型对中动结构其他方面的影响。

9.4 对未来研究的建议

本书对英汉中动结构的探讨仅仅是一个角度，不是穷尽式的探究，还有很多值得进一步研究的话题。在未来研究中可以关注以下几个方面：

第一，有关汉语中动结构的研究多是在共时层面进行的，历时的研究较缺乏。因此，未来研究可以关注历时因素，考察汉语中动结构的语法化过程。此外，英语中动结构的来源也值得进一步讨论，需要进一步考察英语中动结构和非作格结构、非宾格结构以及反身结构之间的亲属关系，确定中动结构的来源。

第二，未来研究可以用语料库的数据分析语篇类型对中动句出现频率的影响，探讨中动结构的类型与语篇类型之间的关系，并进一步研究语篇类型对英汉中动结构的主语、动词和附加语类型的影响。

第三，未来研究可以在语言类型学的视野下研究中动语义在多种语言中的实现方式，并按照其不同实现形式进行归类，探讨其与语言类型的关系。

第四，Lekakou（2002）通过对英语、希腊语、荷兰语中动结构的研究，发现不同语言里的中动结构的生成方式也存在差异，如希腊语中动结构是句法生成的，而英语和荷兰语中动结构则是依赖词汇手段生成的。因此，未来研究可以在转换生成语法的框架下确定汉语中动结构的生成方式与过程。

参考文献

Ackema, P. & M. Schoorlemmer. 1994. The middle construction and the syntax-semantics interface [J]. *Lingua* 93(1): 59–90.

Ackema, P. & M. Schoorlemmer. 1995. Middles and nonmovement [J]. *Linguistic Inquiry* 26 (2): 173–197.

Ackema, P. & M. Schoorlemmer. 2002. Middle voice: A comparative study in the syntax-semantics interface of German [J]. *Journal of Germanic Linguistics* 15(4): 372–384.

Ackema, P. & M. Schoorlemmer. 2007. Middles [A]. In M. Everaert & H. Van Riemsdijk. *The Blackwell Companion to Syntax* [C]. New Jersey: Blackwell Publishing, 131–203.

Alexiadou, A. 2014. Active, middle, and passive: The morpho-syntax of voice [J]. *Catalan Journal of Linguistics* 13: 19–40.

Baker, M. 1988. *Incorporation: A Theory of Grammatical Changing* [M]. Chicago: University of Chicago Press.

Berlin, B. & P. Kay. 1969. *Basic Color Terms: Their Universality and Evolution* [M]. Los Ageles: University of California Press.

Bloomfield, L. 1933. *Language* [M]. New York: Henry Holt.

Boas, H. C. & I. A. Sag. 2012. *Sign-based Construction Grammar* [C]. Stanford: Stanford University Press.

Boons, J. P., G. Alain & L. Christian. 1976. *La Structure des Phrases Simples en Francais: Constructions Intransitives* [M]. Geneva, Switzerland: Droz.

Borer, H. 2013. *Structuring Sense. Vol. 3: Taking Forms* [M]. Oxford: Oxford University Press.

Calude, A. S. 2017. Testing the boundaries of the middle voice [J]. *Cognitive Linguistics* 28 (3): 1–31.

Chao, Yuen-ren. 1968. *A Grammar of Spoken Chinese* [M]. Berkeley:

University of California Press.

Chung, T. 1995. A semantic condition on English middles: A causative approach [J]. *Korean Journal of Linguistics* 20(4): 271–288.

Cinque, G. 1993. A null theory of phrase and compound stress [J]. *Linguistic Inquiry* 24(2): 239–297.

Condoravdi, C. 1989. The middle: where semantics and morphology meet [J]. *MIT Working Papers in Linguistics* (11): 18–30.

Cornips, L. & A. Hulk. 1998. Affected objects in Heerlen Dutch and Romance [J]. *Languages in Contrast* 2(1): 191–210.

Croft, W. 1994. Voice: Beyond control and affectedness [A]. In Fox, B. and P. J. Hopper (eds.), *Voice: Form and Function* [C]. Amsterdam/Philadelphia: Benjamins, 89–117.

Croft, W. 2001. *Radical Construction Grammar: Syntactic Theory in Typological Perspective* [M]. Oxford: Oxford University Press.

Croft, W. 2013. *Syntactic Categories and Grammatical Relations* [M]. Chicago: University of Chicago Press.

Curme, G. O. 1931. *A Grammar of the English Language. Vol III. Syntax* [M]. Boston: D. C. Heath.

Davidse, K. & L. Heyvaert. 2003. On the so-called middle construction in English and Dutch [A]. In S. Granger, J. Lerot & S. Petch-Tyson (eds.), *Empirical Approaches to Contrastive Linguistics and Translation Studies* [C]. Amsterdam: Rodopi, 61–98.

Davidse, K. & L. Heyvaert. 2007. On the middle voice: an interpersonal analysis of the English middle [J]. *Linguistics* 45(1): 37–83.

Davidse, K. & N. Olivier. 2008. English middles with mental and verbal predicates: Towards a typology [A]. In A. Laffut & D. Van Hulle (eds.), *English Text Construction* [C]. Amsterdam: John Benjamins Publishing Company, 169–197.

Dixon, R. M. W. 1982. *A New Approach to English Grammar on Semantic Principles* [M]. Oxford: Clarendon.

Dowty, D. 1991. Thematic Proto-roles and argument selection [J]. *Language* 67 (3): 547–619.

Erades, P. A. 1950. Points of modern English syntax [J]. *English Studies* 31(1): 19–65.

Fagan, S. 1988. The English middles [J]. *Linguistic Inquiry* 19 (2): 181–203.

Fagan, S. 1992. *The Syntax and Semantics of Middle Constructions* [M]. Cambridge: Cambridge University Press.

Fellbaum, C. 1985. Adverbs in agentless actives and passives [J]. *Papers from the Regional Meeting of the Chicago Linguistic Society* 21 (2): 21–31.

Fellbaum, C. 1986. *On the Middle Construction in English* [M]. Bloomington, Indiana: Indiana University Linguistics Club.

Fellbaum, C. & A. Zribi-Hertz. 1989. *The Middle Constructions in French and English* [M]. Bloomington, Indiana: Indiana University Linguistics Club.

Fillmore, C. J. 1968. The case for case [A]. In E. Bach and R. T. Harms (eds.). *Universals in Linguistic Theory* [C]. London: Holt, Rinehart and Winston, 1–88.

Fillmore, C. J. 1977. The case for case reopened [A]. In P. Cole (ed.). *Syntax and Semantics 8: Grammatical Relations* [C]. New York: The Academic Press, 59–81.

Fillmore, C. J. 2013. *Language Form, Meaning, and Practice* [M]. Stanford: CSLI

Publications.
Fillmore, C. J., P. Kay & M. C. O'Connor. 1988. Regularity and idiomaticity in grammatical constructions: The case of *let alone* [J]. *Language* 64 (3): 501–538.
Fillmore, C. J. & P. Kay. 1993. *Construction Grammar* [M]. Berkeley: University of California Press.
Givón, T. 1993. *English Grammar: A Function-based Introduction* [M]. Amsterdam: John Benjamins Publishing Company.
Goldberg, A. E. 1995. *Constructions: A Construction Grammar Approach to Argument Structure* [M]. Chicago: University of Chicago Press.
Goldberg, A. E. 2006. *Constructions at Work* [M]. Oxford: Oxford University Press.
Goldberg, A. E. 2009. Verbs, constructions and semantic frames [A]. In M. Rappaport, E. D. Hovav & I. Sichel (eds.), *Syntax, Lexical Semantics and Event Structure* [C]. Oxford: Oxford University Press, 22–57.
Goldberg, A. E. 2019. *Explain Me This: Creativity, Competition, and the Partial Production of Constructions* [M]. Princeton and Oxford: Princeton University Press.
Greenspon, M. A. 1996. *A Closer Look at the Middle Construction* [D]. PhD dissertation, Yale University.
Hale, K. L. & S. J. Keyser. 1987. A view from the middle [J]. *Lexicon Project Working Paper* 34 (10): 315–350.
Halliday, M. A. K. 1985. *An Introduction to Functional Grammar* [M]. London: Edward Arnold (Publishers) Limited.
Halliday, M. A. K. 1994. *An Introduction to Functional Grammar, 2nd edition* [M]. London: Edward Arnold (Publishers) Limited.
Han, Jingquan. 2007. *Argument Structure and Transitivity Alternation* [D]. PhD dissertation, City university of Hong Kong.
He, Xiaoling. 2005. *On Patient-subject Constructions in Chinese* [D]. PhD dissertation, The University of Hong Kong.
Hilpert, M. 2008. *Germanic Future Constructions: A Usage-Based Approach to Language Change* [M]. Amsterdam: John Benjamins.
Hilpert, M. 2014. *Construction Grammar and its Application to English* [M]. Edinburgh: Edinburgh University Press.
Hoekstra, T. & I. Roberts. 1993. Middle constructions in Dutch and English [J]. *Knowledge and Language* (2): 183–220.
Hopper, P. & S. Thompson. 1980. Transitivity in grammar and discourse [J]. *Language* 56 (2): 251–299.
Huang, C.-T. J. 1988. "Wo pao de kuai" and Chinese Phrase Structure [J]. *Language* 64(2): 274–311.
Hundt, M. 2007. *English Mediopassive Constructions: A Cognitive, Corpus-based Study of Their Origin, Spread, and Current Status* [M]. Amsterdam: Rodopi.
Iwata, S. 1999. On the status of implicit arguments in middles [J]. *Linguistics* 35 (3): 527–553.
Jaeggli, O. A. 1986. Passive [J]. *Linguistic Inquiry* 17: 587–622.
Jakendoff, R. 1972. *Semantic Interpretation in Generative Grammar* [M]. Cambridge: The MIT Press.

Jespersen, O. 1924. *The Philosophy of Grammar* [M]. Heidelberg: Carl Winter.

Ji, Xiaoling. 1995. *The Middle Construction in English and Chinese* [D]. PhD dissertation, The Chinese University of Hong Kong.

Joh, Yoon-kyoung. 2016. Middle constructions and distributivity [J]. *Language Research* 52(3): 557–577.

Kay, P. & C. J. Fillmore. 1999. Grammatical constructions and linguistic generalizations: The "What's X Doing Y?" construction [J]. *Language* 75(1):1–33.

Kemmer, S. E. 1988. *The Middle Voice: A Typological and Diachronic Study* [D]. PhD dissertation, Stanford University.

Kemmer, S. E. 1993. *The Middle Voice* [M]. Amsterdam: John Benjamins.

Keyser, S. J. & T. Roeper. 1984. On the middle and ergative constructions in English [J]. *Linguistic Inquiry* 15 (3): 381–416.

Klaiman, M. H. 1991. *Grammatical Voice* [M]. Cambridge: Cambridge University Press.

Kratzer, A. 1981. Partition and revision: The semantics of counterfactuals [J]. *Journal of Philosophical Logic* 10 (2): 201–216.

Krifka, M. 1995. Focus and the interpretation of generic sentences [A]. In G. N. Carlson & F. J. Pelletier (eds.), *The Generic Book* [C]. Chicago: University of Chicago Press, 238–264.

Laca, B. 1990. Generic objects: Some more pieces of the puzzle [J]. *Lingua* 81 (1): 25–46.

Lakoff, G. 1977. Linguistic gestalts [J]. *Papers from the Regional Meeting of the Chicago Linguistic Society* 13 (3): 236–287.

Langacker, R. W. 1987. *Foundations of Cognitive Grammar: Theoretical Prerequisites* [M]. Stanford: Stanford University Press.

Langacker, R. W. 1991. *Foundations of Cognitive Grammar: Descriptive Application* [M]. Stanford: Stanford University Press.

Langacker, R. W. 2001. The English present tense [J]. *English Languages and Linguistics* 5 (2): 251–271.

Langacker, R. W. 2011a. Dynamicity in grammar [J]. *Axiomathes* 12(1): 7–33.

Langacker, R. W. 2011b. *Grammaticalization and Cognitive Grammar* [M]. Oxford: Oxford University Press.

Legenhausen, L. 1998. Mediopassives: Fuzziness and speaker evaluation [A]. In Wolfgang Kühlwein (ed.), *Language as Structure and Language as Process: In Honour of Gerhard Nickel on the Occasion of His 70th Birthday* [C]. Trier: Wissenschaftlicher Verlag, 47–62.

Lekakou, M. 2002. Middle semantics and its realization in English and Greek [J]. *UCL Working Papers in Linguistics* (4): 399–416.

Lekakou, M. 2004. *Middles as Disposition Ascriptions* [R]. Proceedings of the 8th annual meeting of the Gesellschaft für Semantik: 181–195.

Lekakou, M. 2005. *In the Middle, Somewhat Elevated: the Semantics of Middles and its Crosslinguistic Realization* [D]. PhD dissertation, University of London.

Lekakou, M. 2006. A comparative view of the requirements for adverbial modification in middles [A]. In B. Lyngfelt & T. Solsta (eds.), *Demoting the Agent: Passive, Middle, and Other Voice Phenomena* [C]. Amsterdam, Philadelphia: John Benjamins Publishing House, 167–196.

Levin, B. 1993. *English Verb Classes and Alternations* [M]. Chicago: Chicago University Press.
Lyons, J. 1968. *Introduction to Theoretical Linguistics* [M]. London: Cambridge University Press.
Massam, D. 1992. Null objects and non-thematic subjects [J]. *Journal of Linguistics* 28 (1): 115–137.
McConnell-Ginet, S. 1994. On the non-optionality of certain modifiers [A]. In M. Harvey and L. Santelmann (eds.), *Proceedings of SALT 4* [C]. Ithaca: Cornell University Press, 230–250.
Michaelis, L. A. 2004. Type shifting in construction grammar: An integrated approach to aspectual coercion [J]. *Cognitive Linguistics* 15 (1): 1–67.
Pustejovsky, J. 1991. The generative lexicon [J]. *Computational Linguistics* 17 (3): 409–441.
Pustejovsky, J. 1998. Generativity and explanation in semantics: A reply to Fodor and Lepore [J]. *Linguistic Inquiry* 29 (2): 289–311.
Quirk, R., H. Weiss, S. Greenbaum, G. Leech & J. Svartvik. 1985. *A Comprehensive Grammar of the English Language* [M]. New York: Longman.
Ramchand, G. 1997. *Aspect and Predication* [M]. Oxford: Clarendon Press.
Rapoport, T. R. 1999. The English middle and agentivity [J]. *Linguistic Inquiry* 30 (1): 147–155.
Roberts, I. 1987. *The Representation of Implicit and Dethematized Subjects* [M]. Dordrecht: Foris Publications.
Rosch, E. 1973. On the internal structure of perceptual and semantic categories [A]. In E. M. Timothy (ed.), *Cognitive Development and the Acquisition of Language* [C]. New York/London: Academic Press, 111–144.
Rosta, A. 2008. Antitransitivity and constructionality [A]. In G. Trousdale & N. Gisborne (eds.), *Constructional Approaches to English Grammar* [C]. Berlin/New York: Mouton de Gruyter, 187–217.
Saeed, J. 2000. *Semantics* [M]. Beijing: Foreign Language Teaching and Research Press.
Sag, I. A. 2012. Sign-based construction grammar: An informal synopsis [A]. In H. C. Boas & I. A. Sag (eds.), *Sign-based Construction Grammar* [C]. Stanford: Stanford University Press, 69–202.
Seki, K. 2010. English middles and the affectedness constraint [J]. *Osaka Keidai Ronshu* 61: 217–234.
Stroik, T. 1992. Middles and movement [J]. *Linguistic Inquiry* 23 (1): 127–137.
Stroik, T. 1995. On middle formation: A reply to Zribi-Hertz [J]. *Linguistic Inquiry* 26 (1): 165–171.
Stroik, T. 1999. Middles and reflexivity [J]. *Linguistics Inquiry* 30 (1): 119–131.
Sung, Kuo-ming. 1992. *Chinese Middle and the Affected Condition* [R]. Paper presented at the First International Conference on Chinese Linguistics, Singapore.
Sung, Kuo-ming. 1994. *Case Assignment under Incorporation* [D]. PhD dissertation, University of California at Los Ageles.
Sweet, H. 1891. *A New English Grammar: Logical and Historical* [M]: Oxford: Clarendon Press.

Talmy, L. 2000. *Toward a Cognitive Semantics* [M]. Cambridge, MA: The MIT Press.
Talmy, L. 2012. *Toward a Cognitive Semantics (Vol. 1): Concept Structuring Systems* [M]. Beijing: Foreign Language Teaching and Research Press.
Tao, Yuan. 2011. *Chinese Middle Construction: A Case of Disposition Ascription* [D]. PhD dissertation, the Hong Kong Polytechnic University.
Taylor, J. R. 1995. *Linguistic Categorization: Prototypes in Linguistic Theory* [M]. Oxford: Clarendon Press.
Taylor, J. R. 1998. Syntactic constructions as prototype categories [A]. In M. Tomasello (ed.), *The New Psychology of Language: Cognitive and Functional Approaches to Language Structure* [C]. Mahwah: Lawrence Erlbaum, 177–202.
Tenny, C. 1987. *Grammaticalizing Aspect and Affectedness* [D]. PhD dissertation, MIT.
Ting, J. 2006. The Middle construction in Mandarin Chinese and the presyntax approach [J]. *Concenric: Studies in Linguistics* 32 (1): 89–117.
Traugott, E. C. & D. Trousdale. 2013. *Constructionalization and Constructional Changes* [M]. Oxford: Oxford University Press.
Troseth, E. L. 2009. *Acidity and Reference: Middle Voice and Its Components* [D]. PhD dissertation, City University of New York.
Trousdale, G. 2012. Grammaticalization, constructions, and the grammaticalization of constructions [A]. In K. Davidse, T. Breban, L. Brems & T. Mortelmans (eds.), *Grammaticalization and Language Change: New Reflections* [C]. Amsterdam: Benjamins, 167–198.
Valfells, S. 1970. Middle voice in Icelandic [A]. In H. Benediktsson (ed.), *The Nordic Languages and Modern Lianguistics* [C]. Reykjavik: Visindafelag Icelendinga, 551–572.
van Oosten, J. 1977. Subjects and agenthood in English [A]. In W. A. Beach, S. E. Fox & S. Philosoph (eds.), *Papers from the Thirteenth Reginal Meeting, Chicago Linguistic Society* [C]. Chicago: University of Chicago Press, 451–471.
van Oosten, J. 1986. *The Nature of Subjects, Topics and Agents: A Cognitive Explanation* [M]. Bloomington: Indiana University Linguistics Club.
van Valin, R. D. 1999. Functional relations [A]. In Brown, K. and J. Miller (eds.), *Concise Encyclopedia of Grammatical Categories* [C]. Amsterdam: Elsevier, 150–162.
Vendler, Z. 1967. *Linguistics in Philosophy* [M]. Ithaca: Cornell University Press.
Yoshimura, K. 1998. The middle construction in English: a cognitive linguistic analysis [D]. PhD dissertation, University of Otago.
Yoshimura, K. & J. Taylor. 2004. What makes a good middle? The role of qualia in the interpretation and acceptability of middle expressions in English [J]. *English Language and Linguistics* 8 (2): 293–321.
Zribi-Hertz, A. 1993. On Stroik's analysis of English middle constructions [J]. *Linguistic Inquiry* 24 (2): 583–589.
蔡淑美，2013，汉语中动句的研究现状和发展空间［J］．汉语学习（5）：78–87.
蔡淑美，张新华，2015，类型学视野下的中动范畴和汉语中动句式群［J］．世界汉语教学（2）：196–210.
曹宏，2004a，中动句对动词形容词的选择限制及其理据［J］．语言科学（1）：11–28.
曹宏，2004b，论中动句的层次结构和语法关系［J］．语言教学与研究（5）：42–52.

曹宏，2004c，论中动句的句法构造特点［J］.世界汉语教学（3）：38–48.
曹宏，2005a，论中动句的语义表达特点［J］.中国语文（3）：205–213.
曹宏，2005b，中动句的语用特点及教学建议［J］.汉语学习（5）：61–67.
陈立民，2006，论中动句的范围和结构——兼评曹宏的中动句研究［DB/OL］.http://www.doc88.com/p-391511361362.html<Accessed April 10, 2024>.
陈平，1994，试论汉语中三种句子成分与语义成分的配位原则［J］.中国语文（3）：161–168.
戴曼纯，2001，中动结构的句法特征［J］.外语学刊（4）：31–36.
戴耀晶，1997，现代汉语时体系统研究［M］.杭州：浙江教育出版社.
邓思颖，2010，形式汉语句法学［M］.上海：上海教育出版社.
邓云华，尹灿，2014a，英汉中动句主语语法等级的比较研究［J］.外国语（3）：83–91.
邓云华，尹灿，2014b，英汉中动句修饰语语法等级的比较研究［J］.外语学刊（3）：79–83.
范继淹，1986，范继淹语言学论文集［C］.北京：语文出版社.
方梅，1995，汉语对比焦点的句法表现手段［J］.中国语文（4）：279–288.
房玉清，1992，实用汉语语法［M］.北京：北京语言学院出版社.
付岩，2012，英汉中动构式的句法语义对比研究［D］.上海：复旦大学博士学位论文.
付岩，2016，中动语义研究中的几个问题［A］，王菊丽主编.语言·文学·翻译研究专辑［C］.成都：西南交通大学出版社，120–132.
付岩，2017，英汉中动构式范畴的原型性研究［J］.鲁东大学学报（哲学社会科学版）（6）：43–49.
付岩，陈宗利，2017，汉语中动结构的界定及其范畴［J］.外语研究（2）：30–35.
高明凯，1948，汉语语法论［M］.北京：商务印书馆.
高秀雪，2011，再谈汉语中动结构的界定［J］.现代语文（4）：112–116.
高育松，王敏，2014，界面视角下的第二语言论元结构习得研究［M］.北京：科学出版社.
龚千炎，1980，现代汉语里的受事主语句［J］.中国语文（5）：335–343.
古川裕，2005，现代汉语的"中动语态句式"——语态变换的句法实现和词法实现［J］.汉语学报（2）：22–32.
顾阳，1996，生成语法及词库中动词的一些特性［J］.国外语言学（3）：1–16.
顾阳，1999，动词的体及体态［A］.徐烈炯主编，共性与个性——汉语语言学中的争议［C］.北京：北京语言文化大学出版社，191–212.
郭锐，1993，汉语动词的过程结构［J］.中国语文（6）：410–419.
郭锐，1997，过程和非过程——汉语谓词性成分的两种外在时间类型［J］.中国语文（3）：162–175.
郭锐，2002，现代汉语词类研究［M］.北京：商务印书馆.
韩景泉，何建珍，2004，评高兴刚的中间结构分析［J］.解放军外国语学院学报（1）：15–30.
何文忠，2005，中动结构的界定［J］.外语教学（4）：9–14.
何文忠，2007a，中动结构的认知阐释［M］.北京：科学出版社.
何文忠，2007b，中动构句条件［J］.外语教学（2）：24–29.
何文忠，王克非，2009，英语中动结构修饰语的语料库研究［J］.外语教学与研究

（4）：250–257.

何晓炜，钟蓝梅，2012，最简方案下英汉中动结构的生成研究［J］. 现代外语（1）：14–22.

何元建，2010，现代汉语中间句的句法结构［J］. 汉语学习（1）：11–17.

贺阳，2004，动趋式"V起来"的语义分化及其句法表现［J］. 语言研究（3）：23–31.

胡明阳，1994，语义语法范畴［J］. 汉语学习（1）：2–4.

胡旭辉，2019a，英法中动结构：最简方案下的参数化研究［J］. 外语教学与研究（1）：3–16.

胡旭辉，2019b，跨语言视角下的汉语中动句研究［J］. 当代语言学（1）：83–103.

胡壮麟，朱永生，张德禄，李战子，2005，系统功能语言学概论［M］. 北京：北京大学出版社.

纪小凌，2006，再论汉语的中间结构［J］. 上海大学学报（哲学社会科学版）（6）：123–130.

金立鑫，2011，从普通语言学和语言类型角度看汉语补语问题［J］. 世界汉语教学（4）：449–457.

李临定，1994，李临定自选集［C］. 郑州：河南教育出版社.

李勉东，2003，现代汉语语法研究［M］. 哈尔滨：东北师范大学出版社.

李强，2018，从物性角色看汉语中动句中动词的语义约束［J］. 外国语（1）：31–42.

李强，2019，汉语供用句和中动句的比较分析［J］. 云南师范大学学报（对外汉语教学与研究版）（6）：52–64.

李青，2001，汉英语言无标志受事主语句对比研究［J］. 汉语学习（3）：41–46.

李修江，吴炳章，张国，2018，中动句的动觉属性分析［J］. 中国海洋大学学报（社会科学版）（6）：110–115.

李炎燕，2018，现代汉语中动句式的认知研究［D］. 长沙：湖南师范大学博士学位论文.

李炎燕，白解红，2017，广告语中动构式的认知研究——以eBay网广告语为例［J］. 湖南科技大学学报（社会科学版）（1）：140–146.

李晔，2015，中动类"NP（被动参与论元）+VP+起来+AP"结构的语义限制研究——兼论其与英语中动构式的对比［D］. 长春：吉林大学博士学位论文.

刘楚群，2005，句管控中"V起来"虚化式研究［D］. 武汉：华中师范大学博士学位论文.

刘道英，2001，从"管约论"的标句词看汉语话题句［J］. 汉语学习（3）：6–10.

刘芬，石毓智，2020，语法系统对构式选择的制约——英汉比较结构差异的原因［J］. 外国语（2）：2–8.

刘晓海，石晨，2013，基于生态心理学的汉语中动句生成动因探析［J］. 语言教学与研究（4）：45–52.

刘月华，1998，趋向补语通释［M］. 北京：北京语言大学出版社。

刘正光，2008，语言解释的维度——以中动构式为例［J］. 中国外语（5）：35–41, 48.

陆丙甫，应学凤，张国华，2015，状态补语是汉语的显赫句法成分［J］. 中国语文（3）：195–205.

陆俭明，2013，现代汉语语法研究教程［M］. 北京：北京大学出版社.

吕叔湘，1979，汉语语法分析问题［M］. 北京：商务印书馆.

吕叔湘，1982，中国文法要略［M］．北京：商务印书馆．
吕叔湘，1987，说"胜"和"败"［J］．中国语文（1）：1–5.
吕叔湘，1999，现代汉语八百词［M］．北京：商务印书馆．
马庆株，1988，自主动词和非自主动词［J］．中国语言学报（3）：157–180.
马庆株，1992，汉语动词和动词性结构［M］．北京：北京语言学院出版社．
孟琮，1987，汉语动词用法词典［Z］．上海：上海辞书出版社．
孟江虹，2019，英语中动结构的语用意义动态研究［J］．广东外语外贸大学学报（1）：89–95.
牛保义，2005，英语作格句语用功能的词汇语用分析［J］．外语与外语教学（6）：1–6.
潘国良，1986，略谈汉语话题句的主要类型［J］．汉语学习（5）：29–31.
潘海华，梁昊，2002，优选论与汉语主语的确立［J］．中国语文（1）：3–12.
朴正九，2016，从类型学视角看汉语形容词谓语句的信息结构［J］．中国语文（4）：387–396.
戚雨村等，1993，语言学百科词典［Z］．上海：上海辞书出版社．
齐沪扬，曾传禄，2009，"V起来"的语义分化及相关问题［J］．汉语学习（2）：3–11.
邱贤，刘正光，2009，现代汉语受事主语句研究中的几个根本问题［J］．外语学刊（6）：38–43.
尚新，2009，时体、事件与"V个NP"结构［J］．外国语（5）：28–37.
邵菁，金立鑫，2011，补语和Complement［J］．外语教学与研究（1）：48–57.
沈家煊，1995，"有界"和"无界"［J］．中国语文（5）：367–380.
沈家煊，2003，现代汉语"动补结构"的类型学考察［J］．世界汉语教学（3）：17–23.
沈家煊，2018，比附"主谓结构"引起的问题［J］．外国语（6）：2–15.
沈阳，陶媛，2010，隐性施事标记与汉语"中动结构"［A］．语法研究和探索（15）［C］．北京：商务印书馆，3–21.
石毓智，2010，汉语语法［M］．北京：商务印书馆．
司惠文，余光武，2005，英语中间结构致使生成研究［J］．现代外语（1）：1–9.
宋国明，1997，句法理论概要［M］．北京：中国社会科学出版社．
宋红梅，2008，"V起来"句作为有形态标记的话题句［J］．外语研究（5）：14–19.
宋文辉，2004，再论现代汉语动结式的句法核心［J］．现代外语（2）：163–172.
宋玉柱，1981，现代汉语语法论集［M］．天津：天津人民出版社．
孙翠兰，2015，基于语料库的汉英中动对比研究［D］．济南：山东大学博士学位论文．
王和玉，2014，英汉中动结构的句法语义研究——基于致使轻动词与情态屈折语的分析［D］．广州：广东外语外贸大学博士学位论文．
王和玉，温宾利，2014，中动结构的句法语义研究综述［J］．现代外语（2）：270–278.
王力，1980，汉语史稿［M］．北京：中华书局．
王丘丕君，施建基，1992，补语与状语的比较——从《实用汉语课本》说起［J］．语言教学与研究（4）：70–84.
王文斌，陶衍，2019，英语时间性思维特质影响其语言加工的实证研究［J］．上海交通大学学报（哲学社会科学版）（3）：89–99.

文旭,姜灿中,2019,基于层级观和互动观的汉语动结构式句法语义界面研究[J].外语教学(4):28–33.

吴炳章,2019,示能性理论视角下的中动结构研究[J].现代外语(1):37–47.

吴炳章,牛雅禾,2017,中动结构的概念化机制研究[J].西安外国语大学学报(6):53–57.

吴怀成,2020,汉语需要中动范畴吗[J].汉语学习(3):56–67.

吴可,王文斌,2020,基于概念结构的构式压制条件分析[J].外国语文(2):79–85.

吴为善,2012,"V起来"构式的多义性及其话语功能——兼论汉语中动句的构式特征[J].汉语学习(4):3–13.

吴义诚,李艳芝,2014,语言及物性的构式研究[J].外国语(3):41–48.

武成,2017,汉语中动结构的功能及其认知机制[J].上海师范大学学报(哲学社会科学版)(3):98–103.

熊学亮,付岩,2013,英汉中动词的及物性探究[J].外语教学与研究(1):3–12.

徐彩霞,2016,汉语形容词状补异位的语义限制[J].汉语学报(3):46–52.

徐峰,2014,构式压制和词汇压制的互动[J].外语研究(6):34–40.

徐盛桓,2002,语义数量特征与英语中动结构[J].外语教学与研究(6):436–443.

许艾明,2011,基于语料库的英汉中动构式修饰语之对比研究[J].西安外国语大学学报(4):9–12.

严辰松,2011,汉语没有"中动结构"[J].解放军外国语学院学报(5):7–12.

杨梅,2007,再论雷考夫范畴化理论的缺陷[J].外语学刊(1):48–52.

杨晓军,2006,英语中动结构式中副词使用的语料库考察[J].外语教学与研究(4):287–291.

杨晓军,2008,英汉语中动结构式认知研究:基于语料库的对比分析[M].北京:外语教学与研究出版社.

杨永忠,2015,中动词的性质与中动结构的构造[J].当代外语研究(2):19–24,37.

杨佑文,2011,英语中动结构:典型与非典型[J].解放军外国语学院学报(4):18–23.

殷树林,2006,"NP+(状)+V起来+AP"格式与英语中动句的比较[J].语言教学与研究(1):59–65.

尹绍华,2002,试论状语与状态补语的区别[J].西南民族学院学报(哲学社会科学版)(2):213–216.

余光武,司惠文,2008,汉语中间结构的界定——兼论"NP+V起来+AP"句式的分化[J].语言研究(1):69–78.

袁毓林,1987,关于动词对宾语褒贬选择[J].汉语学习(3):10–11.

袁毓林,1993,现代汉语祈使句研究[M].北京:北京大学出版社.

袁毓林,2001,述结式的机构和意义的不平衡性——从表达功能和历史来源的角度看[A],史有为主编.从语义信息到类型比较[C].北京:北京语言大学出版社,98–117.

袁毓林,2003,句子的焦点结构及其对语义解释的影响[J].当代语言学(4):323–338.

袁毓林,2012,汉语句子的焦点结构和语义解释[M].北京:商务印书馆.

袁毓林,2014,汉语名词结构的描写体系和运用案例[J].当代语言学(1):31–48.

张伯江,2009,从施受关系到句式语义[M].北京:商务印书馆.
张伯江,2011,现代汉语形容词做谓语问题[J].世界汉语教学(1):3–12.
张德岁,2011,"VP+AP"结构与中动句关系考察[J].汉语学习(5):27–34.
张晓,2015,英语中动结构的评价意义及其主观性[J].外语学刊(6):33–38.
周启强,李妙,2019,NP+V+Adv 句式中动词的句法语义特征及其教学启示[J].当代教育理论与实践(5):135–141.
周晓岩,高腾,2007,最简方案下的中间结构生成分析[J].外国语言文学研究(1):51–55.
朱德熙,1956,现代汉语形容词研究:形容词的性质范畴和状态范畴[M].北京:北京大学出版社.
朱德熙,1982,语法讲义[M].北京:商务印书馆.